機動破壊の解析力

健大高崎強豪を撃破する99の攻略法

田尻賢誉

竹書房

はじめに

高いか、低いか。

注目していたのはこの一点だった。

セットポジションに入り、グラブの位置がベルトより高ければストレート。ベルトの高さなら変化球。これが、早稲田実・斎藤佑樹（現日本ハム）のクセだった。

日本中が〝佑ちゃんフィーバー〟に沸いた2006年夏。斎藤の最大の危機は西東京大会決勝の日大三戦だった。前年には2本塁打を浴びてコールド負けを喫している相手。このときも初回に2本の三塁打で2失点するなど苦戦を強いられた。

運命を分けたのは10回表。日大三は4対3と勝ち越して、なおも1死二、三塁のチャンス。ここで打席には、三塁打を含む2安打の荒木郁也（現阪神）が入った。カウント2－2からの5球目。斎藤の投げた球は外角高めに大きく外れるボール球だったが、荒木はこれを空振りした。

当たっていた荒木が、なぜ〝クソボール〟を振ってしまったのか。それは、日大三が斎藤のクセを見抜いていたからだった。試合後、荒木はこう言っていた。

「まっすぐとわかっていたから、振りにいってしまいました」

グラブの位置が高い。ストレートが来る。待ち構えていたからこそ、手が出てしまったのだ。クセがわかっていることが、マイナスに働くこともある。あの夏、運は斎藤に味方した。

日大三を延長11回の末にサヨナラで破り、早実は甲子園に進んだが、斎藤のクセはそのまま。大会初日だった1回戦の鶴崎工戦ではクセが出ていた。ところが、勝ち進むにつれ、いつのまにか斎藤からクセが消えていた。大会後、捕手の白川英聖に聞くと、「社会人野球の経験がある早実OBが指摘してくれたので直しました」とのこと。もし、クセがそのままだったら、決勝までにどこかのチームが見破っていたかもしれない。そうすれば、駒大苫小牧との決勝再試合も、早稲田実の優勝も、〝ハンカチ王子フィーバー〟もなかったかもしれない。

グラブの位置というたったひとつの気づきが、高校野球の歴史も、一人の投手の人生も大きく変えていた可能性があるのだ。

16年夏の甲子園で日本一になった作新学院の今井達也（現西武）にも、セットポジションへの入り方でクセが出ていた。どんな好投手であっても、まだ高校生。どこかにスキがある可能性は高い。

では、どのようにクセを探せばよいのか。それを指南してくれるのが、健大高崎で相手チームの分析を担当するアナリスト・葛原美峰スーパーバイザー（以下、SV）だ。健大は11年夏に甲子園初出場して以来、春夏合計で出場6大会すべて初戦を突破。これは、葛原SV

の分析力によるところが大きい。前著『機動破壊の秘策』に続き、今回もまた〝門外不出〟の企業秘密を明かしてくれた。

もちろん、葛原ＳＶの分析はクセを見つけることだけではない。むしろ、クセを発見するのは一部分だといえる。相手投手、打者、守備、監督の采配……あらゆるところに目を光らせ、攻略法を考え、ゲームプランを立てる。これから行われるゲームのスコアを、ズバリ言い当てることも珍しくない。

同じものを見て、どれだけのことに気づくことができるか。人間の目には、見ようと思うものしか映らない。見ようとする気がないこと、鈍感であることは、それだけツキからも見放されるということ。すべては気づきから始まる。

本書を読めば、野球を見るポイントがわかる。相手を分析するポイントもわかる。読んでいると、自然とワクワクしてくるはず。そして、こんな気持ちになるはずだ。

「野球が見たい！」

たったひとつの気づきが、未来を変え、将来を変える。

たとえ控え選手でも、チームに大きく貢献できる。本書をきっかけに、野球を見ることの面白さを知り、人生が変わる人が一人でも多く生まれることを祈っています。

田尻賢誉

葛原美峰スーパーバイザー（健大高崎コーチ）

機動破壊の解析力

目次

第2章 捕手・野手の分析

第3章

打者の分析

第4章

配球の基準

第5章 ゲームプランの立て方

第6章 会心の試合

第7章 痛恨の試合と対応力

第8章 セイバーメトリクスの活用

第9章 継投策と各投手陣の役割

終章

投手の育成法

序章

葛原メモで攻略

目標と願い事は違う

計画のない目標は、目標とはいわない。それは、ただの願い事にすぎない。

葛原SVがいつも使う言葉だ。

「目標というのは、プランを立ててやるものです。それなのに、目標と願い事が混在している人が多い」

目標というゴール地点が定まっているからこそ、ルートが決まる。途中に待ち受ける難所はどこなのか。それを乗り越えるためにはどんな準備が必要なのか。別のルートはあるのか。逆算していくからこそ、やるべきことがわかってくる。行くべき道も決まる。坂道を歩いていて、たまたま山の頂上にたどりつくことはありえない。頂上を目指して準備するからこそ、てっぺんにたどりつけるのだ。

「プランを立てるためには、絶対に分析をしなければいけない。勝つためには、願い事ではなく目標にすることが第一じゃないかと思います」

同じ140キロのストレートでも、投手によってキレや伸びは違う。同じフォークという球種でも、スピードや落ち方は投手によって違う。同じタイプの投手でも、制球力、スタミナ、性格などによってやるべきことは変わってくる。
やるべきことを知るためには、対象をよく知ること。観察すること。勝つために、具体的に何をすればよいかを知ることが、分析をするということだ。

「甲子園常連校の選手だからといって、ものの捉え方が特別すぐれているわけではありません。公立高校でもひるまずやればチャンスはある。それこそ分析しまくれば、ひと泡吹かせることは可能だと思いますよ」

現実味のない夢物語を、実現可能な目標に変えることができる。それが分析の力なのだ。

森を見て木を見る

偵察、分析。

これらの言葉には、大きな落とし穴がある。言葉のイメージから、細かい部分ばかり見てしまうのだ。例えば、投手を分析するというと、クセばかり見つけようとする。もちろんそれも大事なことだが、それよりもやるべきことがある。葛原SVは言う。

「まずは全体像を捉えること。『木を見て森を見ず』といいますけど、いきなり枝葉からは見ません。森として見ることが大事です」

どんなチームで、どんな戦い方をするのか。どんな投手で、どんな投球スタイルを持っているのか。どんな打者で、どんな打撃をしてくるのか。まずは全体的な特徴を把握することが大事だ。どんな森なのかわかっているからこそ、どんな種類の木が生い茂っているのかがわかる。

この森には、どんな種類の木が何本ぐらいあるのか。その木の太さや大きさ、枝葉の状態はどうなのか。そうやって、徐々に細かい部分にまで目を光らせていく。この順番を踏むことが、正確な分析をするための大前提になる。使えるデータ、試合に勝つための分析をしようとすれば、必然的に細かい部分まで探っていくことになるが、それには膨大な時間がかかる。分析のプロといえる葛原SVでさえ、一筋縄ではいかない。

「人一倍時間がかかるタイプというのもありますが、4回でも5回でもずっと試合を見ています。もともと、試合を見るのが好きなので、ずっと見ていられるんですけどね」

〝本物〟の分析をしようとすれば、時間も、労力も、体力も、覚悟も必要なのだ。

もうひとつ見落としがちなのは、やるのは選手であるということ。いくら分析をして、使えるデータや情報を与えたとしても、実際にプレイする選手が「なぜ、そうするのか」という意味や意図を理解していなければいけない。

「〝理路整然〟という部分がないと、分析する野球はやれません。だから、時間を守るとか、整理整頓をするとか、野球以前のことがしっかりできていないといけないんです。1年生には最初に、身のまわりのことをきちっとやることの大切さについて、口を酸っぱくして言います。だから、寮では点検ばかりやってますね」

勝つためには戦略がある。チームで決めたことを徹底しなければいけない。一人でもそこから外れた選手が出てきてしまっては、どんなに綿密に練ったプランも絵に描いた餅になってしまう。プランを実行するためには、話を理解し、考えを整理することが必要。たとえ面倒くさくても、決められたことをやり抜く力が必要なのだ。

現地で試合を見る

葛原SVは、可能な限り球場に足を運ぶ。分析するにあたっては、自分の目で見るのが一番だからだ。

「実際に試合を見るのと、ビデオやDVDで見るのとではまったく違います。顕著なのが守備ですね。映像だとうまく見えます。でも実際に見ると『足が動いてないな。下手だな』と思うことがよくあります。攻撃力に関しても映像では強く見えますね。その反対に、投手は、テレビ画面で見ると打てそうな気がします。打てそうな投手でも、実際に見てみると『これは打てないな』と感じるんです。わかりにくいのは球速ですね。画面だと『何とかなるな』

と思っても、キレとか伸びがすごくて苦労することはよくあります。分析をしはじめた頃はそのギャップがあったんですが、今はそれがわかっているので『印象よりも何割増しかの力がある。実際はそんなに甘くないぞ』と考えるようにしています」

球場での偵察時は、必ず一人で見るのが葛原SVのスタイル。誰かと一緒に観戦していると、話しかけられることが多くなる。相手チームの試合を見ることができるのは、一度しかないことも多い。その試合、そのプレイ、その一瞬に集中するためには、会話はマイナスにしかならないからだ。

「これに命を懸けてるぐらいのつもりでやってますからね」

その他には、こんな理由もある。

「偵察隊といって大編成で来るチームもありますけど、私は誰もいらない。相手を見るにあたって、見解が複数あると迷うことがありますからね。見ているときは言葉も発しません。誰かに聞かれる恐れがありますから。偵察を生徒がやるチームもありますが、生徒の見る目は、悪いですけど節穴です。それこそ、小便カーブを打っても『変化球に強い』と書いてある。ただの緩い球だから誰でも打てるのに、生徒は見たままを書くからそれは怖い。生徒はバッターの力とピッチャーの力の差し引きができないんです。だから絶対にやらせません。

わかりやすい例を挙げると、巨人に大道（典嘉）という選手がいましたよね。バットを短く持って絶対に右にしか打たない打者です。彼はたまにサードゴロを打つんですけど、絶対に右に打とうとしているバッターに限って、アウトローの抜いた球を打つとサードゴロになるんです。狙っているからこそ、ひっかかってしまう。そういうのを生徒が見ると『引っ張り』となる。まるで反対のことですから危険ですよね」

高校時代から野球を勉強しはじめ、20年かかってようやくその〝眼〟を手に入れた葛原SV。葛原SVなら見抜ける凡打の理由も、高校生にはわからない。やらせないのは、そこまで見ろというのは酷だからという親心でもある。

「生徒にやらせるとするなら、単純作業です。球数とかカウント別の球種とか。球種もあやふやだったら、変化球とわかればいい。『直』と『変』だけでもいいと。見て感じる部分はやらせません。その部分をやるのは自分だけです」

偵察の際には、必需品がある。ストップウオッチ、双眼鏡、ビデオカメラ、スピードガン、スコアブックの5つ。それぞれの使い方はこうだ。

「ストップウオッチで計るのは、速いと思う走者が打ってから一塁に到達するまでの時間ですね。捕手の二塁送球も必要ですが、最近は偵察しているチームにタイムを取られるのが嫌で、ワンテンポ置いて投げることが多い。計らなくても感覚でだいたいどれぐらいかというのはわかりますけどね。双眼鏡は投手がプレートを踏む位置や球の握り方もそうですが、表情や顔つきを見ます。メンタルが強い選手かどうか。どんな顔をして投げているのかは大事ですよ。

ビデオは三脚で固定せず、ここぞという気になるところ、じっくり調べたいところを手撮りです。特に撮るのは、投手が初回に投球練習するときの7球。全部の球種を投げますから。しかも、ご丁寧に投げる球種のジェスチャーをやってくれますからね（笑）。スピードガンで知りたいのは、ストレートと変化球の球速の差。私の中では、変化球はどれだけ曲がるか落ちるかよりも、その方が大事だと思っています」

スコアブックにはこだわりがある。葛原SVが使用するのは、自ら制作した手帳サイズのオリジナルのものだ。打者であれば打席の結果だけではなく、打者の構え方、打席の立ち位置、グリップの位置、スタンスの広さ、ステップの仕方、スイングの軌道、一塁までの駆け抜けタイム、得意なコースや苦手なコース、投手であれば投げ方や球速、球種が一瞬で書き込めるようになっている（写真参照）。

「大きければ大きいほど書きやすくていいんですけど、パッと使えるように手帳サイズにしました。自分の見たい部分さえわかればいい。長い年月をかけて省いていきました。このスコアブックにある項目が分析の際に絶対的に大事なもの。項目を作っておけば、手でいちいち書くよりも楽ですしね。現在のものにつけ加えるとしたら学年を書く欄。特に秋のチームは1年生か2年生かで大きく変わります。1年生だとまだ青い。細かいことがわかっていないので、駆け引きも何もできないし、秋の1年生はおいしいんですよ。ただ、怖いもの知らずという側面があるから、そこは注意が必要です。考えずに振ってくるので『追い込まれて

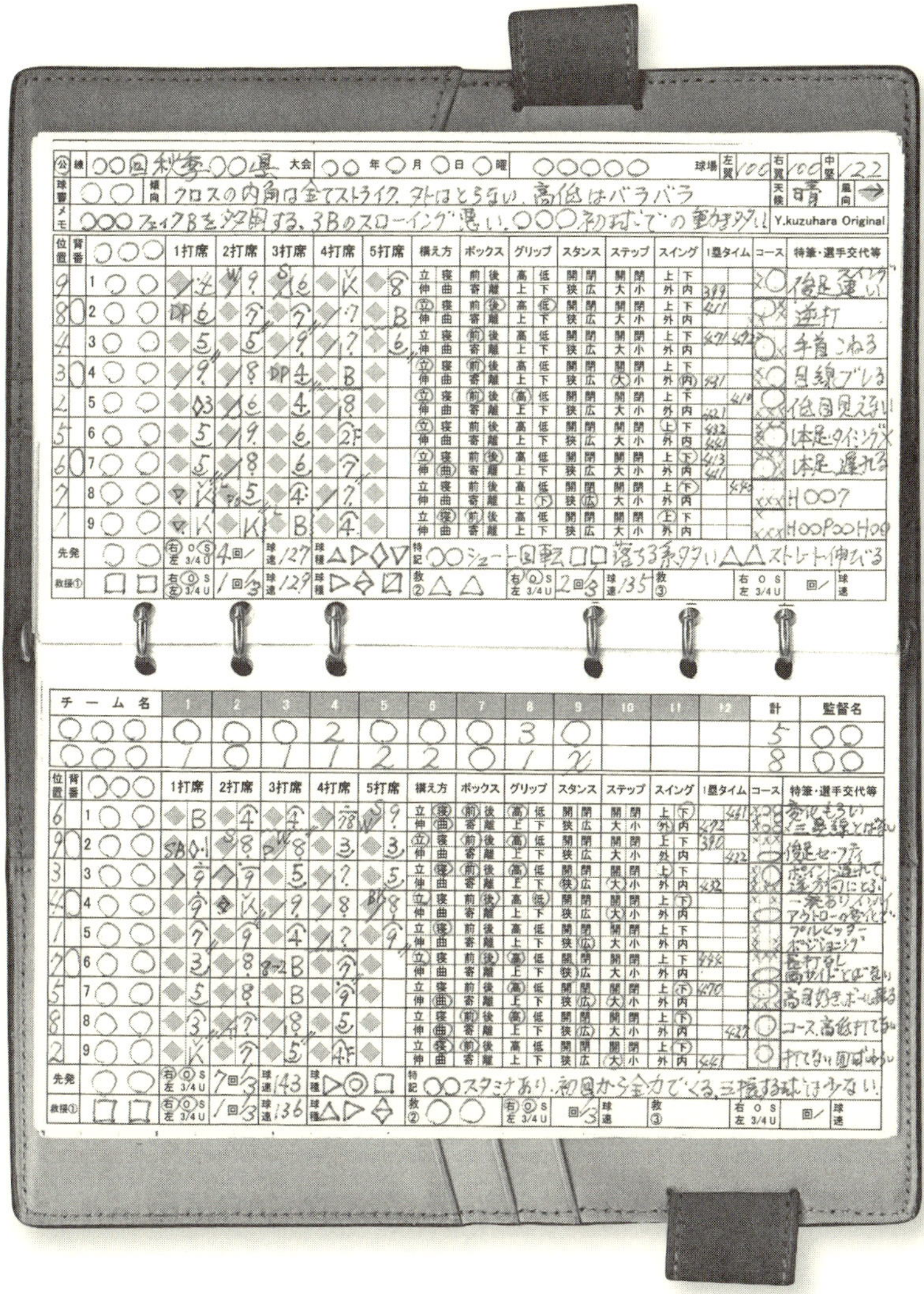
Y.kuzuhara Original
クロスの内角は全てストライク。外はとらない。高低はバラバラ
○○○フェイクBを多用する。3Bのスローイング悪い。○○○初球での動きが多い
○○シュート回転□□落ちる系多い△△ストレート伸びる
○○スタミナあり。初回から全力でくる。三振する球は少ない。
チーム名
監督名
1打席
2打席
3打席
4打席
5打席
構え方
ボックス
グリップ
スタンス
ステップ
スイング
1塁タイム
コース
特筆・選手交代等

いて、そんなスイングができるか？』ということがあるんです」

また、見落としてはいけないのが球審の特徴を書き込む欄があること。審判によってストライクの取り方やストライクゾーンに特徴があるため、忘れずにチェックするように設けている。

「球審の傾向ですね。ここはストライクを取る、取らないとか。5回のグラウンド整備までは辛くて、そのあとは甘くなるとか。あとは、ボークを取った審判は絶対にチェックします。『ボークを取るのが生きがい』というような審判もいますから」

映像で試合を見る

甲子園の場合、初戦の相手は現地で見ていないことがほとんどだ。特に夏は、大会前の練習試合もできないため、生で見ることは難しい。

「抽選が終わった瞬間に（青柳博文）監督が電話してくれるので、あちこちからＤＶＤが届きます。それと、今はインターネットの動画でも見ることができますから、非常にありがたいですね」

かつてに比べれば試合映像が豊富になったが、葛原ＳＶはテレビの映像よりもビデオカメラで撮った映像を好んで見る。

「理想はネット裏からの映像です。ただ最近は、ネット裏からのビデオ撮影は禁止の県もありますからね。最高なのはピッチャー、バッター、一塁の三角形が入っているものです。ウチが撮りにいくときは、必ず3点セットで入れてくれとお願いします。その3つが入っていると、相手がランナーになったときのクセとかリードの取り方がわかりますよね。ピッチャーなら、相手がリードを取っているときにどんなけん制があるか。他チームのビデオの撮り方を見ていると、一塁ランナーを気にしていないのが不思議でしょうがないですね」

生で見ることができないときは、葛原SVは必ず知人に電話をする。

「対戦したチームに生の声を聞きますね。ありがたいことに、今まで対戦した中で聞けなかったことはありません。生の声は非常に参考になりますね。ビデオでは見えない外野のカバーリングの話とか、監督の気性やクセ、サインを盗むかどうか。そういうのは生で聞かないとわかりませんから」

2015年夏の甲子園で創成館と対戦したときは、こんな情報が入った。

「一番バッターの選手は特殊なディレードスチールをすると。実際、特殊でした。知らない相手にならば効果的だったでしょうね。ウチは情報があったから、キャッチャーの柘植（世那）に見ろと言っていた。そのおかげで刺せたんです。予期していないときに行くのがディレードスチール。ランナーを見ていればできませんから」

対戦経験豊富な監督であれば、多くの情報を持っていることが多い。県内の人しか知らないこと、使える情報をどれだけ得られるか。これも分析する際には重要になる。

〝葛原メモ〟をチームで共有

偵察し、分析したものはA4サイズ数枚の〝葛原メモ〟として選手たちに配布するが、大まかな内容はこんな感じだ。

「森の部分として『こういうチームである』という輪郭を描きます。チームの実績や選手の成績などのデータとピッチャーの特徴。次にピッチャー、バッターの攻略法。最後に総括して、戦略的にどうすればいいかというパターンですね」

〝葛原メモ〟を作成する際に、心がけている点がふたつある。

「ひとつは、見やすく、わかりやすくすることですね。たとえ素晴らしいデータでも、今の高校生って食わず嫌いのようなところがあるじゃないですか。だから、興味を引くようにしようというのはあります。もうひとつは、短くまとめること。やりはじめたときは、丁寧すぎてあまりにも長かった。目前に迫った試合で長い分析だと生徒の頭にも残らないので、凝縮してだんだん縮めていくようにしました」

夏の甲子園初出場だった2011年の横浜戦前の〝葛原メモ〟は10ページあったが、現在は4枚程度に収めている。

対戦が決まり、情報が得られた時点から、練習で相手投手対策などを行うが、試合前夜には必ず〝葛原メモ〟を使って相手対策ミーティングが行われる。青柳監督をはじめとするスタッフ、控え選手も参加して行うもので、チームとして意識の共有を徹底するのが目的だ。

「試合前日のミーティングでは、しゃべることを絞って絞って1時間。ポイントとして使うのは1枚分ぐらいですね。これもあるし、あれもあるではダメですから。特に攻略法に関しては多くても3つ。だいたい2つぐらいのことしか言わないですね。ただ、予備知識として他の情報も与えますよ。断片的にでも誰かが覚えていて、それを口に出せばみんなが共有できますから。もちろん大事なところは1時間だけじゃ無理ですから、試合までの間、食事のときに映像を流すなどしています」

相手チームの話が中心になるが、忘れてはいけないのが、自分たちのチームのことも話しておく必要があるということだ。

「そのために練習してきた課題がありますから、最後の確認ですね。練習中に相手対策として言ったことでも、今の調子や状況を見て、できる選手には『徹底的にやってみろ』、できない選手には『お前はちょっとやめとけ』と分ける。できないことをやらせてもダメですから。それと、伝える攻略法は、あくまでも現時点でやってもらわなきゃ困ること。試合に入ると相手がウチ用に対策してくることもありますから、それはベンチ内で感じ取って、そのときはこの話は捨てていけと」

〝葛原メモ〟は試合中もベンチに持ち込まれ、選手や監督、部長のお守り代わりとしての効果も発揮している。

第1章

投手の分析

一にも二にも投手分析

では、実際にどのように分析を進めていくのか。

自ら偵察するとき、ビデオなどの映像を見るときにかかわらず、いずれの場合もまずは投手の分析から始める。

「一にも二にも投手からです。第一に見るのはプレートを踏む位置。一塁側か三塁側か、どっちを踏むかからスタートします。これによってタイプを予測できます。例えば、右投手の場合、ほとんどが一塁側を踏まないんです。9割方三塁側です。クロスファイアというか、角度をつけたいので。ただ、最近はだんだん一塁側を踏む投手が増えてきました。以前は大げさに言えば、100人に1人ぐらいしかいなかったんです。

一塁側を踏むと、角度はつかないですけど、ベースの真ん中をかすめにくいんですよね。右打者の外角を狙ったボールが真ん中へ入りにくくなる。投げ損ないが少なくなるんです。右投手で一塁側を踏んでいれば、技巧派というか、頭を使うタイプだとわかります。ちなみに、メジャーでは外のボールゾーンからストライクにするのを、バックドアと呼んでいますが、一塁側から投げれば左打者の外角球は角度がつくんです（図参照）」

それに踏む位置で、その投手が投げる球種をまだ知らなくても「チェンジアップがあるんじゃないか」などと推測する材料にも使える。プレートを踏む位置というのは、投手にとって大切な要素である球筋や角度と、大いに関係があるからだ。

「球筋に関しては、線で見ます。ボールを捉えるためには、線で意識したバッティングが一番やりやすい。線に対して直角にバットを出すのが一番わかりやすいので、どういう線でボールが来るか。線のイメージをしっかり見ますね。プレートを踏む位置と投げるコースとで、そのピッチャーが持っている線が見えてきます（次ページ参照）。当然、その線の角度が小さいと攻略はしやすい。線によってバッターの立ち位置、離れ方、タイミングの取り方が変わってきます。対策用のデータ

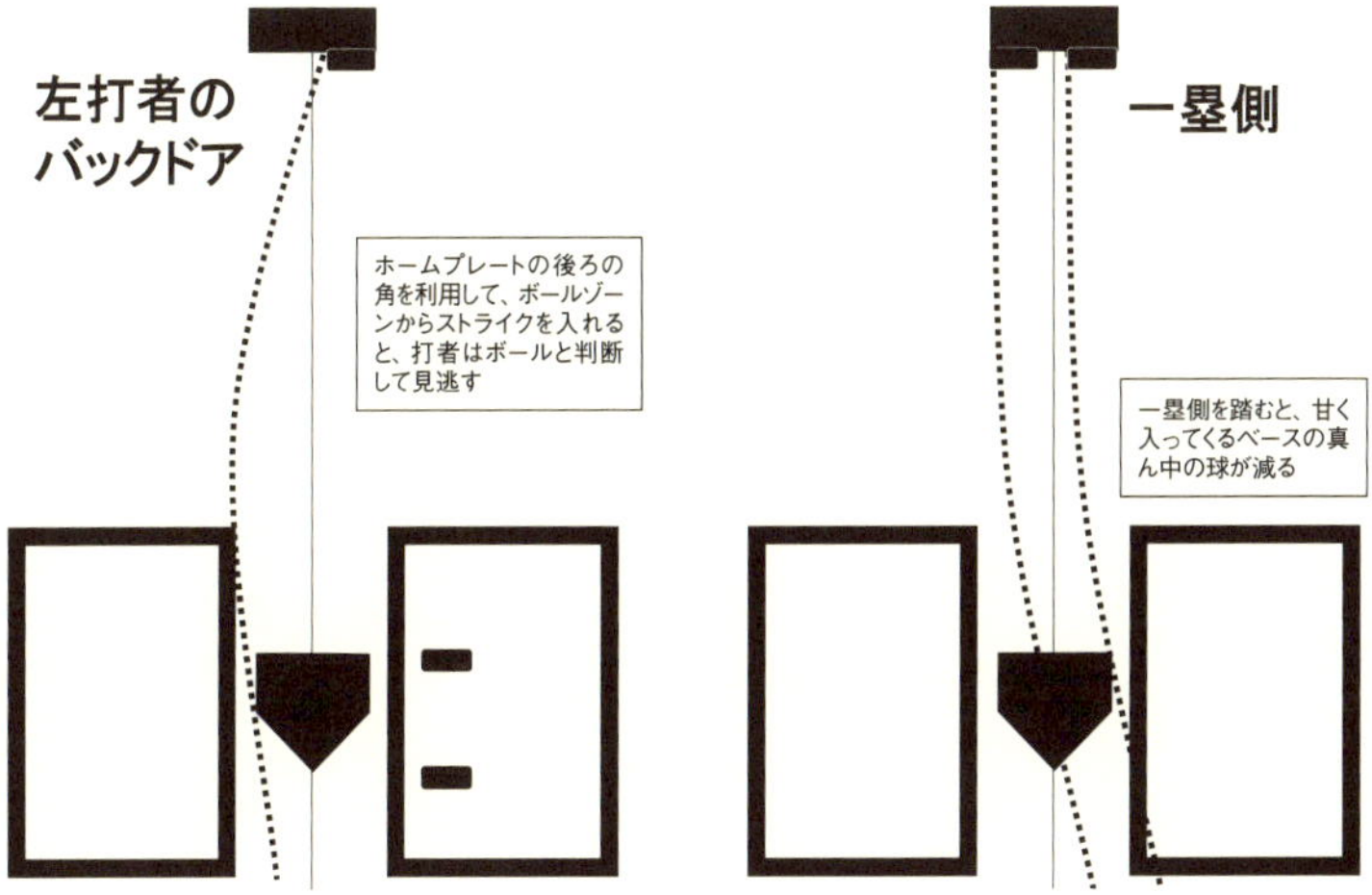

左打者の
バックドア
ホームプレートの後ろの角を利用して、ボールゾーンからストライクを入れると、打者はボールと判断して見逃す
一塁側
一塁側を踏むと、甘く入ってくるベースの真ん中の球が減る

＊すべてのイメージは誇張

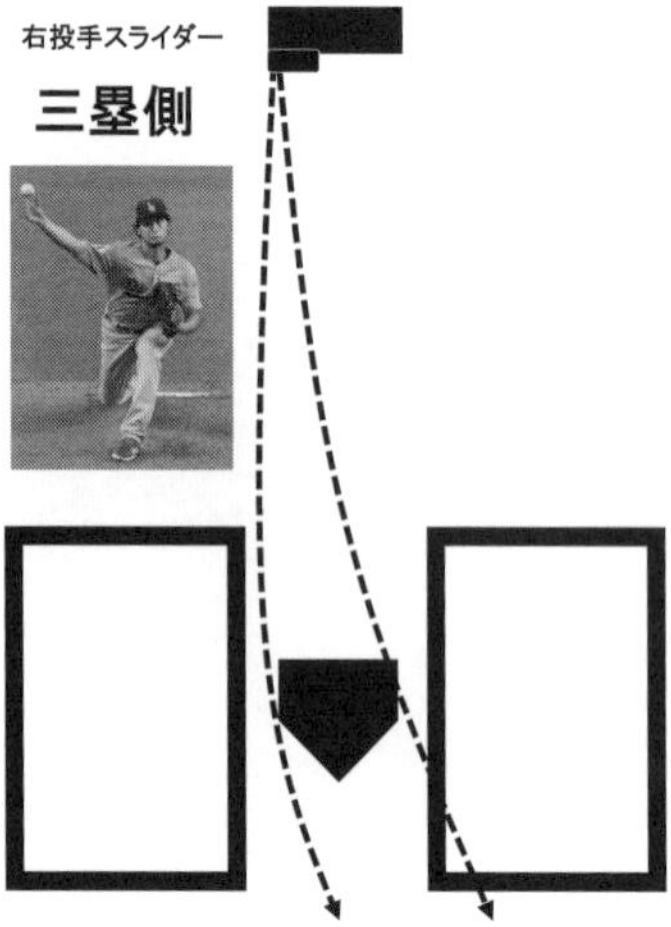

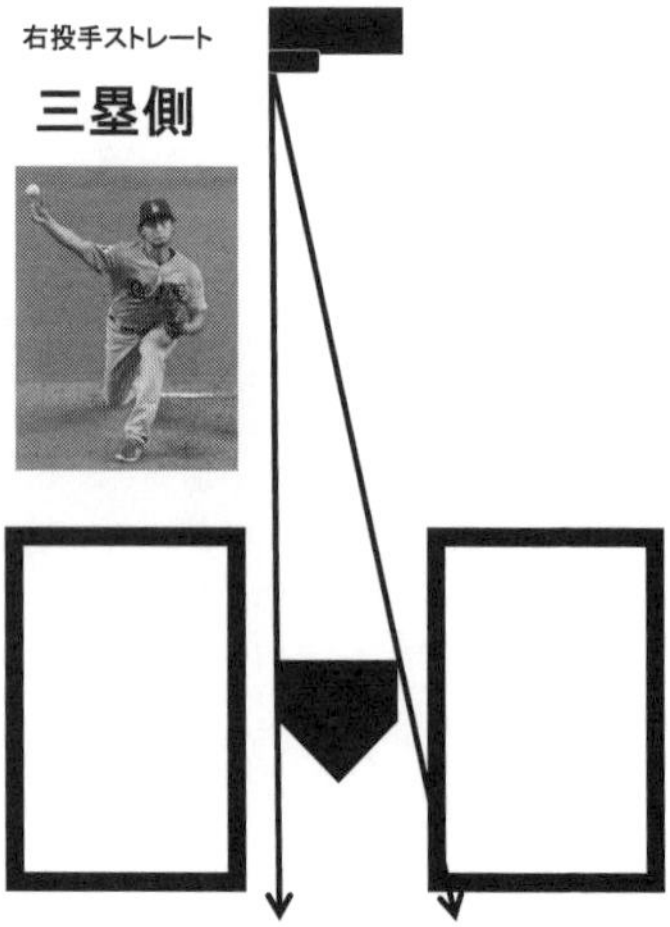

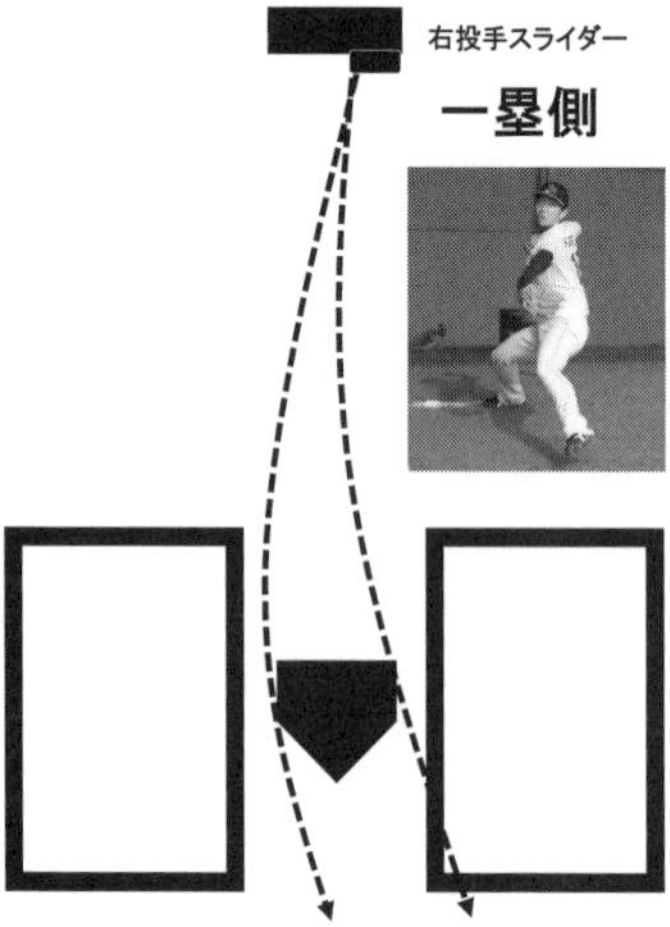

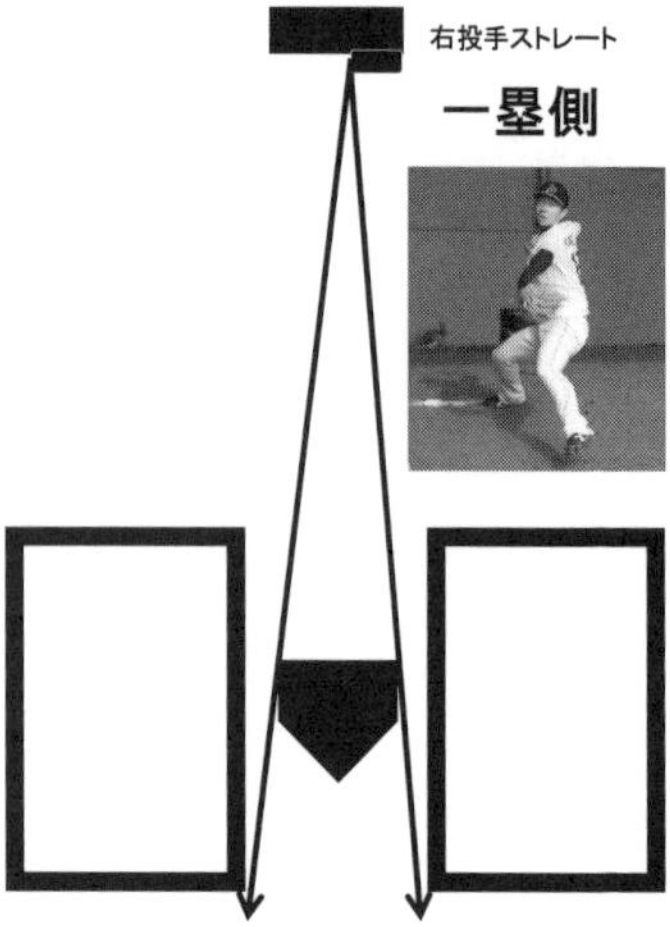

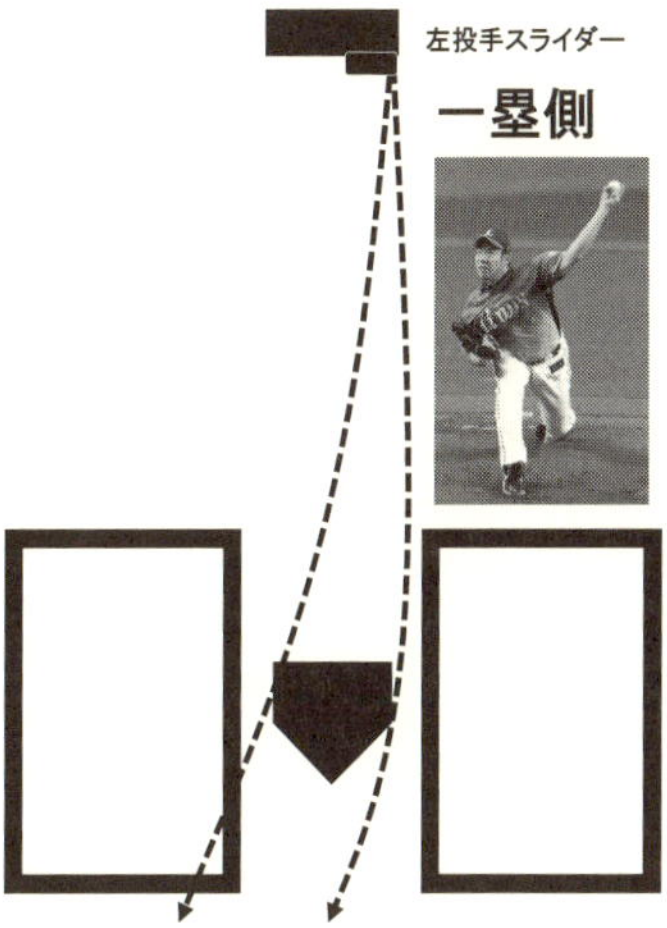
左投手スライダー
一塁側

左投手ストレート
一塁側

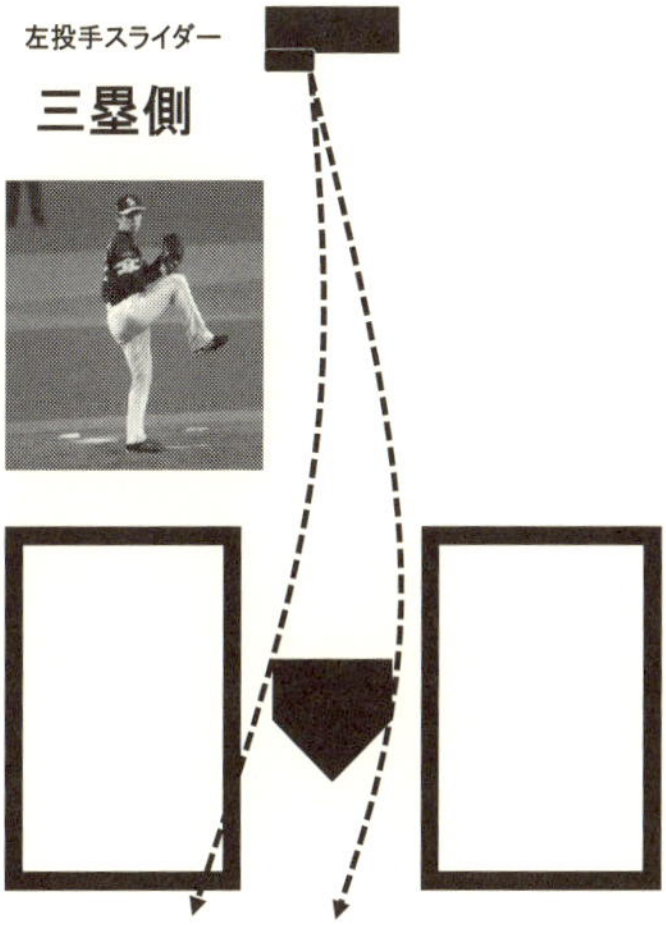
左投手スライダー
三塁側

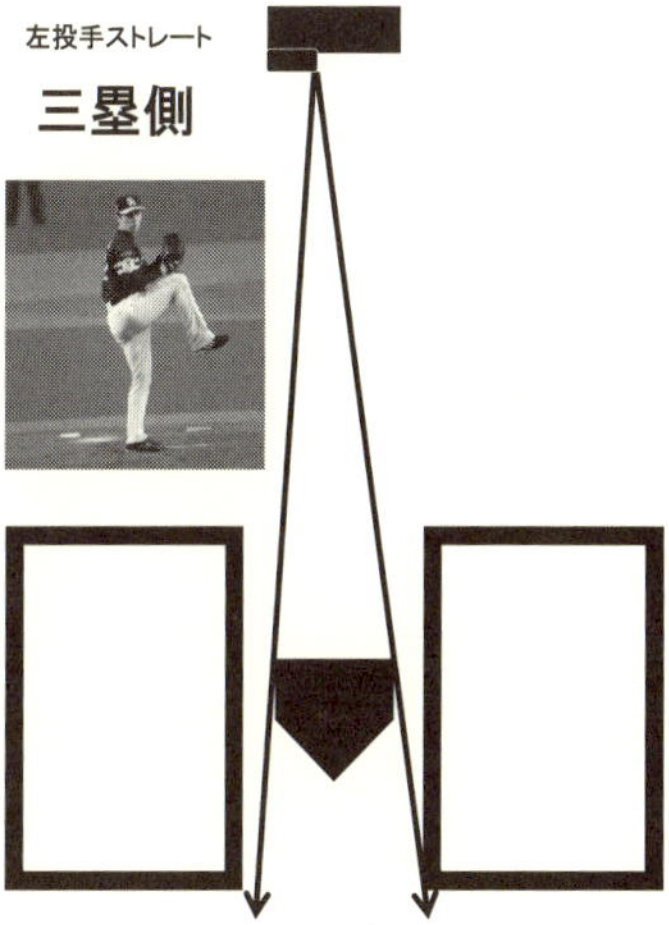
左投手ストレート
三塁側

にもたいてい線の話を入れてますね」

球筋を説明する際には、球種も伝える必要がある。判別できるときは問題ないが、中には〝自称ナックルカーブ〟など、投げている本人しかわからないような球種もある。そんなときのため、葛原SVは大まかに3種類に分けている。

「落ちる系、曲がる系、滑る系という言い方をしています。シンカーだろうが、チェンジアップだろうが一緒ですから」

フォーク、チェンジアップ、シンカー、縦のスライダーは落ちる系、カーブ、スラーブは曲がる系、スライダー、シュート、カットボールは滑る系だ。

「球種判別に一番参考になるのはスピードガンです。あと、フォークかチェンジアップかというのは、バッターの空振りの仕方でわかります。身体がピッチャー側につんのめって白鳥の湖みたいに空振りするのがフォーク。身体が残っていてフルスイングして空振りするのがチェンジアップですね」

投手を知るための材料

どんな投手かを分類するために参考になるのが、葛原SVが「まとめるのに3、4年かかった」という下の表だ。どの球種が多くてどの球種が少ないのかなど、これを利用することである程度の投手像はつかめる。まずは投手を森として見て、そこから細かい枝葉の部分に入っていくのだ。

　また投手の左右、上横下によって持ち球の傾向がわかるということは、打者（左右）に対して捕手が構える位置で、おおよその球種も予測が可能となる（次ページ以降参照）。

　投手のレベルを知るための材料としては、こんなところにも注目する。

「ボール球の、ボールのなり方ですね。抜けているのか、ひっかかっているのか。狙ってそこに行っているのか、アバウトなのか。暴れている球、意味のないボールというのはかなりありますから。狙って投げているボール球はわかります。バッターが振りたくなるところに投げるのは狙って投げているボールです。狙ってボール球を投げる、ほとんど意味のあるボールを投げるというのが手

ピッチャーのタイプによる持ち球の傾向

利腕	投球スタイル	ストレート	カーブ	フォーク	スライダー	シュート	シンカー	チェンジアップ	カットボール	特殊球
右腕	オーバースロー	◎	◎	◎	◎	◎	●	○	◎	○
	スリークウォーター	◎	○	○	◎	◎	○	○	○	○
	サイドスロー	◎	○	●	◎	◎	◎	●	○	×
	アンダースロー	◎	○	×	◎	◎	◎	●	●	×
左腕	オーバースロー	◎	◎	○	○	○	●	○	◎	○
	スリークウォーター	◎	○	○	◎	◎	○	◎	○	○
	サイドスロー	◎	○	×	◎	◎	◎	○	○	×
	アンダースロー	—	—	—	—	—	—	—	—	—

◎＝多投する　○＝そこそこ使う　●＝稀に使う　×＝まず無い

投手のタイプと打者（右左）捕手の構える位置での球種傾向

投球スタイル	ストレート	カーブ	フォーク	スライダー	シュート	シンカー	チェンジアップ	カットボール	特殊球
オーバースロー	◎	◎	◎	◎	◎	●	○	◎	○

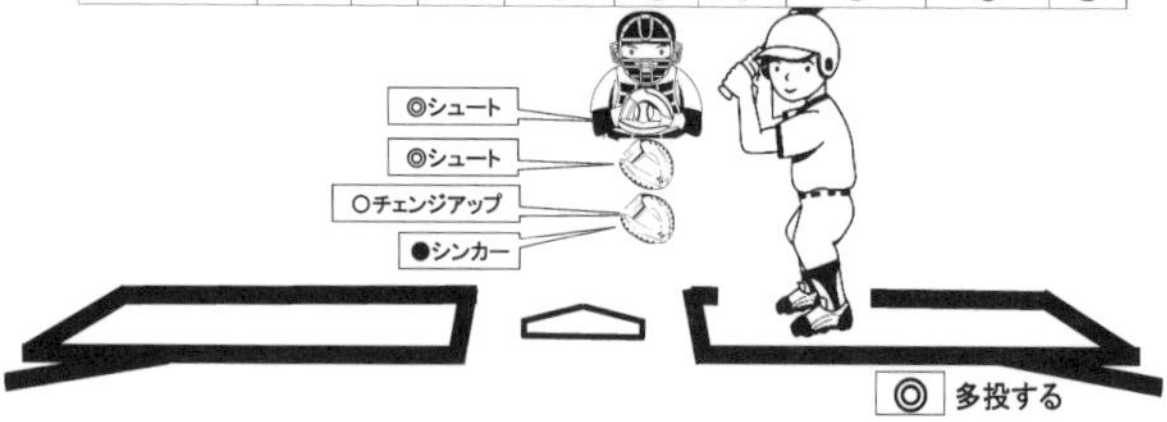

◎ 多投する

○ そこそこ

● 稀に

右オーバースロー

投球スタイル	ストレート	カーブ	フォーク	スライダー	シュート	シンカー	チェンジアップ	カットボール	特殊球
オーバースロー	◎	◎	◎	◎	◎	●	○	◎	○

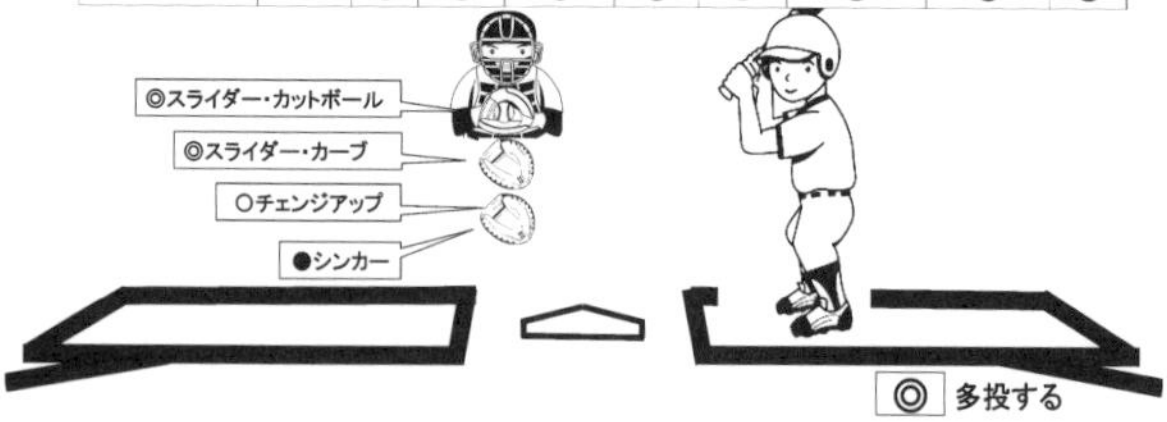

◎ 多投する

○ そこそこ

● 稀に

右オーバースロー

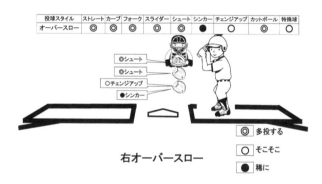

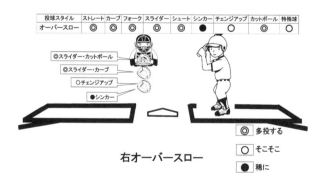

投球スタイル	ストレート	カーブ	フォーク	スライダー	シュート	シンカー	チェンジアップ	カットボール	特殊球
オーバースロー	◎	◎	◎	◎	◎	●	○	◎	○

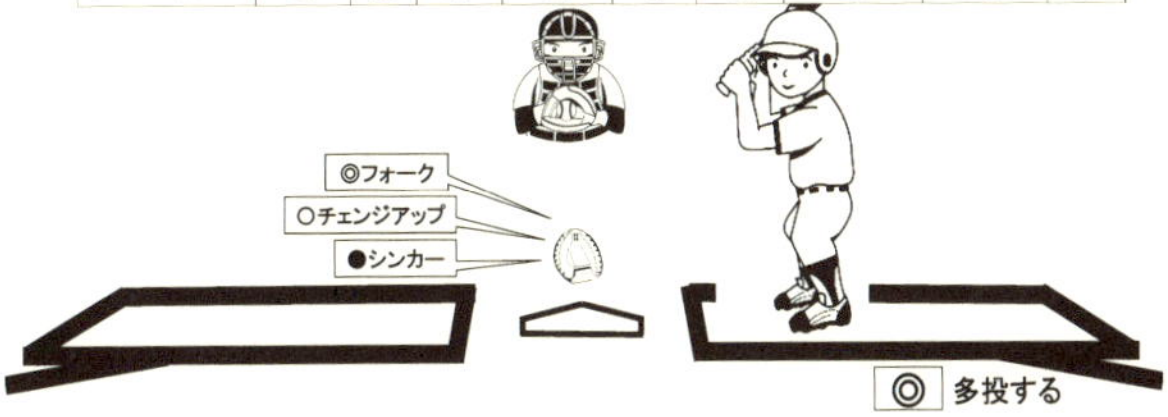

◎ 多投する

○ そこそこ

● 稀に

右オーバースロー

投球スタイル	ストレート	カーブ	フォーク	スライダー	シュート	シンカー	チェンジアップ	カットボール	特殊球
オーバースロー	◎	◎	◎	◎	◎	●	○	◎	○

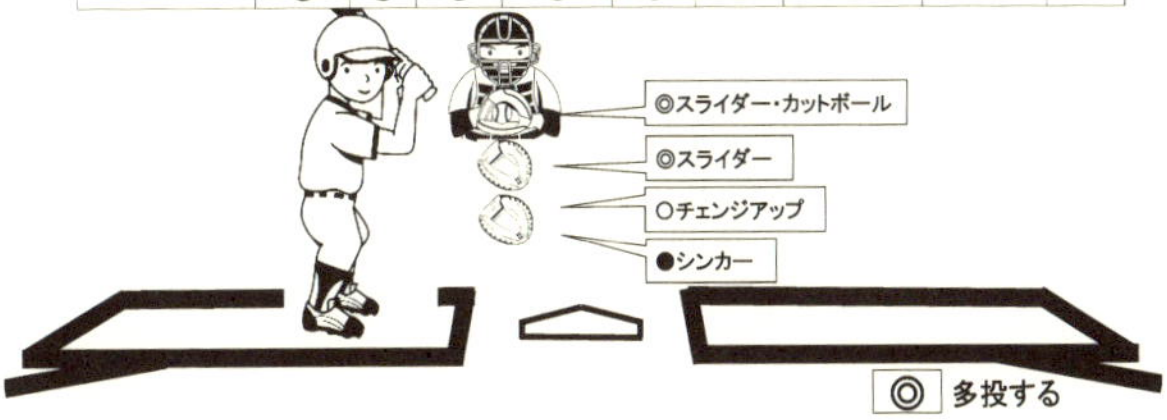

◎ 多投する

○ そこそこ

● 稀に

右オーバースロー

投球スタイル	ストレート	カーブ	フォーク	スライダー	シュート	シンカー	チェンジアップ	カットボール	特殊球
スリークウォーター	◎	○	○	◎	◎	○	○	○	○

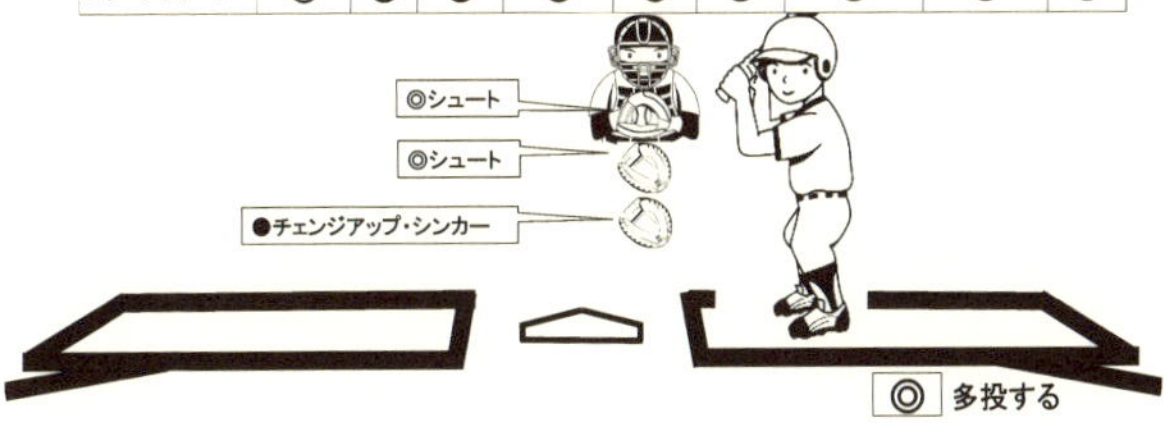

◎ 多投する

○ そこそこ

● 稀に

右スリークウォーター

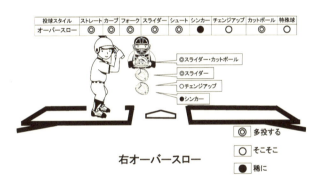

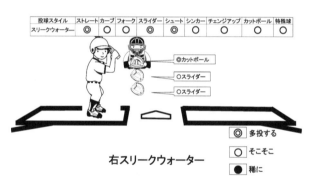

投球スタイル	ストレート	カーブ	フォーク	スライダー	シュート	シンカー	チェンジアップ	カットボール	特殊球
スリークウォーター	◎	○	○	◎	◎	○	○	○	○

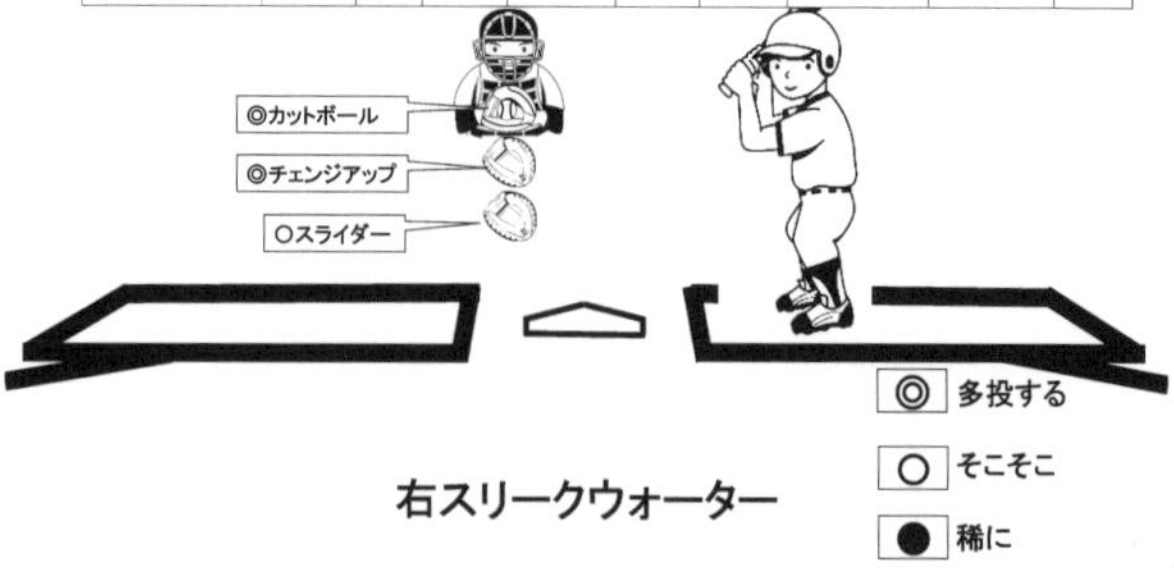

投球スタイル	ストレート	カーブ	フォーク	スライダー	シュート	シンカー	チェンジアップ	カットボール	特殊球
スリークウォーター	◎	○	○	◎	◎	○	○	○	○

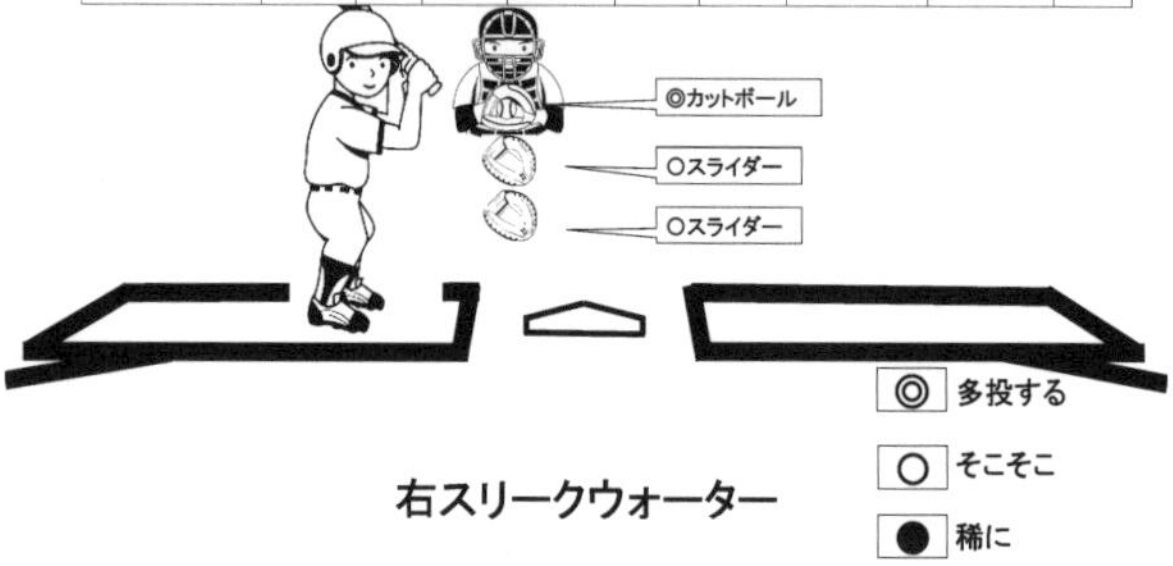

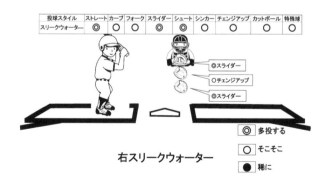

投球スタイル	ストレート	カーブ	フォーク	スライダー	シュート	シンカー	チェンジアップ	カットボール	特殊球
スリークウォーター	◎	○	○	◎	◎	○	○	○	○

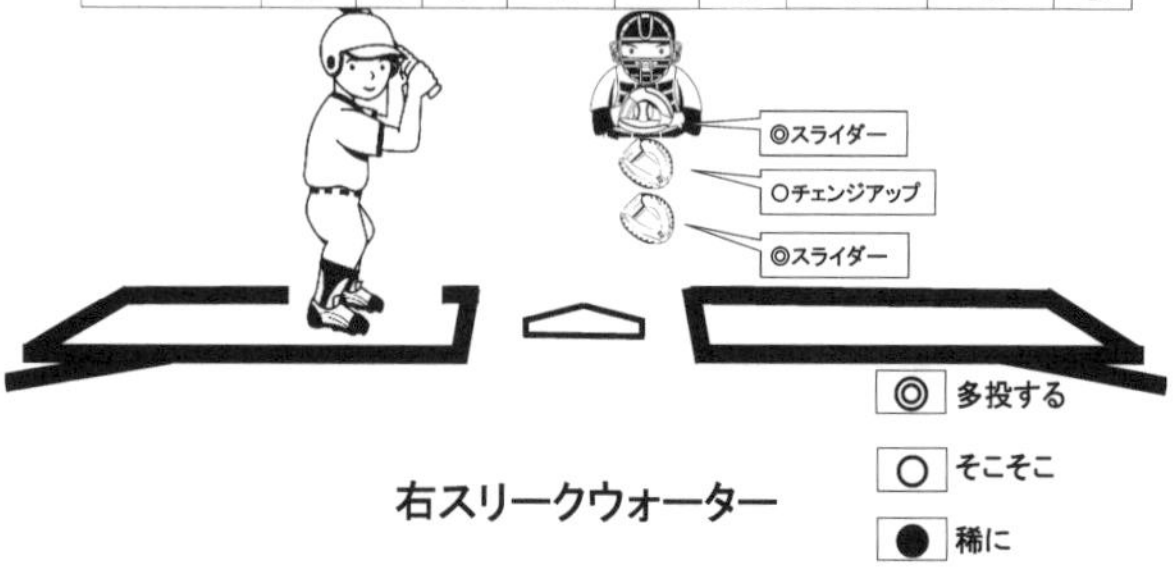

投球スタイル	ストレート	カーブ	フォーク	スライダー	シュート	シンカー	チェンジアップ	カットボール	特殊球
サイドスロー	◎	○	●	◎	◎	◎	●	○	×

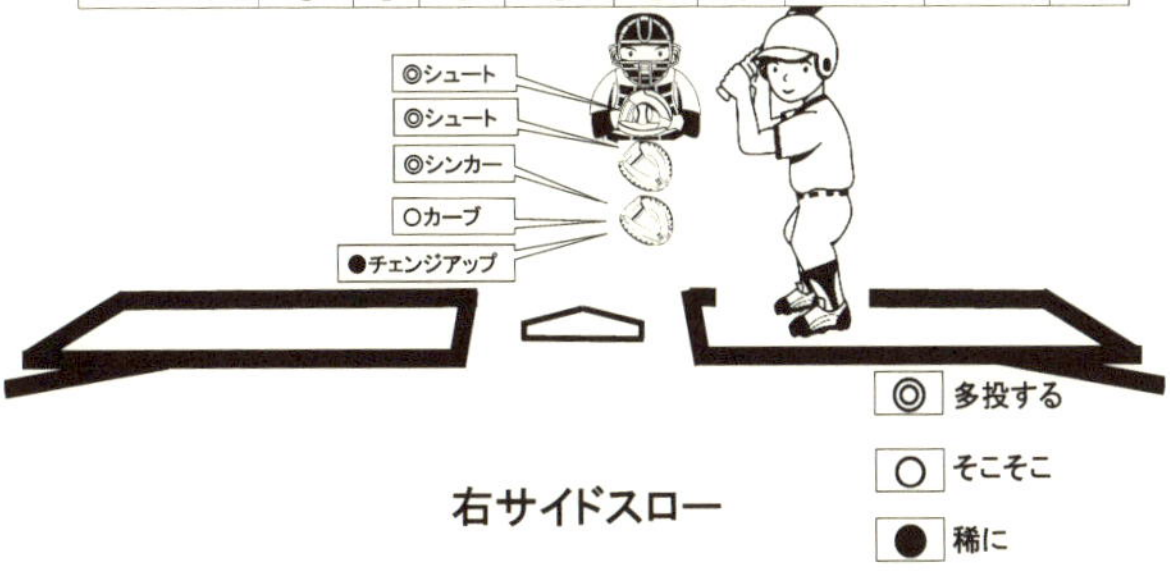

右サイドスロー

投球スタイル	ストレート	カーブ	フォーク	スライダー	シュート	シンカー	チェンジアップ	カットボール	特殊球
サイドスロー	◎	○	●	◎	◎	◎	●	○	×

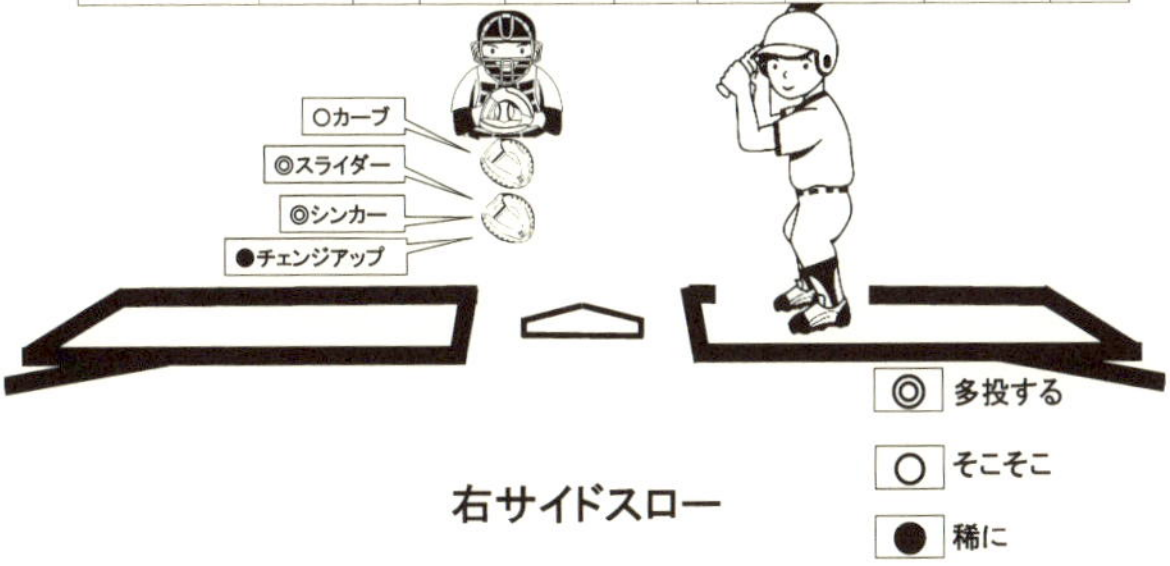

右サイドスロー

投球スタイル	ストレート	カーブ	フォーク	スライダー	シュート	シンカー	チェンジアップ	カットボール	特殊球
サイドスロー	◎	○	●	◎	◎	◎	●	○	×

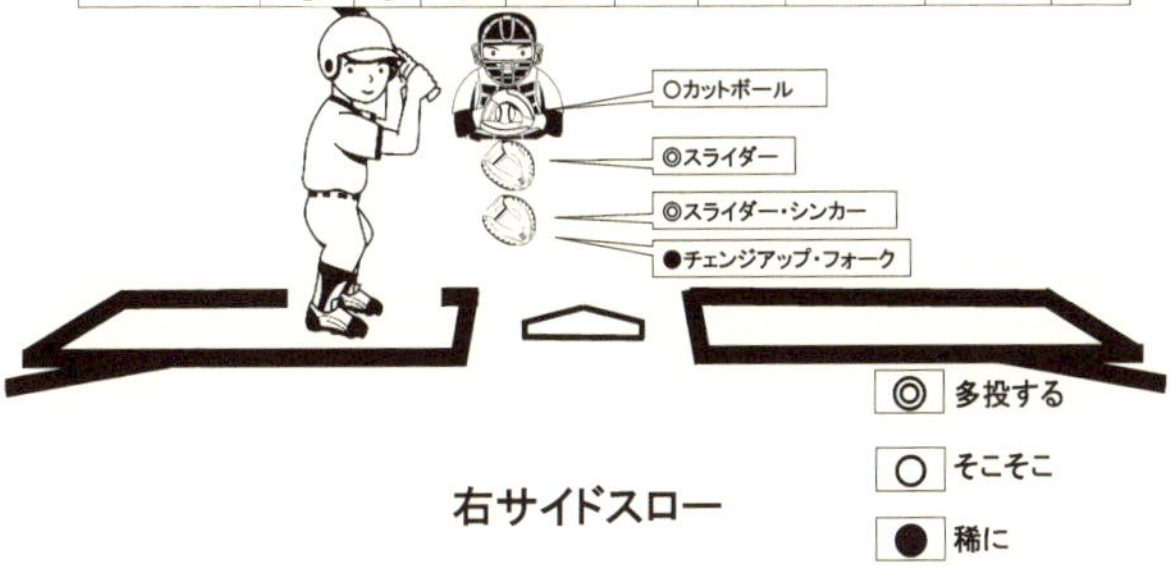

右サイドスロー

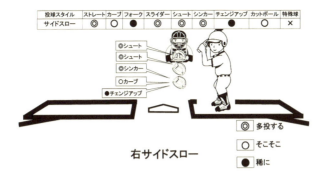

投球スタイル	ストレート	カーブ	フォーク	スライダー	シュート	シンカー	チェンジアップ	カットボール	特殊球
サイドスロー	◎	○	●	◎	◎	◎	●	○	×

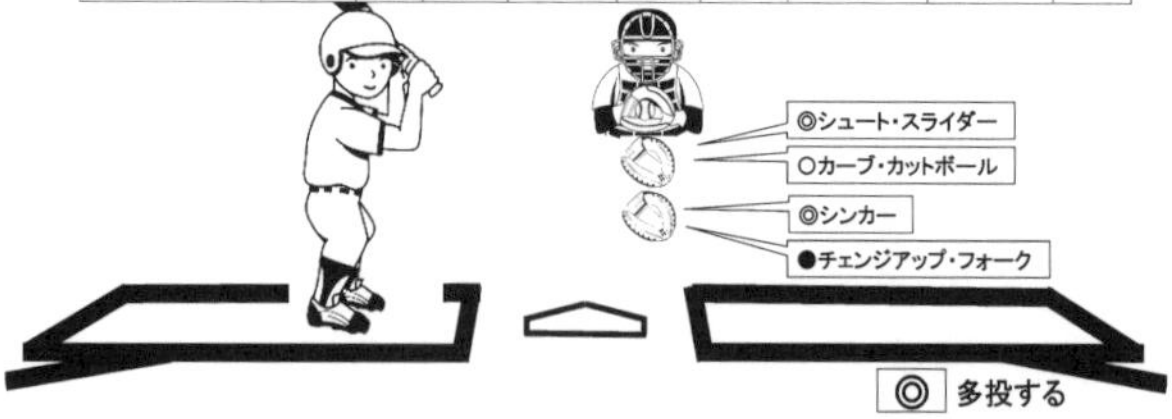

◎ 多投する
○ そこそこ
● 稀に

右サイドスロー

投球スタイル	ストレート	カーブ	フォーク	スライダー	シュート	シンカー	チェンジアップ	カットボール	特殊球
アンダースロー	◎	○	×	◎	◎	◎	●	●	×

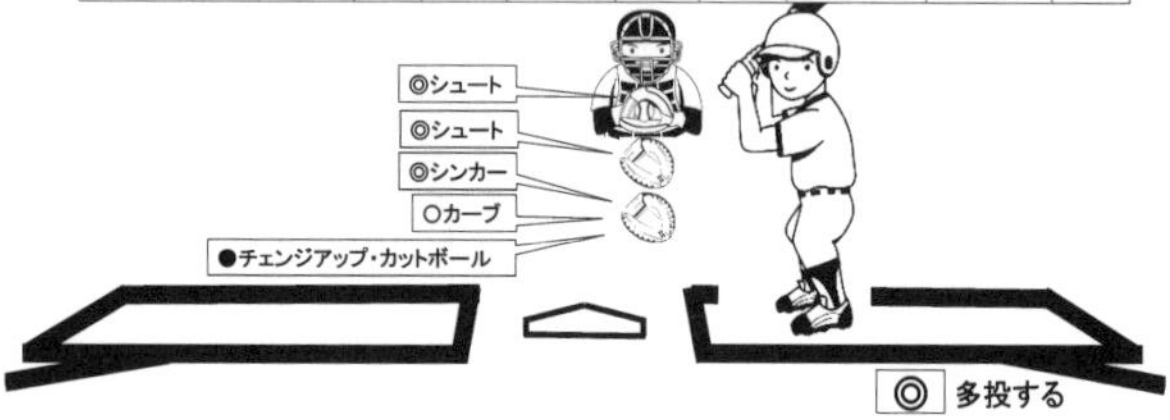

◎ 多投する
○ そこそこ
● 稀に

右アンダースロー

投球スタイル	ストレート	カーブ	フォーク	スライダー	シュート	シンカー	チェンジアップ	カットボール	特殊球
アンダースロー	◎	○	×	◎	◎	◎	●	●	×

◎ 多投する
○ そこそこ
● 稀に

右アンダースロー

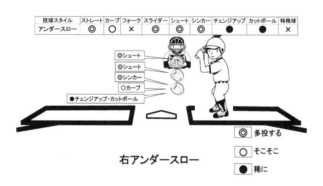

投球スタイル	ストレート	カーブ	フォーク	スライダー	シュート	シンカー	チェンジアップ	カットボール	特殊球
アンダースロー	◎	○	×	◎	◎	◎	●	●	×

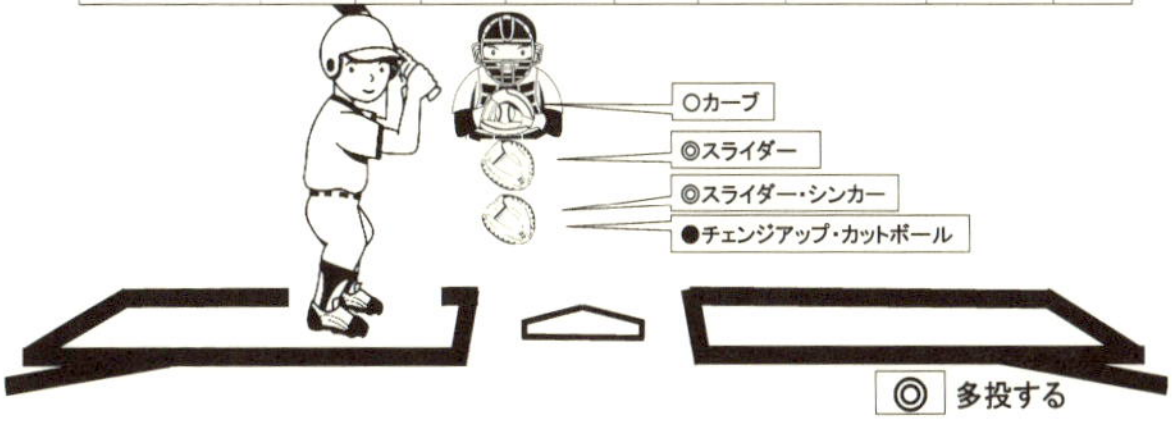

◎ 多投する
○ そこそこ
● 稀に

右アンダースロー

投球スタイル	ストレート	カーブ	フォーク	スライダー	シュート	シンカー	チェンジアップ	カットボール	特殊球
アンダースロー	◎	○	×	◎	◎	◎	●	●	×

◎ 多投する
○ そこそこ
● 稀に

右アンダースロー

投球スタイル	ストレート	カーブ	フォーク	スライダー	シュート	シンカー	チェンジアップ	カットボール	特殊球
オーバースロー	◎	◎	○	○	○	●	○	◎	○

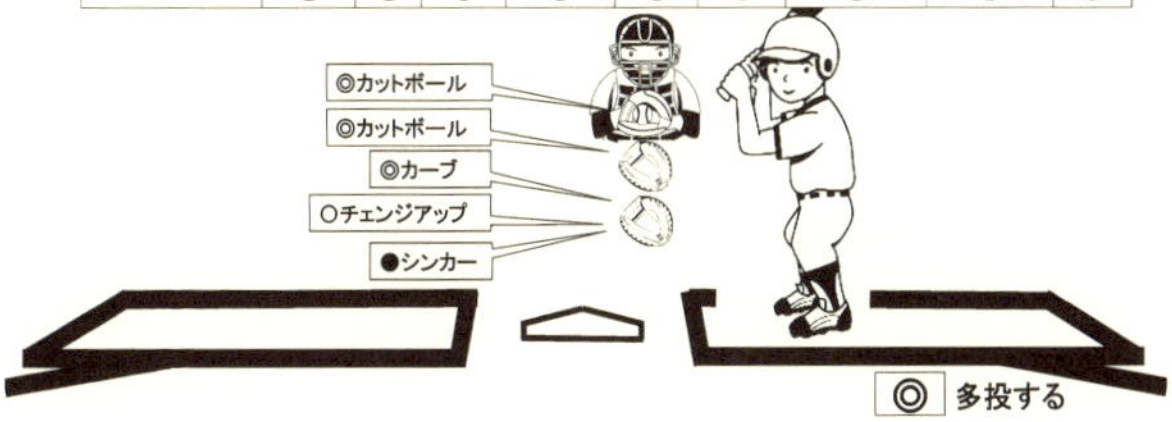

◎ 多投する
○ そこそこ
● 稀に

左オーバースロー

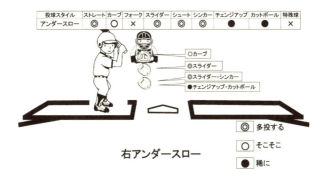

投球スタイル	ストレート	カーブ	フォーク	スライダー	シュート	シンカー	チェンジアップ	カットボール	特殊球
オーバースロー	◎	◎	○	○	○	●	○	◎	○

◎ 多投する
○ そこそこ
● 稀に

左オーバースロー

投球スタイル	ストレート	カーブ	フォーク	スライダー	シュート	シンカー	チェンジアップ	カットボール	特殊球
オーバースロー	◎	◎	○	○	○	●	○	◎	○

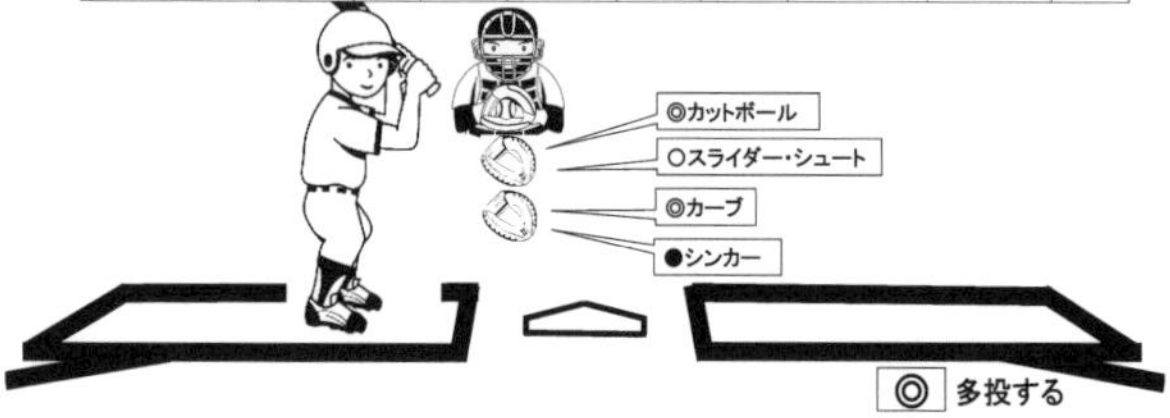

◎ 多投する
○ そこそこ
● 稀に

左オーバースロー

投球スタイル	ストレート	カーブ	フォーク	スライダー	シュート	シンカー	チェンジアップ	カットボール	特殊球
オーバースロー	◎	◎	○	○	○	●	○	◎	○

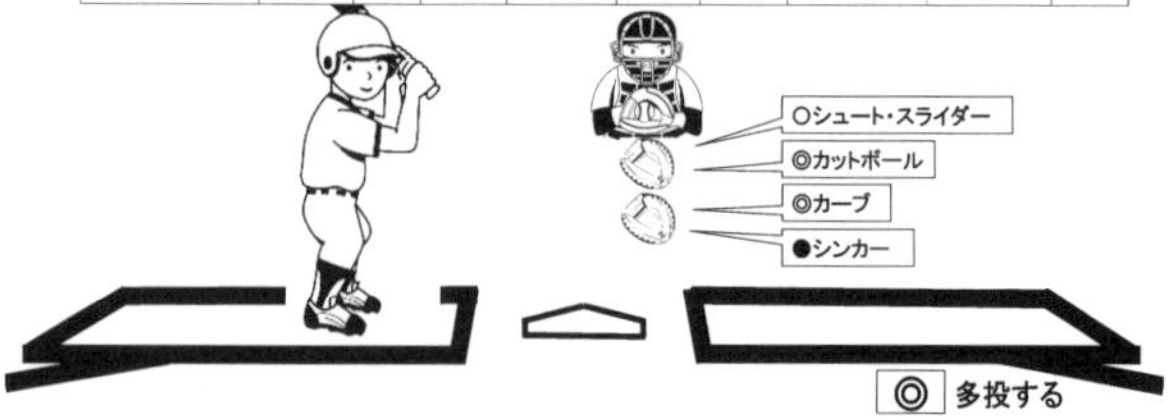

◎ 多投する
○ そこそこ
● 稀に

左オーバースロー

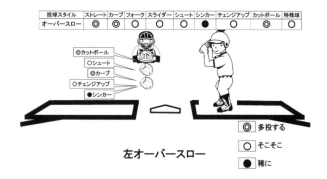

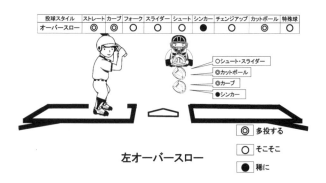

投球スタイル	ストレート	カーブ	フォーク	スライダー	シュート	シンカー	チェンジアップ	カットボール	特殊球
スリークウォーター	◎	○	○	◎	◎	○	◎	○	○

左スリークウォーター

投球スタイル	ストレート	カーブ	フォーク	スライダー	シュート	シンカー	チェンジアップ	カットボール	特殊球
スリークウォーター	◎	○	○	◎	◎	○	◎	○	○

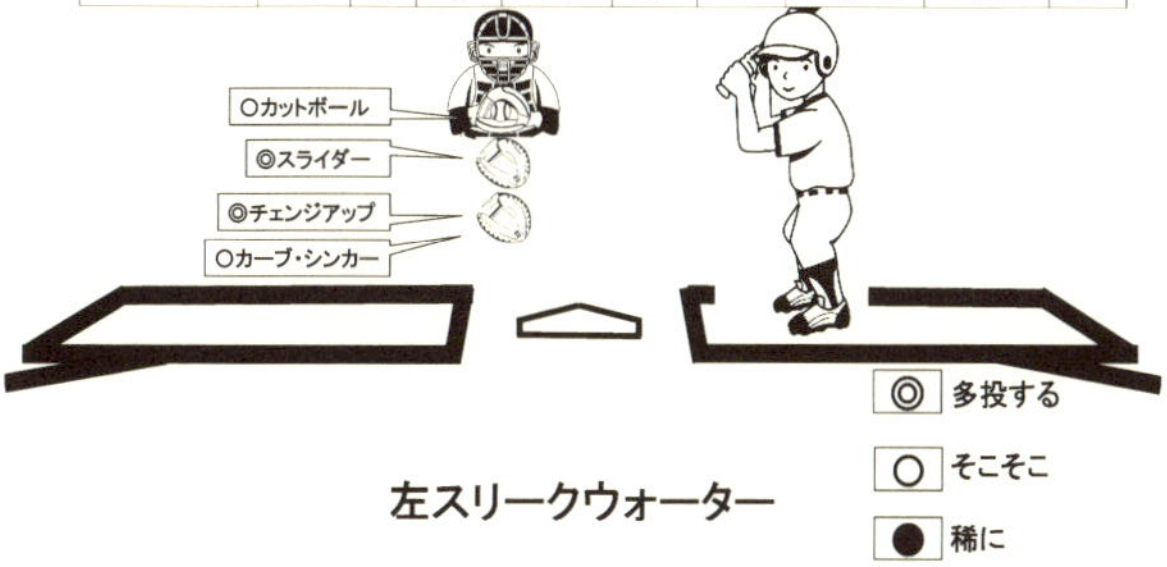

左スリークウォーター

投球スタイル	ストレート	カーブ	フォーク	スライダー	シュート	シンカー	チェンジアップ	カットボール	特殊球
スリークウォーター	◎	○	○	◎	◎	○	◎	○	○

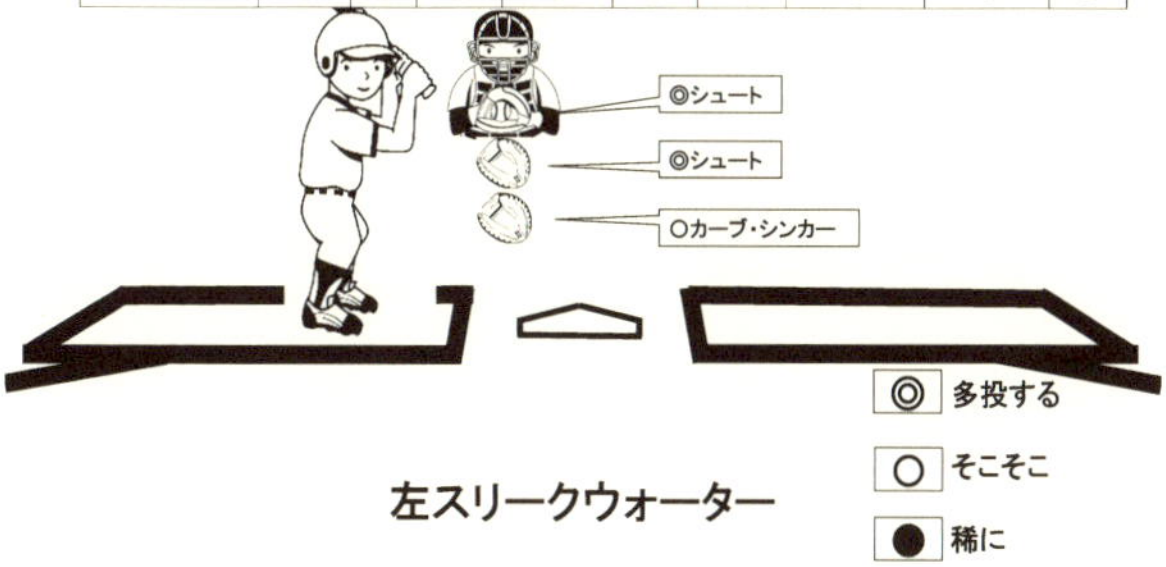

左スリークウォーター

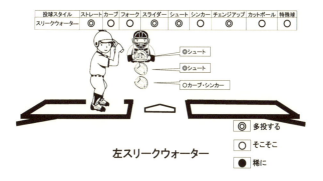

投球スタイル	ストレート	カーブ	フォーク	スライダー	シュート	シンカー	チェンジアップ	カットボール	特殊球
スリークウォーター	◎	○	○	◎	◎	○	◎	○	○

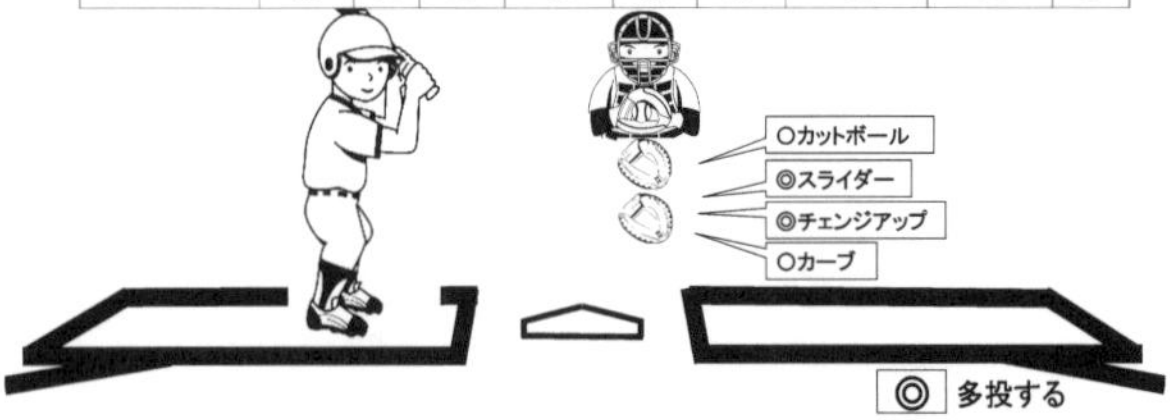

◎ 多投する

○ そこそこ

● 稀に

左スリークウォーター

投球スタイル	ストレート	カーブ	フォーク	スライダー	シュート	シンカー	チェンジアップ	カットボール	特殊球
サイドスロー	◎	○	×	◎	◎	◎	○	○	×

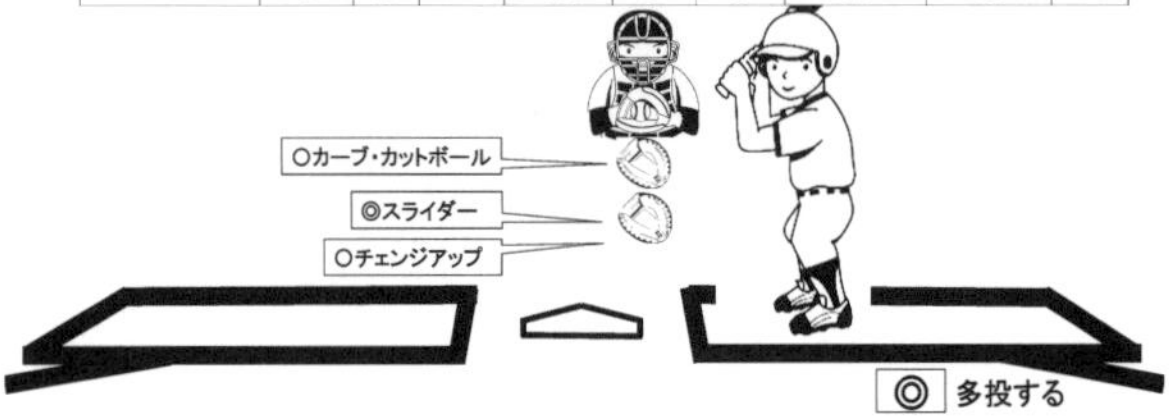

◎ 多投する

○ そこそこ

● 稀に

左サイドスロー

投球スタイル	ストレート	カーブ	フォーク	スライダー	シュート	シンカー	チェンジアップ	カットボール	特殊球
サイドスロー	◎	○	×	◎	◎	◎	○	○	×

◎ 多投する

○ そこそこ

● 稀に

左サイドスロー

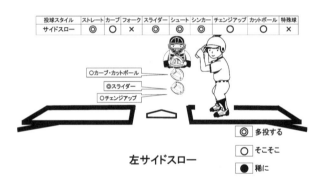

投球スタイル	ストレート	カーブ	フォーク	スライダー	シュート	シンカー	チェンジアップ	カットボール	特殊球
サイドスロー	◎	○	×	◎	◎	◎	○	○	×

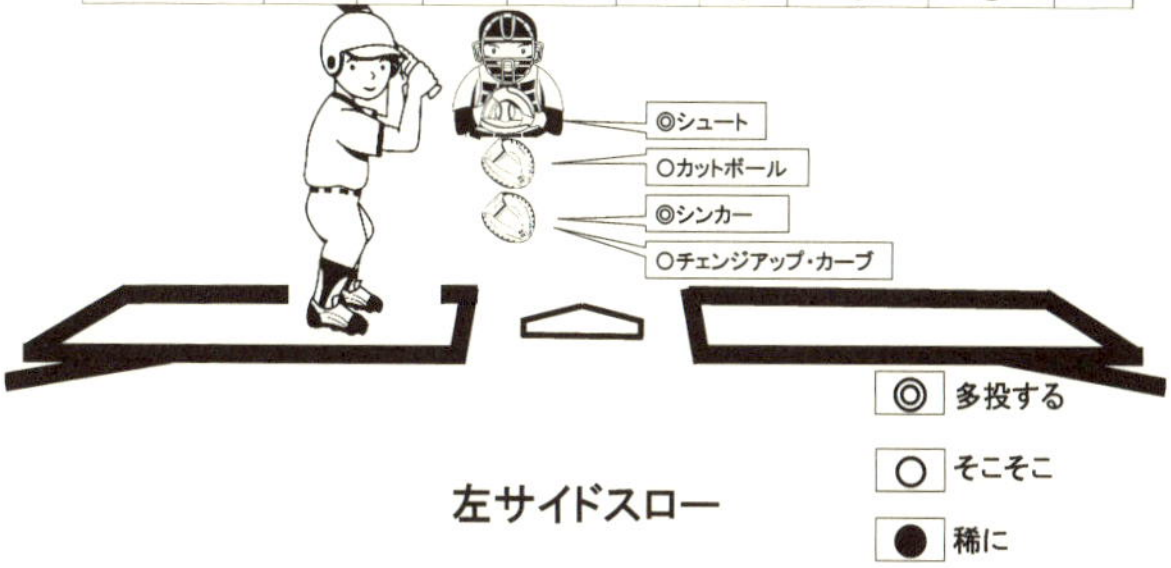

投球スタイル	ストレート	カーブ	フォーク	スライダー	シュート	シンカー	チェンジアップ	カットボール	特殊球
サイドスロー	◎	○	×	◎	◎	◎	○	○	×

ごわいピッチャーですね」

この他に見るのはセットポジションの位置、投球時の腕の位置だ。

「セットなら位置が高いか低いかを見ます。右投手で高ければ、けん制球は速くなります。すぐに右手を耳の横に持ってこれますから。それと、高いと手ではなく足から動きますから変なクセは出にくいですよね。『じゃあ、全員高くした方がいいんじゃないか』と言う人がいますけど、そうはいきません。合わない選手は合わないんです。セットの位置が低ければ肩の力が抜けます。高いとコントロールがつきにくいという選手もいるんです。

あとは腕を振るときの位置。それこそ投球練習の7球のうちで、球種によってずいぶん変わりますから。ほとんどの場合、変化球で腕が下がります。頭から離れますよね。これ以外に意外と多いのは、カーブなどの変化球の場合は手が顔に寄ってくる。顔と比較した腕の位置がポイントですね」

もちろん、変化球で腕の振りが弱くなる投手もいるので、そこもチェックする。

投手のクセを見るポイント

これらを踏まえたうえで、次に観察するのが球種によるクセがあるかどうかだ。経験上、クセが出やすいポイントは熟知している。その部分を重点的に見る。

◉基本の7項目とは

項目 1 ストレートの握りでサインを見ている投手が、そのまま投球動作に入ればストレート。球を握り替えれば変化球。

「球種がわからないようにボールをくるくる回すんです。普通、サインを見て、（くるくる回さず）そのままセットに入ればストレート。変化球だと回してから入る。ボールを上に向けるように入れるとか。ここは穴があくほど見ます」

［実例 1］札幌南・寺田龍平投手

今でも忘れないのが札幌南の寺田龍平（元楽天、2007年高校生ドラフト1位）。セットポジションに入る前のサイン交換時、右手は腰の位置に置いていたが、そのままセットに入ればストレート。くるくる回して握り替えたら変化球だった。しかも、確率は100パーセント。春の大会を見ているときにこのクセを発見。夏もクセはそのままだったが、準決勝まで進出。かなりわかりやすいクセだったが、どの対戦校もこのクセを見抜けていなかった。

項目2 サインを見たあと、グラブと手を合わせるとき、ボールの白い部分が見える面積の違いで見分ける。白い面積が多いときはカーブやスライダー。白い部分がほとんど見えないときはチェンジアップ。

項目3 サインを見たあと、グラブと手を合わせるとき、カーブのときはボールを上向きにしてセットする。

項目4 セットポジションのときのグラブの角度で、変化球のときにグラブの面が上向き加減になることがある。

項目5 バックスイングでボールを後方に引いたときの手首の角度で見分ける。カーブのときに手首を曲げる投手は非常に多い。逆にシュートは反らすことがある。

［実例②］　藤井学園寒川・高田篤志投手①

写真は15年夏の甲子園で対戦した藤井学園寒川の高田篤志。テークバックの際、手首が掌屈していればスライダー、まっすぐ伸びていればストレート。

「変化球で掌屈する投手は非常に多い。この時点でわかれば楽に打てます。この投手の場合

高田投手（寒川）　①スライダー　②ストレート

①は手首を掌屈させ②はまっすぐ伸びている

①

②

注目
ポイント

手首の角度を注視せよ

は、バックスイングが大きかったから見やすかったですね」

また、バックスイングでの球種確認は二塁走者にも使える。

［実例③］藤井学園寒川・高田篤志投手②

寒川の高田の場合、ボールをわしづかみしていればチェンジアップ。ボールの白い部分が片側に多く見える場合はスライダー。

「スライダーもそうですが、特にチェンジアップは低めいっぱいを狙って投げてきます。このテークバックの時点でワンバウンドが来るぞとあらかじめ予測しておいて、ワンバン・ゴーに備えるんです」

健大高崎では、投球がワンバウンドになりそうな軌道だと判断した時点でスタートする、軌道スタート（ワンバン・ゴー）を徹底しているのだ（『機動破壊』P164参照）。

項目6 2ボール0ストライク、3ボール1ストライクから投げる球種を覚えておく。どうしてもストライクが欲しいときの球種を知る。

項目7 投球するときの腕の角度を見極める。スライダーのときに普段より腕を下げる投手

高田投手（寒川）　①チェンジアップ　②スライダー

①はわしづかみ②は球の白い部分が片側に多く見える

①

②

走者二塁のときワンバウンドゴーに備える

注目ポイント

球の握りを注視せよ

はかなり多い。

「スライダーを横に曲げようと思うと、人間はどうしても横振りになりやすいんです」

駒大苫小牧時代の田中将大（現ヤンキース）はスライダーを武器にしていたが、プロのスカウト陣からしばしば腕が下がることを指摘されていた。とはいえ、140キロの高速スライダーは高校生相手には無敵だった。プロ入り後は、スライダーよりもスプリットを武器にしている。

スライダーと違い、カーブは横振りになると投げられない。身体を縦に使う縦回転の意識が必要だ。このため、腕は頭の近くに寄ってくる。

［実例4］桐生第一・石井将希投手

写真は桐生第一の石井将希（上武大を経て17年のドラフトで阪神に育成ドラフト1位で入団）。カーブのときは顔の近くから腕を振り、ストレートのときは頭を傾け、頭と腕が離れた状態で投げているのがわかる。

「身体の軸を注視せよということですね。頭が傾くとストレートです」

高校生の場合、この時点で判別しても打つのは難しいかもしれない。それでも、球種がわかる意味はある。カーブとわかったら打たなければいいのだ。左投手の場合、ボールになる

石井投手（桐生第一）　①カーブ　②ストレート

①は顔の近くから腕を振り②は頭を傾け、離れて腕を振る

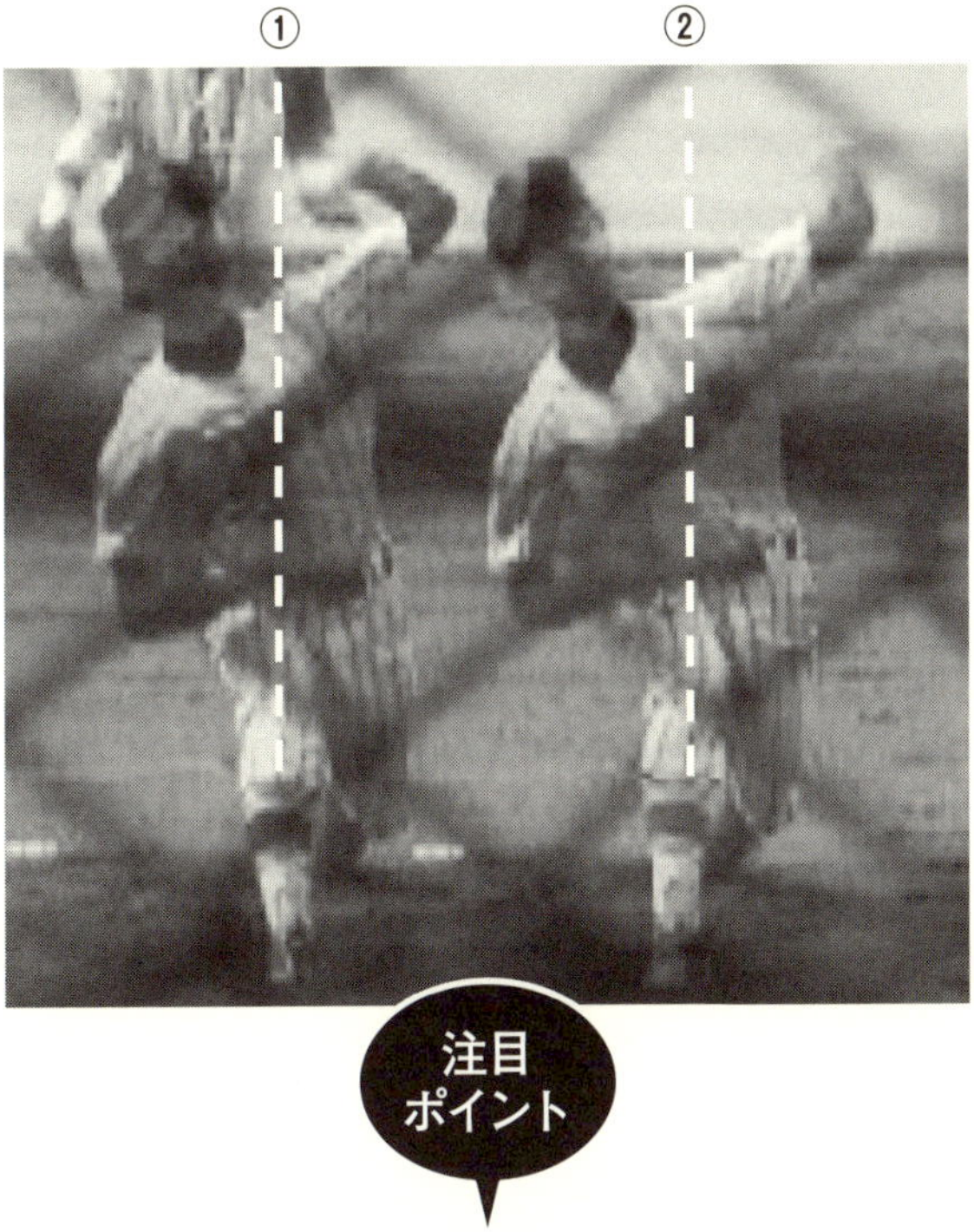

注目
ポイント

身体の軸を注視せよ

カーブに手を出すと相手の術中にハマってしまう。いつもなら空振りを取れる球に手を出さないことで、相手のリズムを狂わせることができる。

「わかってて見切られるというのは無言のプレッシャーになるんです。ピクリとも動かずに見逃されるとね。知られているだけでプレッシャーになる」

稀に出る投手のクセ

次に、基本の7項目以外で、稀に出るクセを紹介する。

◉特殊な項目

項目1 足の上げ方で見極める。ストレートを投げるときは、往々にして足の上げ方に躍動感があるもの。

「フォームの勢いですね。ストレートを投げるときは、パワフルなフォームになりやすい。逆に、変化球でタイミングをずらそうとしているときは、ゆったりした感じになりやすいんです。自分の目指している球になるよう準備をしているんですね」

項目❷ フォークボールはボールの中心位置で挟むため、その分グラブから出ている手首がわずかに長く見える。

項目❸ セットポジションのとき、ストレートは背筋が伸びているが、変化球では背中が丸くなる。

項目❹ セットポジションのとき、ストレートはひざが伸びているが、変化球ではひざが曲がり気味になる。

項目❺ シグナル（サイン）交換のとき、ストレートはうなずかないが、変化球はうなずく。

項目❻ シグナル（サイン）交換のとき、ストレートは一度しかうなずかないが、変化球では二度うなずく。

項目❼ シグナル（サイン）交換のとき、フォークやチェンジアップなどの決め球のときだけ大きくうなずく。

項目8 インズバ（インコースにストレートをズバッと）を投げるときだけ決意を込めるように強くうなずく。

項目9 インハイの釣り球を使うとき、セットする前にうわの空のように一度視線をそらす。

「これは本当に多いですよ。はぐらかそうとする心理が表に出るんですね」

［実例5］ヤクルト・増渕竜義投手

稀な例として紹介したいのが、筆者が実際に見つけたクセ。07年に埼玉・鷲宮からヤクルトに高校生ドラフト1位で入団した増渕竜義を見に行ったときだった。普段は使わない双眼鏡で見ていたところ、あることに気づいたのだ。ボールを握る際、ストレートだと腕に筋ができるが、変化球だと筋ができない。投げるたびに球種を当てたので、隣で見ていた鷲宮の高野和樹監督（現上尾監督）も驚いていた。当時の増渕はルーキー。得意のストレートを投げるときには力を入れようとして筋ができたのだろう。葛原SVの言う準備動作だ。ちなみに、長袖のアンダーシャツを着ていれば、この判別は不可能。投手がアンダーシャツを着る意味はこんなところにもあるのだと実感した。

三木投手（健大高崎）　①スライダー　②ストレート

①はグラブの位置が顔を隠すように高くなる

①　②

注目ポイント

グラブの位置を注視せよ

これらの項目以外にもクセの出る箇所はいくつもある。葛原SVが実際に発見した実例を紹介したい。

注目ポイント≫ 投球する際のグラブ側の手の高さ

健大高崎がセンバツ初出場でベスト4入りしたときのエース・三木敬太。前ページ写真①のようにグラブが顔の高さまで上がるとスライダー。写真②のようにグラブの位置が低いとストレートだった。「センバツ前にチェックしたらこういうクセがあったので、あわてて矯正しました」。分析というと、相手チームばかりに目がいきがちだが、自チームの選手もしっかり見ておくことを忘れてはいけない。

「なかなか自分のところはやりませんよね。やらない人が多い。『敵を知り、己を知れば百戦危うからず』というのは孫子の兵法の最も基本的なところなんですけど。私は普段の練習から見ています。クセが出たら『ボーク！』と言ってますから、ウチのピッチャーはクセが少ないと思いますよ」

15年夏の甲子園初戦で対戦した藤井学園寒川のエース・高田篤志には三木同様のクセがあり（写真参照）、攻略に成功した。

高田投手（寒川）　①スライダー　②ストレート

①はグラブの位置が顔を隠すように高くなる

①

②

注目ポイント

グラブの位置を注視せよ

けん制のクセを見るポイント

〝機動破壊〟が持ち味なだけに、けん制のクセもチェックする。首の使い方を見るのはもちろんだが、それ以外にも頭の位置やグラブの位置、左肩の角度などを見る。ここでも、葛原SVが実際に発見したクセをいくつか紹介する。

注目ポイント①≫ 投げる方の手の位置

写真は14年夏の甲子園でベスト8入りしたときの健大の左腕エース・高橋和輝。注目ポイントは左手だった。右足を上げる際、左手がグラブの中にあれば本塁へ投球。左手がグラブの外に出ていれば一塁けん制だった。

「けん制のときは手持無沙汰になるのか、一回グラブから手を出す。時間稼ぎをしようという意識がそうさせると思うんですけどね」

他校には気づかれなかったが、これだけわかりやすければやすやすと盗塁を許すことにつながってしまう。繰り返すが、自チームの投手のクセのチェックも忘れないようにしたい。

高橋投手（健大高崎）　①投球　②けん制球

②のけん制は足が上がった時点でグラブからボールが出る

①　②

注目ポイント

ボールを注視せよ

注目ポイント②≫　ひざを上げる高さ

写真は15年秋に関東大会出場を果たした樹徳のエース・小寺伶弥。注目ポイントはひざの位置だった。右足を上げる際、右ひざがベルトより上に上がれば本塁へ投球。ベルトの高さであれば一塁けん制だった。

「右ひざが高く上がる場合、一塁側から見ればベルトが消えます」

小寺投手（樹徳）第１パターン
①投球　②けん制球

①ベルトより上にひざが上がれば投球で②のけん制はベルトの高さ

ひざの位置を注視せよ

注目ポイント③≫　頭の位置

写真は注目ポイント②と同様に樹徳の小寺。こちらはクイック投球の際のものだ。本塁に投球する際は軸足が折れて頭の位置が下がるが、一塁けん制時は軸足は折れず、頭の位置は高いままだ。

小寺投手（樹徳）第２パターン
①投球　②けん制球

①はクイック投球で瞬時に
頭が低くなる

①　②

注目ポイント

頭の位置を注視せよ

注目ポイント②、③と同じ投手でふたつのクセがあったが、一度に両方のクセを注視するのは難しい。そこで、この試合ではどちらのクセを見るかは選手に選択させた。

「足を見て、ベルトより上に上がったらスタート、上がらなかったら自重。もしくは、頭を見て、頭が下がった瞬間にスタート。自分で選びなさいと。この試合、最初の盗塁はクイックのとき。一番バッターが一回目で走りました」

注目ポイント④≫ 首の角度

写真は15年センバツ1回戦で対戦した宇部鴻城の上西嵐満。ポイントは首の位置と角度。写真のように首を一塁方向に向け、いかにも一塁走者を意識していると見せかけて本塁へ投球。逆に、あまり一塁走者を見ていないようにしているときはけん制。あえて反対の動きをして工夫していた。

「普通は写真①のときがけん制ですけど、この投手は逆でしたね。『オレはお前（走者）をしっかり見てるからな』というポーズをしておいてホームに投げる」

上西投手（宇部鴻城）　①投球　②けん制球

①は走者を見てけん制を意識させ②は無警戒を装う

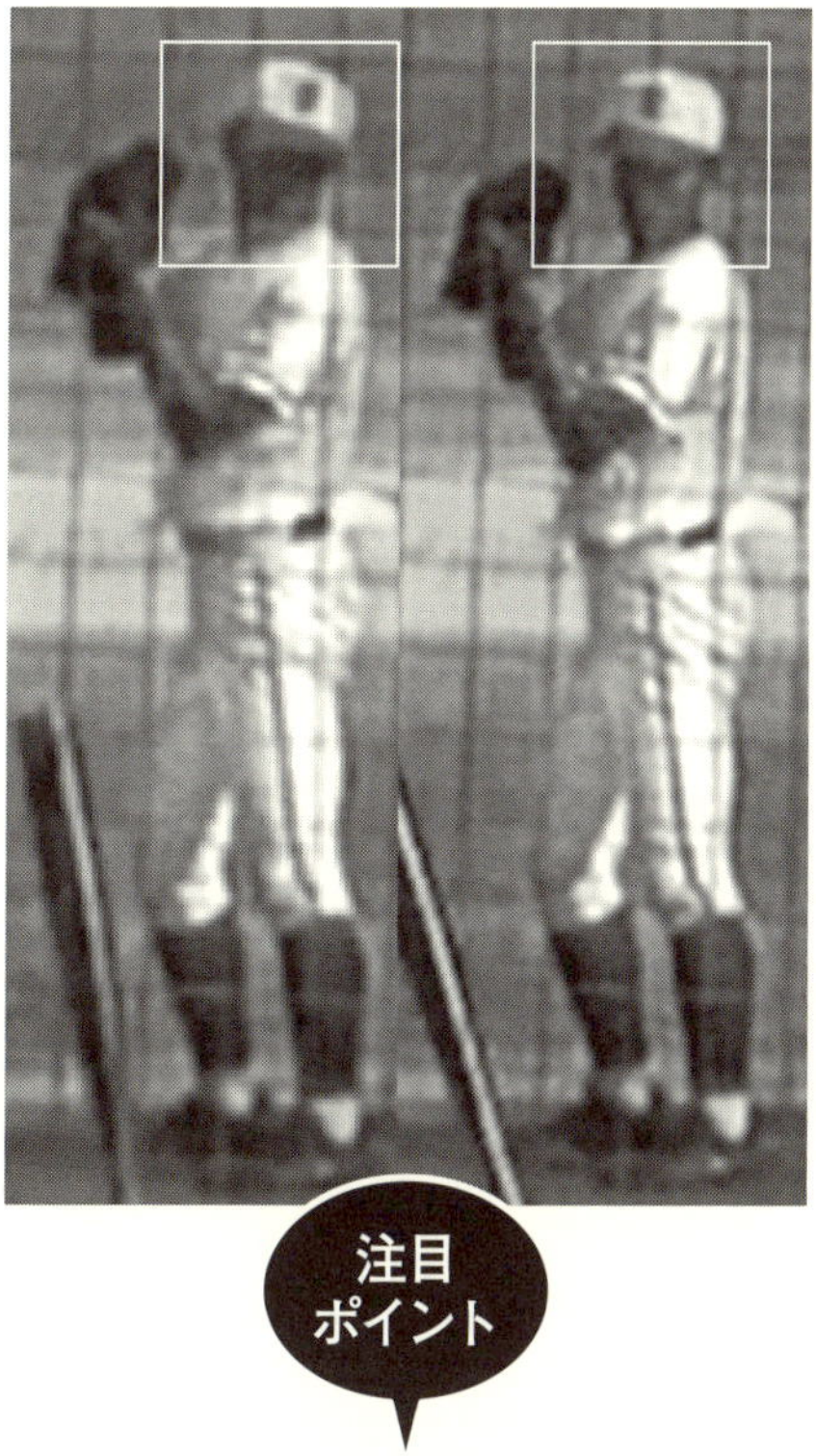

注目
ポイント

首の角度を注視せよ

注目ポイント⑤≫　肩の角度

写真は17年センバツ1回戦で対戦した札幌第一の冨樫颯大。ポイントは肩の角度。本塁にクイックで投球しようとする際、初期動作で左肩が三塁方向に入って下がる。セットに入っている基本姿勢と比較すると、両肩のラインが平行から本塁側の肩が上がるラインに変わっているのがわかる。

冨樫投手（札幌第一）
①基本姿勢　②投球

②のクイックでは初期動作で左肩が入って下がる

肩の角度を注視せよ

冨樫投手（札幌第一）
①基本姿勢　②けん制球

②のけん制では初期動作で
左肩の傾斜はなくグラブが下がる

①　②

注目ポイント

グラブの動きを注視せよ

注目ポイント⑦≫ セットしている両ひじの角度

注目ポイント⑤～⑦の写真は、いずれも札幌第一の冨樫。注視するポイントはグラブの動き。けん制の際は、初期動作で⑤の左肩の傾斜はなく、グラブが下がる。また、グラブが下がることで、セットしている両ひじが外側に開いてくる。

冨樫投手（札幌第一）
①投球　②けん制球

②のけん制ではグラブが下がることで
両ひじが開いてくる

注目ポイント

ひじの角度を注視せよ

また、冨樫には⑤～⑦以外のクセもあった。

「けん制のときの前兆というか、最初に動くところを発見したんです。左の股関のシワがじわっと寄ってくるんですね。何よりも先にそこにシワが寄るから、一塁コーチャーの湯浅（大、現巨人）には『股間だけ見てろ』と。だから、あのときのテーマは戻って、戻って、戻り倒すこと。こっちの狙いは戻ることなのに、相手は走ってくると思っている。笑いが止まらないという会心のゲームでした」

札幌第一バッテリーは執拗にけん制を繰り返し、ピッチドアウトも多用。自らリズムを崩した。冨樫は2回3分の1で5失点して降板。早々と試合を決めた。〝機動破壊〟といっても、走るばかりではない。走らない機動破壊もあるのだ。

注目ポイント⑧≫ ひざの角度

次のページの写真は16年秋の関東大会で対戦した明秀日立の粂直輝。本塁へ投球する際は軸足が深く曲がっているが、一塁へけん制する際は軸足が曲がっていない。後方の二塁ベースを見るとわかりやすいが、セットの時点で、頭の位置が大きく下がっている。

「けん制のときは素早いターンをしたいということでひざが伸びています。このクセは100パーセントでした」

条投手（明秀日立）　①投球　②けん制球

①投球時はひざを深く曲げ
②のけん制時はひざを伸ばしている

①

②

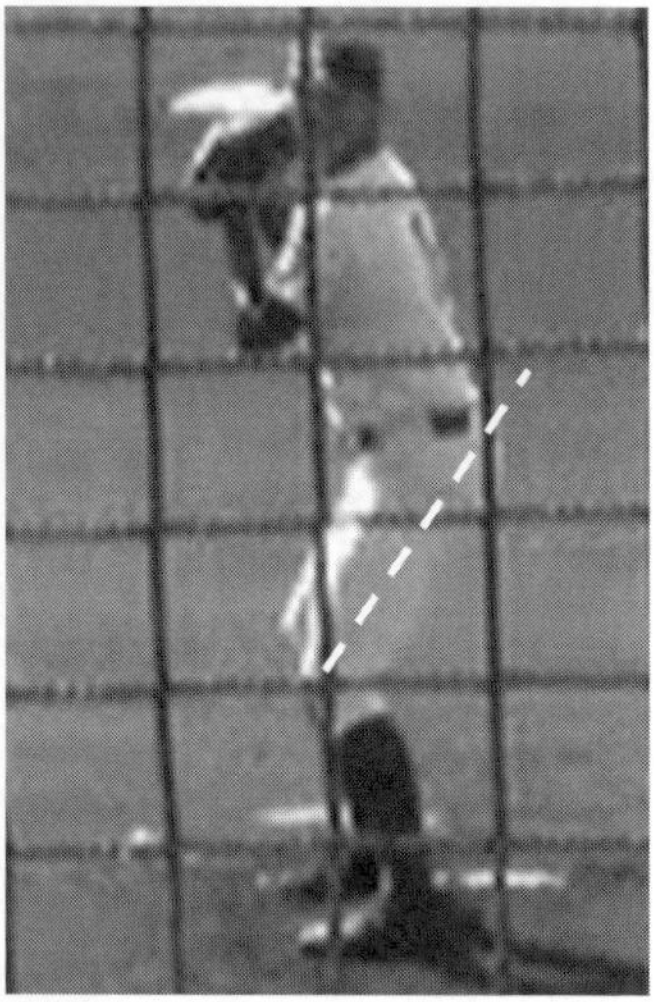

注目
ポイント

ひざの角度を注視せよ

高田投手（寒川）　スライダー

球の白い部分が片側に多く見える

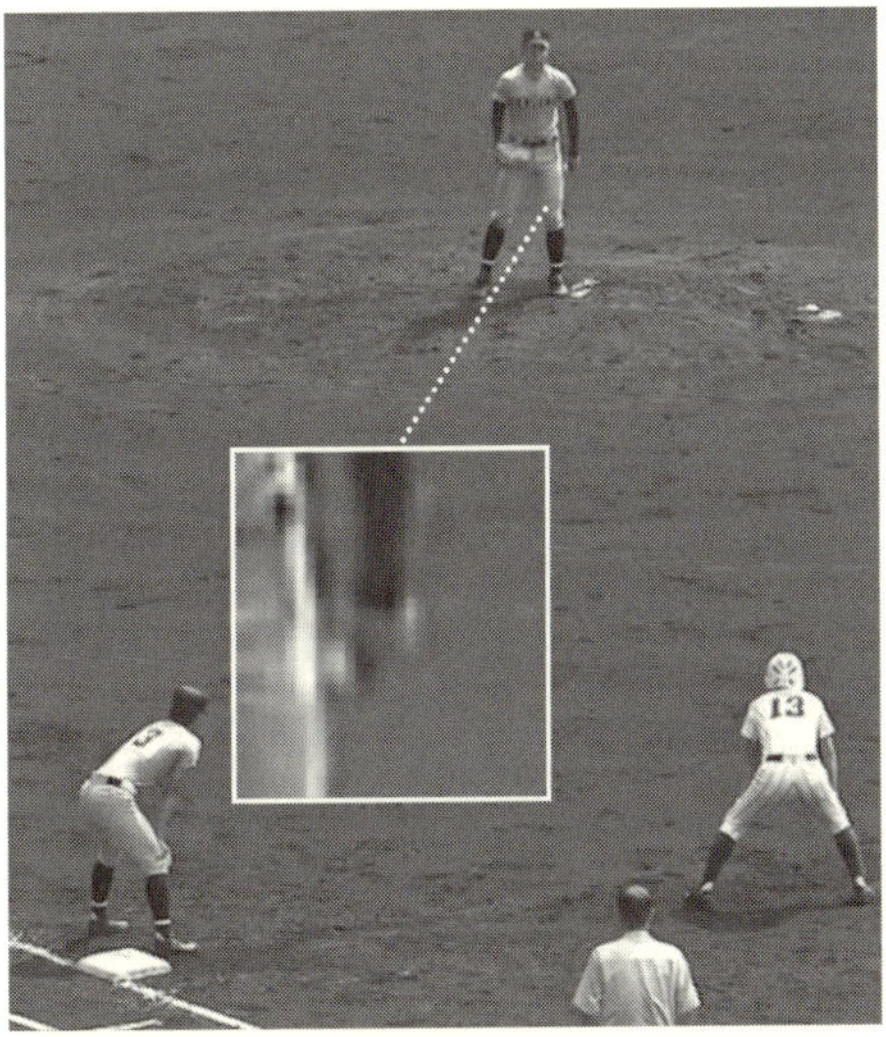

走者一塁のとき変化球ゴーの盗塁に備える

注目ポイント

球の握りを注視せよ

写真は15年夏の甲子園で対戦した藤井学園寒川の高田篤志。左手に持つボールの白い部分が片側に多く見えている。グラブに入れる前からスライダーの握りをしているのがわかる。基本的に、変化球の握りをしているとけん制は来ない。また、盗塁をする際、ストレートよりも変化球の方が成功する確率は高くなるため、スタートに備えることができる。

フォークやスプリットを投げる投手の場合、この時点であらかじめボールを挟んでおいて、グラブに入れながら握りを変えることがあるが、その他の球種ではそういう行為をする投手はほぼいない。

注目ポイント⑩≫ 肩甲骨

右投手の場合、背中を見る。

「セットのとき、ホームに投げる場合はダラッとしてるんですけど、一塁けん制のときは強い球を投げなきゃいけないから肩甲骨が寄っていることがあるんです。一塁へ投げる準備をしているんですね。縦じまのチームなんかは特にわかります。私は、『右ピッチャーは背中に答えが書いてある』と言っています」

第2章

捕手・野手の分析

野手から得られる情報

投手以外にもヒントは隠されている。例えば、野手の動き。

「一番多いのは外野手です。一塁けん制のときはバックアップに行かなきゃいけないですよね。遅いと監督に怒られるから、準備して一塁側に寄っちゃうんです。これでけん制だとわかる。鍛えられた、基本に忠実なチームほどこういうことがあります」

走者一塁の送りバント時も同様だ。ファーストがバントシフトでダッシュするため、セカンドは一塁ベースカバーに、ライトは一塁後方へバックアップに走らなければいけない。遅れないために、投球動作と同時か、それよりも前に動き出す場合がある。

この他、捕手の動きでわかることもある。

「ベンチから監督がサインを出すチームがありますよね。けん制のサインが出ると、構えない捕手がいるんですよ。自分のところに来ないもんだから、サボっちゃって。ミットを構えたらけん制はないんです」

殺すけん制ではなく、間を取るけん制の場合、あからさまに「早くけん制しろよ」という雰囲気を出す捕手もいる。ボールのないところにスキあり。見落とさないようにしてもらいたい。

野手の動きは多くの情報をもたらしてくれる。けん制どころか、打者へのヒントになることもある。甲子園でもこんなことがあった。

［実例⑥］箕島対日川戦

13年夏の箕島対日川戦の試合。山梨の公立・日川が本塁打を3本も放って勝利したが、これには理由があった。日川打線は完全にどのコースにボールが来るか予測ができていたのだ。箕島のセンター・森下雄斗が捕手の構えによって大きく守備位置を変えていたのを見逃さなかった。本塁打を打った球種は3本ともストレート。エース・須佐美将馬の球速は130キロ台前半だったため、ストレート一本に絞ってフルスイングしたのが功を奏した。ちなみに、森下に動きでコースが読まれていたことを伝えると「自分は打席でセンターを見ることはないんで」という答えだった。

［実例⑦］横浜対聖光学院戦

12年春の横浜対聖光学院の試合。聖光学院のエース・岡野祐一郎は夏の甲子園後にU18代表にも選ばれた好投手だったが、横浜打線が15安打を浴びせてKO。代わった投手からも打ち、17安打で7点を奪って快勝した。横浜打線が爆発した要因は聖光学院のセンター・斎藤湧貴。投球前に動くのを見抜かれ、コースを読まれて狙い打ちされた。聖光学院の横山博英部長は、試合後、横浜の小倉清一郎部長（当時）に「センターで全部わかっちゃう。そんな野球やってたら勝てないよ」と言われている。

配球を見るポイント

相手投手を攻略する際に、バッテリーの配球を読むことは欠かせない。

多くのチームがしているが、健大高崎でも配球チャートをつけてカウント別の傾向や攻め方がわかるようにしている（P80参照）。

「これは生徒でもできますからね。このカウントでは何を投げたかというのが表れてきます。2、3試合見て作ると、かなり信頼度の高いデータになります」

データを出し、必ず確認するのが、ボール先行の打者有利カウントで何を投げるかだ。

「一番見るのは2ボール0ストライクと、3ボール1ストライク。どうしてもストライクが欲しいときに何を投げてくるのか。そこで投げてくる球が、その投手が一番コントロールに自信を持っている球ですから。このカウントは高い確率で球種は読めますね」

バッティングカウントのとき、変化球でカウントを取れない投手は全国では勝てない。おのずと、相手投手のレベルもわかる。この他、打席ごとの初球の入り方、同じ球種やコースを何球続けるか、勝負するときのパターンなど見るポイントは多々ある。実際の表を見て、参考にしてもらいたい（次ページ参照）。

これ以外に葛原SVが重視するのはどんなことだろうか。

「見せ球、誘い球、決め球。基本的にはこの3つですね。何でカウントを整えて、何を見せて、何で決めるのか」

カウント球を狙うのはもちろんだが、大事なことはそれ以外にもある。

「見せ球を振らないことですね。『これが見せ球だ』と言っておかないと、それをブンブン振っちゃうこともある。特に17年の夏の甲子園（大会新記録の68本塁打が生まれた）を見ていると、全体的に〝ブンブン丸〟になってきています。ブンブン丸チームはスイングが大きくなるし、見極めるのも難しいから、これからは見せ球が大事でキーポイントになってくると思いますよ」

見せ球というのは、ボール球だ。ボール球に手を出せば必然的に三振も増える。見せ球の来るカウントと球種を予測して、いかに見送れるか。これがポイントになる。

				4球目												5球目								6球目			
1－1				1－2				2－1				3－0				2－2				3－1				3－2			
打席				打席				打席				打席				打席				打席				打席			
1	2	3	4	1	2	3	4	1	2	3	4	1	2	3	4	1	2	3	4	1	2	3	4	1	2	3	4
		3									1		1										1				1
	1			3					1								3								1		
	1								3												1				1		
					3																						
	1		3						3		1																
3											1								3								1
											1								3								1
1			1			1	1	1										1	3								
1	1		3				1	1											1	1				3			

2	4	0	1	0	0	1	2	2	1	0	4	0	1	0	0	0	0	1	1	1	1	0	1	0	2	0	3
7				3				7				1				2				3				5			

1	0	1	2	1	1	0	0	0	2	0	0	0	0	0	0	0	1	0	3	0	0	0	0	1	0	0	0
4				2				2				0				4				0				1			

◉特徴

- 初球のストレートはボール気味に投げてくる
- インコースは2球続けない
- ボール気味のスライダーを見せてインコースのストレートで勝負する
- ストライクの欲しいときはストレートを使ってくる
- 左打者にもインコースを使ってくる

Planner by Y.kuzuhara

福井工大福井　エース摺石　狙い球のテーマ

◉対戦投手の球種傾向チャート（※球種 1＝ストレート、3＝スライダー系）

打者情報					1球目				2球目								3球目							
					0−0				1−0				0−1				2−0				0−2			
					打席				打席				打席				打席				打席			
打順	守備	背番	左右	打者	1	2	3	4	1	2	3	4	1	2	3	4	1	2	3	4	1	2	3	4
1	6	6			1	3	1	1		1		1			3			1		1				
2	5	5		左	1	1	1	3	1			1		1			3			1				
3	7	9			3	3	1	3		1					1									
4	8	8		左	1	3	3	1	1					1	1							1		
5	9	17			1	3	3	1		1			3			1								
6	1	1		左	1	3	3	3				1	1	3						1				
7	3	3			1	3	3	3	1			1		1						1				
8	2	12		左	1	3	1	3	3						3	1							3	
9	4	4			1	1	1	1				3	3	3										

ストレート	8	2	5	4	3	3	0	4	1	3	2	2	0	1	0	4	0	1	0	0
合計	19				10				8				5				1			

スライダー系	1	7	4	5	1	0	0	1	2	2	2	0	1	0	0	0	0	0	1	0
合計	17				2				6				1				1			

◉球種の傾向

- 1打席目の初球はストレート
- 2打席目の初球はスライダー
- 3・4打席の初球はミックス
- 9番打者には全てストレート
- 1ボール0ストライクはストレート
- 0ボール1ストライクはミックス
- 2ボール0ストライクはストレート
- 2ボール1ストライクはクリーンナップ以外ストレート
- 2ボール2ストライクはスライダー
- 3ボール1ストライクはストレート
- 3ボール2ストライクはストレート

独自のチェックポイント

好投手を攻略するためには、球数を多く投げさせて持久戦に持ち込む場合もある。相手のスタミナの状態を知るために、葛原SVは独自のチェックポイントを持っている。

「長年見てきた結果、3段階あります。疲れ初めでは汗を頻繁にふくようになる。ちょっと無理をしはじめたなという段階になると肩を回すようになる。終わりが近いのは、屈伸かアキレス腱伸ばしです。こういう動作が出たら投手は限界だよとはっきり言っています」

選手たちもそれがわかっているから、けん制球を多く投げさせたり、バントの構えで揺さぶったりしてスタミナを奪う努力をする。じわじわと追い込み、相手投手が屈伸すると、その瞬間に健大高崎のベンチは盛り上がる。「屈伸した！」という一言によって、「この回一気に行くぞ！」とスイッチが入るのだ。どんなことでも〝基準〟を持っているのは強い。

相手投手を知るうえ、攻め方を考えるうえで、性格のチェックも重要だ。

「カッカしてくる選手は一番わかりますよね。『あいつはカッカしやすいぞ』という情報は一番早く入ってきますし。そういうタイプには焦らしたり、フェイクしたりということが多いですね。余分な動きをさせると一番嫌がりますから、ピッチングに関係しない動作を少しでも多くさせますね」

マウンドで吠える投手もいるが、葛原ＳＶはこう分析している。

「吠えるピッチャーは気が弱いんですよ。まず間違いないですね。吠えると印象もよくないし、相手が燃えてきますよね。ケンカ売ってるみたいになりますから火がつく。ゲームでやるのはよくないですね。難しいのはポーカーフェイスの投手です。何を考えているのかわからないのが一番困る」

必需品として持っていく双眼鏡で表情を見るのも、性格がわかるからだ。

「不安そうにしているときに選ぶ球を見ています。汗をかいて、動揺しているようなピッチャーは、そういう局面でほとんど変化球を選ぶ傾向があります。気持ちが弱い選手は特にそうですね。気持ちが強い選手はインコースが多いですよ。でも、もっと上のレベルになると、本当に度胸がある選手は、ここぞというときに抜いた球を投げられる。『こんなときに抜いた球を投げられるのか』というのが究極。気持ちが一番強いピッチャーですね」

ドラフト１位クラスの超高校級は別にして、これだけ分析をしても、攻略難易度が高い投手とはどんな投手だろうか。

「ほどよく分配されていることですね。ストレートは１４０キロ出るのがいいですけど、仮に１３５キロだったら、１２２~１２３キロのスライダーがあって、90キロ台のカーブを持っている投手。曲がる、落ちるよりも、スピードの差は大事だと思ってます」

この他には、やはりコントロール。

「無類のコントロールを持っているピッチャーですね。コントロールがいいというのはストライクを投げられる選手じゃない。ストライクを投げてくるのは苦でもないんです。それよりも、狙ったボール球を投げられるコントロールのある投手が一番嫌。これは一筋縄ではいかないですよ。球速がなくても、首のあたりに投げる、懐に投げる、スッと落とす……。公立高校にもいますよ。バッターというのは、ボール球を振らされることに羞恥心があるんです。ボール球を振るのはすごく恥ずかしいし、プライドがズタズタになる。詰まる方がまだマシです。最悪はクソボールを振ることですね」

あとは、角度だ。

「いくら速くても角度がないピッチャーは攻略しやすい。190センチあっても角度のない選手はないですし、背が低くても角度のある選手はあるんです。キャッチャーでは一流の選手でもピッチャーをできないのは、いくら速くても角度のない糸のようなボールが来るからです。人間の目玉は左右には動いても上下には動きませんから、角度は武器になるんです」

一見、何の変哲もないように見える投手でも、これらの特徴があれば注意が必要。甘く考えると、痛い目に遭うことになる。

「甲子園に行くのは、打てそうで打てないピッチャーですよ。だから、公立高校にもいるんです。打てそうで打てないのには必ず何か理由がある。そういうピッチャーに負けると、どんな監督も『ウチの打線がダメだった』と言って相手を褒めないでしょう。それは違います。いいピッチャーだったんです。それを『不甲斐ない』と言って終わらせちゃダメです」

捕手を見るポイント

伝説となっている1998年夏の甲子園・PL学園対横浜の延長17回の熱戦。PL打線が横浜のエース・松坂大輔（現中日）を打ち込んだのは、捕手・小山良男（元中日）のクセを見抜いていたからだった。腰を沈めて構えているときはストレート、腰を浮かせて構えているときは変化球。これを三塁コーチャーからの声で打者に伝達していた。捕手が好投手攻略のカギになることもある。

健大高崎の場合、基本的には打者のために捕手を分析することはあまりない。捕手に目を光らせるのは、走者だ。捕手のサインは走塁のヒントになるため、一塁走者も見るようにしている。

「右打者でアウトコースのサインを出す場合、キャッチャーのひじが動くので簡単にわかります。それに外すサイン（ピッチドアウトやウエスト）は特別ですから、特殊な手の使い方をしたときは外せのサインのことが多いですね」

また、投手のクセで紹介した元ヤクルトの増渕のようなことが捕手にも出ることがある。

「グーを出しているときに力が入って、腕に違いが出ることがあります。まぁ、これはなかなかランナーからは見えないですけど」

捕手のサインを見ているときに投手からけん制が来ることもある。それでアウトになっては元も子もないため、サインを見ながら戻る練習が必要だ。

「声でバックの練習をするんです。キャッチャーを見ているときにけん制が来たときは、一塁コーチャーからの『バック』の声で戻る。耳で戻る練習を普段からしてないといけない。訓練が必要です」

これも、左投手のときはできるが、速いけん制のある右投手のときはなかなかできない。そのためにこんな工夫もしている。

「見るのは3歩のリードの位置。ちょっと遅れても3歩なら戻れますから。ベースからの距離は短くしておいて、あとから足していきます」

捕手の構えを最も利用するのは、左打者の内角に構えたときだ。捕球しても、打者が近くにいるため投げにくい。自分の判断で走るグリーンライトのときは、スタートを切る判断基準になる。

また、ワンバウンドになりそうな軌道だと判断してスタートするワンバン・ゴーのときに必要なのが、捕手がワンバウンドをどう処理するかというデータ。かつてはワンバンは身体で止めにいく捕手が大半だったが、近年はミットのみで捕りにいき、捕球する捕手が増えている。

「基本に不忠実なために捕っちゃうキャッチャーが多いんです。捕るキャッチャーだとアウトになりますから、止めるタイプか捕るタイプかのデータは出します。止めにいく忠実型は軌道ゴーOKです」

この他にチェックするのは、先ほども記した、けん制時にちゃんと構えるかどうか。かつては打者に意識させるためにあえて内角に構えたものだが、今は横着をする捕手が多い。

「キャッチャーの基本ですけどね。甲子園に行くチームでもいますね」

［実例8］天理・山岸大起捕手

次ページの写真は、12年センバツ甲子園で対戦した天理の山岸大起捕手。投球時はミットを構え、けん制時はミットを構えていないことがわかる。結果的に健大はこの試合で7盗塁と揺さぶり、9対3でセンバツ初出場初勝利をあげた。

山岸捕手（天理）　①投球　②けん制球

①投球時はミットを構え②のけん制時はミットを構えない

①

②

注目ポイント

捕手のミットを注視せよ

二塁送球はタイムありきではない

捕手といえば肩の強さが大事。近年はマスコミでも、二塁送球○○秒という表現が当たり前になった。盗塁が武器の健大高崎だけに、タイムには細かくこだわるイメージがあるが、意外にそうでもない。目安として相手のデータは示すが、走者にタイム設定をして練習するようなことはあまりない。

「バッテリー（投手のクイックと捕手の二塁送球）の平均タイムはだいたい3・4秒なんですよね。ランナーが3・4秒以上かかったら理論上は盗塁アウトなんですけど、ストップウオッチを最初に押すまでの部分が盗塁を分けるんですよ。ピッチャーのクセのところで説明したように、人間が動くまでには何かしらの準備動作が入っている。数字に表れないところでスタートするか、しないかなんです。人間の反射神経だと動いたのを見て走っても0・2秒は遅れる。同時にスタートが切れている選手は0・2秒先に動いているということ。タイムは目安にはなりますけど、あまり言うとギスギスします。スキルだけで盗塁はできないんですよ。それよりも、0・2秒をどう稼ぐかが大事です」

もちろん、二塁送球タイムを計らないということではない。タイムありき、にはしないということだ。むしろ、二塁送球でこだわるのは、タイムよりもコントロール。

「秒数ばかり言って、キャッチャーのコントロールを言う人は意外といないですよね。特にショート側に逸れるのはタッチが遅れるのでおいしいです。意外と肩が強い選手はそうなるんですよ。指にかかりすぎて。1・9秒で放りましたといっても、それならチャンスです。逆に、肩は弱いけどモーションが小さくてストライクを投げるキャッチャーはなかなか走れないです。だから、コントロールの比率は出します。コントロールというのは、それで0・1秒変わりますからね」

送球を野手が捕ってアウトではない。タッチまでしてアウトなのだ。送球が二塁ベースから外れれば外れるほど、タッチまでの時間は遅くなる。タイムを計測するのなら、タッチまでの時間を考えてデータを取らなくてはいけない。また、よく報道で「二塁送球○○秒」という記事が出ているが、あれも鵜呑みにしない方がいい。あくまでも練習でのタイム。試合ではいつ走るかわからない。実戦で走者が走ったとわかってから投げるまでには反応時間がある。持ちタイム通りには投げられないからだ。

投手の攻略が困難な場合は、捕手をターゲットにすることもある。桐生市商の149キロ右腕・柿田兼章（現BC群馬）と対戦したときは、まさにそうだった。捕手は強肩を買われて外野手からコンバートされたばかり。経験の浅さを利用したのだ。

「フェイクバント戦術です。キャッチャーをやった者ならわかりますけど、これほど嫌なことはない。『柿田は打てないからキャッチャーを殺せ』というテーマで、来る日も来る日も練習しました」

打者と捕手の間にネットを置き、打者は捕手の目線の高さに合わせてバントの構えをする。実際にバントはせず、すべてバットを引くことを繰り返した。

「どの高さでフェイクをすれば見えないのかを徹底的に練習させました。バットを目の位置に置くとキャッチャーは上から見ますから、バットを引くときは（目線にかぶるように）上向きに引くんです」

〝嫌がらせ〟は効果抜群だった。捕手のキャッチングが崩れ、柿田が快速球を投げてもミットはいい音が鳴らない。ときには捕球できずに弾いたことで、次第に柿田の機嫌が悪くなった。その試合、先制の1点は2死三塁からのフェイクバントによるものだった。

たかがフェイクバントだが、されどフェイクバント。攻略の糸口は、投手だけにあるのではない。

守備を見るポイント

守備の乱れは失点につながる。攻撃側からすれば、相手守備のスキを突くことで、得点につなげることができる。そのためには、相手の守備力のチェックも欠かせない。

「内野手で見るのはスローイングですね。捕る、捕らないというのはあまりあてにならない。うまい選手でも落とすときは落とすし、下手な選手でも捕るときは捕るんです。ところが、スローイングに問題があると高い確率でミスをしますね。不安なポジションの選手に守備機会を作るというのは戦略に入れます」

ただ、バントを除けば、弱いポジションがわかっていても狙って打つのは難しい。それよりも、使える情報は別にある。葛原SVが重視して見るのは、一般的にイメージする守備力の部分ではない。

「バントをすることをイメージして言うと、当然ファースト、サードなんですけど、私の場合は特にセカンドを見ますね。バントの構えをしたときに、早く一塁ベースカバーに行っているかどうか。完璧なのは、ランナーがいないときでも、左バッターがバントの構えをしたときに2、3歩（打者に向かって）走ってくるチーム。そのときに実際にバントが来たら、急展開して一塁ベースカバーに走っていけばいいんですから（※アルファベットのL字に動くイメージ）。

あとは、ピッチャーがどこに下りてくるかをしっかり見ます。鍛えられたチームほど、ランナー二塁なら三塁側に下りろ、ランナー一塁なら一塁側に下りろと教えられてますから。大事なのは瞬時のフォーメーションですよね。構えを見たときにどういうフォーメーションを取るか。エサまきでフェイクバントをして動かしておいて、逆に（バントを）やるという練習はしていますので」

ベースカバーでいえば、走者一塁時のセカンド、ショートの動きも重視して見るポイントになってくる。

「例えば、ランナー一塁のエンドランの状況で偽装スタートをさせて、ベースカバーを探ります。高校野球は9割ショートが入りますけどね。野球界には何かの変な影響で、『ランナー一塁のエンドランはライト前に打って一、三塁にしなきゃダメだ』という固定観念があるんです。ショートが絶対にベースカバーに入るのに、何とかして右を狙ってライト前ヒットを打とうというのは滑稽ですよね。それなら、人がいなくなるところに打った方がいい。サードのわずか横にさえ飛べば全部ヒットになるんですから。ウチは右バッターにも引っ張らせます。そういうヒットを打つためのエンドランは、やってもいいと思います。ベースカバーが早い、遅いというのは突くチャンスですね。

これをやるためには、偽走がうまくなきゃダメです。まわりから『走った！』と言われる偽走じゃないと意味がありません。中には『疲れることばっかりやる』と言う記者もいますけど、偽走というのは、ただ単にバッテリーを揺さぶるだけじゃない。相手のポジショニングやカバーリングを見るためのものでもあるんです。だから、偽走は大事にしていますね」

野手が早く動くということでいえば、走者二塁でのサードも見るべきポイントになる。

「よくあるのは、バントの構えをしたらサードが突っ込んでくること。このときはそれこそエバースですよね。バントの構えでおびき出して、2メートルも出てくれれば盗塁はセーフですから」

動くように見せてエサをまき、相手の動きを観察する。スキがあればそこを突く。それが健大高崎の戦い方だ。偵察の時点で相手の動きがわかっていれば、わざわざ試合中に偽走などで確認するまでもない。いきなり仕掛けるだけだ。

特にポジショニングのミスが多い一塁手

相手チームの守り方やポジショニングを見ることで、選手の意識レベルもわかる。

「いい外野手なら、バッターがひと振りしただけでポジションを変えますけど、完全に振り遅れているのに、いつまでも同じところにいるというのは強豪チームでも結構あります。『鈍感だな』と驚くことも多いですね」

実際、首を傾げたくなる位置に守っている選手は甲子園でも多い。17年夏の甲子園1回戦・仙台育英対滝川西戦では、7回裏無死一、二塁の場面で、仙台育英の一塁手が12対0とリードしているにもかかわらず、前進守備のバントシフトを敷いていた。

［実例⑨］作新学院対北海戦

16年夏の甲子園決勝・作新学院対北海の試合。4回表、1対0とリードする北海は無死満塁のピンチを迎えた。試合はまだ中盤。リードしていることを考えても、1点はOKの場面だ。ところが、北海の一塁手・川村友斗は無死一、二塁で極端なバントシフトを敷いたときぐらいの浅い位置にいた。ちょうどそこへ七番の左打者・篠崎高志の詰まった打球が飛ぶ。間違った守備位置に守っていたのが幸いしてダブルプレイかと思われたが、打球は川村の目の前でイレギュラーして一塁ファウルグラウンドへ。川村のファーストミットは触っていなかったが、球審・古川は川村が弾いてフェアという判定を下した。北海はこれで同点とされると、流れを失いこの回一挙5失点した。

実は、川村の守備位置がおかしかったのはこのときだけではない。準々決勝の聖光学院戦では、2対3で迎えた3回裏1死一、二塁、打者は右のパワーヒッターという場面と、7対3とリードした9回裏1死満塁、バックホームの必要がない場面でも同じ場所に守っていた。たとえ守備位置が間違っていても、そこに飛ばなければミスにはならない。逆に、間違っているがゆえにアウトにできることもある。運がよければ勝つ。それが野球のおもしろさでもあるのだが……。

ちなみに、北海の平川敦監督によると「三塁ベンチだと真正面にいるファーストの守備位置の浅さはわかりづらい」とのこと。平川監督はベンチのホームベース寄りにいるため、一塁手はちょうど正面になる。この場合、ベンチの外野寄りにいる選手や部長の方が一塁手の位置は見やすいため、逐一守備位置をチェックする必要がある。もちろん、選手本人が考えて守れるのが理想だ。

これ以外にも、一塁手の守る位置がおかしいのはよくある。17年秋の東北大会1回戦・学法石川対日大山形の試合では、学法石川が2対0とリードした1回裏、2死一塁で一塁手がベースにつかなかった。17年秋の東京大会準決勝・国士舘対佼成学園の試合では、0対0の2回裏2死一、二塁、九番打者という場面で国士舘の一塁手がベースについていた。ファーストは打力優先のポジション。守備に興味のない選手が多い。そのため、ポジショニングのミスは多く見受けられる。

「状況を考える」「事前の研究」「情報共有」の〝JK〟を忘れずにやることが本当の準備・確認。相手を偵察するときも、自チームを見直すときも、一塁手を見ることは必須なのだ。

第3章

打者の分析

打者を見るポイント

打者を分析する際、葛原ＳＶが見るポイントは６つある。構え方、打席の立ち位置、グリップの位置、スタンス、ステップ、スイング軌道だ。

ポイント①≫ 構え方

まず見るのは構え方だ。

「バットを立てているか、寝かせているか。バットを、というよりは上の手首の角度を見ます。手首を立てているバッターは、まずローボールヒッター。高めは打てません。どっちかというとリストに自信がある選手ですね。手首が自然でバットが寝ているバッターは高めを上手に打ちます。逆に低めは打てないし、インコースもダメですね」

構えをチェックする際には、ひざも見る。

「ひざを伸ばして立っているバッターは、踏み込んでくるので前後の移動が大きい。逆に、ひざを曲げて構えていると、どちらかというと呼び込んで打ちます。それだけでだいたいイメージできます」

ポイント②≫　立ち位置

ひとつめは、投手寄りに立つか捕手寄りに立つか。

「ピッチャー寄りに立つというのは、基本的には変化球を狙っているからか、ピッチャーの球が垂れているから。後ろに立つのは長距離砲ですね。長距離打者が前に出る（投手寄りに立つ）ことはまずない。スイングが大きいから少しでも後ろで球を見て、遠心力をつけて打ちたい。まずはこのタイプに分けられます」

ふたつめは、ベース寄りに立つか、ベースから離れて立つか。

「右バッターがベースに寄るのは、外を狙っているのか、インコースを殺しているのか、ふたつの意図があります。そのどっちの意図なのかを観察しますね。ベースから離れて立っている選手は、基本的にはインコースが嫌いと思ってまず間違いありません」

ポイント③≫　グリップ

「グリップを高くして構えるバッターは、遠心力を利かせて低めをすくってくるタイプに多いですよね。最近は高く構える選手が多いんですけど、理由のひとつには虚勢を張っているところもあると思います。デカく見せたいというのが半分含まれています。

グリップを低く構えるバッターは、上の球はちょっと苦手だけど、変化球とか低め、アウトコースに関しては上手にミートしてきます。ただ、低く構えるのも2種類あって、ヒッチして下がっちゃうから、あらかじめ下げておいて上げるしかないようにしている選手と、本当に低めを狙っている選手がいる。どっちのタイプかを見極めていきます」

ポイント④≫ スタンス

「スタンスには最初に立っている形と、ステップしたときに開いているか、閉じているかというのがありますけど、まずは最初の立ち方を見ます。多いのはすごく開いている選手。これも2種類あって、打つときに開いちゃうから、初めからうんと開いておいて、ステップするときに閉じていく方が球を捉えられるという意図がある場合と、インコースを狙っている場合があります。インコースを狙っている選手なら、アウトローは届かないですね。

意外と難しいのがクローズドスタンス。これは、日本人と外国人ではまったく違います。日本人の場合は（右打者の場合）右方向に打ちたいからそう構えるんですけど、これは、打つときの軸足が右足（後ろ足）だから。外国人の場合は打つときは左足（前足）が軸になるから、踏み込むんです。踏み込むクローズは絶対に引っ張ります。日本人は流すためにやるけど、外国人は違う。ただ、日本の中でもパワーがあって腕の長い選手は、引っ張るだけのクローズをやる場合もたまにあるので、それがどっちかというのを見ますね」

ポイント⑤≫ ステップ

「一番わかりやすいのはステップしたときに開いている選手。この踏み込み方だと、外はまず打てません。逆に閉じてくる選手はインコース、特に低めを打てません。ステップが大きい選手は長距離砲で踏み込んでくるので、1、2、3で投げると果てしなく飛ばされる。いかにタイミングをずらすかがポイントになってきます。ステップが小さいのはミート型。この場合、バットを寝かせてひざを曲げている選手が多いですね」

ポイント⑥≫ スイング

「最近は下からバットが出る選手がすごく増えました。昔は王（貞治）さんのダウンスイングの影響もあって、みんな必ず上から出ましたけどね。そのせいで、今の高校生は変化球打ちがうまいですよ。バットを下から出さないと変化球、落ちる球は打てません。下から出すと、ミートポイントがちょっと後ろでいいので、追い込まれてからもカットできるんです。今は変化球が多いので、こちらの方が向いているんだと思います。

上から出すのは速い球のときぐらい。速球用です。スピードボールを空振りする場合はボールの下を振りますから、それに対処するためには、バットを立てた方がちょうど打てるんです」

もちろん、バットが内からしっかり出る打者かどうかもチェックする。

「バットがインサイドから出る、ピッチャー側から見てバットのヘッドがいつまでも見えてこないのはすごく嫌ですね。逆に、すぐにヘッドが見えてくるのは簡単です。ちょっとボールを曲げとけばいいので、一番ありがたい。偵察していても、外から出てくるバッターはありがたいと思って見ています」

ただ、特に近年はパワーアップが顕著だ。食事トレーニングと称してごはんをたくさん食べ、プロテインを飲んで筋力トレーニングをする。身体が大きくなったことで、技術よりも力でボールを飛ばす打者が増えてきた。

「金属バットで打つならドアスイングでもいいんですよね。何かを犠牲にして、インサイドアウトで打たなくてもやれちゃうんです。もちろん、上のレベルでやりたい選手はあとから苦しみますが、高校野球で終わる選手ならそれでいいのかもしれないですね。金属バットなんてみんな芯みたいなもんですから」

基本的には打席を見てポイントを見極めていくが、打席以外にも打者を知るヒントは落ちている。

「ネクストバッターの振り方を見ていれば考え方がわかります。あれはすごくヒントになりますね。一生懸命右を狙って振ってるとか、上から叩こうとイメージしてるとか、振り遅れないようにしてるなとか、変化球をおっつけるイメージだなとか。打席でやりたいことの準備が見えます」

打ち取るか、網を張るか

葛原SVは、これらの特徴を見極めたうえで、自チームの投手の力量と比較しながら攻略法を考えていく。

「特徴が2つ、3つ重なれば打ち取りやすいですよね。さらにスイングスピードなどを見ながら、打ち取れるかどうかを考えます。打ち取れるかというのは空振りをさせられるかどうか。芯に当てさせないことができるか。それが無理だったら守備隊形で網を張ります。ピッチャーよりバッターの能力が上だったら打ち取るなんてできない。その見極めですね。バッターによって、打ち取るタイプと網を張るタイプを仕分けしていくんです」

空振りが取れないのは、すなわち打者の力量が上ということ。この場合は打ち取れないので打ってもらうという考え方をする。この〝網を張る〟というのが葛原SV流の発想。他の指導者にはなかなかできない考え方だ。

「バッターを抑えるというと、空振りさせるとかアウトにすると考えますけど、そうじゃないんです。私の中では、バットの芯を食っても、飛んだところに野手がいればアウトにできるんだということ。何でも空振りをさせる、凡フライを打たせるという考えではないんです。その打者にどれだけ好きな球があったとしても、好きなところの低めに投げる。会心の打球を打たれても、捕ったらアウト。結局、飛ぶところはひとつなんですから、そこは割り切って考えた方がいい。ダメだったらどうしようって、心配しすぎなんですよ」

特に強打者を相手にした場合、葛原ＳＶは大胆なポジショニングを指示することが多い。4人外野シフトなどは、その最たる例だ（『機動破壊の秘策』Ｐ194参照）。

「定位置というのは、あとから勝手に決めただけの話。考えてみれば、野球ってすごく慎重なスポーツですよね。90度の中で飛ぶところは一ヵ所なのに、バッテリー以外の7人が散らばって守ってるんですから。バッターのタイプ、ピッチャーのタイプを考えれば、おそらく飛ぶ場所は限定されてきます。それがその打者に対する定位置で、そこから外れたらしょうがない。均等に散らばっていても、その間に行ったらヒット。そう思ったら、穴があきまくっている均等さよりも、打球が飛びそうなところに集めておいて落ちる場所、抜ける場所を減らした方がいい。ウチはそういう守り方をします。打ち取るということの見解がちょっと違うんです」

大胆なシフトは強打者限定だが、そうでなくても他のチームよりはどちらかに寄せて守らせることが多い。

「サードがライン際を5メートルあけていることもあります。90度を60度にして守らせていますね。極端な話、30度ぐらいのイメージで守ることもあります。他に飛んだらしょうがないという考えです」

投手力が弱い場合、「点数を取ってもそれ以上に取られる。打ち勝つしかない」という考えになる指導者が多いが、葛原SVの考えはそうではない。

「『5点取ってもすぐひっくり返されます』と言う人がいますけど、5点も取ったら勝てなきゃダメ。網にかけるという考えがないんじゃないですかね。網にかけてアウトに取るのが一番楽しいんです。もちろん、網を張っているのに狙ったところに投げられないピッチャーでは話になりません。『何やってんだ、お前』ということになる。チーム全体でそういう考えでやっていれば、チーム力が上がってくると思います」

本来は打たせないように投げるのが投手というもの。だが、打者との力関係を考えれば抑えるのは困難。それならば気持ちよく打ってもらって、ボールが飛ぶところに守っていればいいという考えだ。

「練習試合、特にB戦では一ヵ所をあけてしまう守り方をよくやります。外野のひとつのポジションをあけて、どこかに寄って守れと。『3人で考えて、飛んできそうなところに行ってみろ。ここはいらないという場所を勘でいいからあけちゃえ』ということ。あけちゃえと言って失敗したら生徒のせいじゃないですし、B戦ならいくら失敗してもいい。叱られると思ってやってたら何もできないですよ。実際やらせてみたら、生徒たちで『違うだろ』『もっとこっちだ』とか言いながらやってます」

そうやって、大胆なポジショニングをする意味を理解する。大胆に守る習慣があるから、実際の試合でも思い切ったことができる。

「私にあるのは、飛ぶところはひとつという考え方。その中で割り切っているのは、センター返しは仕方がないということ。センター前に狙われて打たれたとしてもシングルヒットだしOKなんです。ただ、おっつける、流す、ひっかけるタイプに対しては、とことんこだわって攻めていく。打ち取るのは、空振りや詰まらせるだけじゃないということ。網を張るという方法がある。そのためには、飛ぶ方向に対してのポジショニングと配球ですよね。網の逆に飛びそうなコースは（その打者の好きなコースではないため）、打ってこないから見せ球に使う。かといって、同じところにばかり投げていたら読まれますから、本来投げちゃいけないところにもきちっとボール球を放る。散らす球をしっかりコースに狙って、ボールを投げられるかが大事。ちゃんと放れば、守っているところに飛ぶんですから」

3点セットで攻略する

攻略法が決まったら選手たちに伝えるが、バッテリーに言うのは〝3点セット〟だ。

「これでストライクを取れ、これで誘え、追い込んだらこれで決めろという3点セットですね。例えば、インコースが弱い打者がいますよね。監督は普通『インコースを攻めろ』と言いますけど、ストライクを取るのも、見せるのも、決めるのも全部インコースに投げるわけにはいかない。そこでアウトコースに投げて打たれると『あれほどインコースって言っただろ』と言われるんです。それは気の毒ですよ。全部同じというのはめったにない。見せる球、散らす球というのは必要ですから。もちろん例外として、100回振っても当たらないというバッターなら、全部スライダーというのはありますけどね」

強打者やかなり偏った特徴のある打者の場合は、「最後に打ち取る球はここ、その前はここで振らせる」という言い方をすることもある。

「あとは、若いカウントでこの球は絶対打ってこないということは言います。初球から打ってくるかどうかはチームのスタンスもありますよね。最近少ないですけど、見てくるチームもあります」

試合では、強打者を相手にしたときやピンチのときなど、苦しい場面は必ず来る。そのときに、データや配球が頭から抜け、自分本位な考え方が出てしまうことがある。そうならないため、葛原SVはバッテリーに対し、口を酸っぱくしてこう言う。

「早く楽になろうとするな。早く楽になりたいと思ったら負けだ」

早くアウトが欲しい。そう思うとまだボール球を投げられるカウントにもかかわらず、勝負を急いでしまう。外角のボールゾーンを狙ったつもりが、ストライクに入ってしまう。勝ち急ぐ、投げ急ぐというのは、早く楽になりたいという気持ちからきている。勝つためには根気と忍耐が必要。粘り強さがなければ、データも水の泡になってしまうのだ。

分析後に繰り返し練習

どのチームも陥りがちなのが、分析をして満足してしまう場合が多いことだ。映像で見て、監督やコーチが説明して終わる。聞いた直後はわかったような気、できるような気になるが、試合でできるかどうかは別問題。実際にグラウンドで確認して、繰り返し練習して、イメージをして、初めてその分析が実戦で使えるものになる。

例えば右のサイドスローの投手対策なら、プレートよりも2メートル三塁側の位置から投げさせて角度を体感させることが必要だ。「右打者は背中からボールが来るイメージだぞ」といくら言われても、実際に打席に立たなければわからない。また、実際の角度よりも極端な角度を経験しておくことで、本番で「練習に比べればたいしたことがない」と思うこともできる。

「サイドスローでインステップしてくるような場合、特別な打ち方をしなければ当たりません。背中からボールが来る感覚ですから、右バッターは顔をショートの位置に向けて、あごをその肩口あたりに置いて構えることが必要になります。斜めに向かってくる投球のラインに対し、正対して立つイメージですね。これを練習しているかどうか」

この場合、オープンスタンスで構えることになるが、それをやる意味を理解し、どうやればいいのか知ったうえで試合に臨まなければ、同じことをやってもうまくいかないはずだ。

「開く（オープンスタンス）というのは悪く言われがちですけど、まずは球の出どころをしっかり見ることが必要。出どころを確認しないで、見えないものを打てというのは無理な話ですから。それこそ、線を意識するということですね」

スクエアに構えて見るのと、オープンに構えて見るのとを練習で両方試しておけば、オープンスタンスがどれだけ有効かわかる。そこまで準備するからこそ、分析力も生きてくるといえる。

投手のけん制のクセに関しても同様。「クセはこうだぞ」と言って終わりではいけない。

「見つけただけで練習までしない人が多いんですけど、わかっただけでは全然使えません。ウチは、ピッチャーに大げさにやらせてシミュレーションさせます」

練習を繰り返して、初めて試合で迷わずに走ることができる。試合が連戦となり、グラウンドで練習できないときもあるが、それでも時間と場所を見つけてシミュレーションしておくことが必要。健大高崎では、宿舎の駐車場などを利用して走塁練習をするようにしている。

「食事の時間や移動のバスなんかでも、試合のＤＶＤをずっと流しています。クセは説明してありますから、『何回のこの場面をよく見ておけよ』と言えば、生徒たちも『葛原先生の言ってたのはこれだな』とわかります」

わかったつもり、できるつもりでは、せっかくの分析も役に立たずに終わりかねない。どんな方法でも、やろうと思えば何らかのイメージ練習はできるはず。〝ここまでやるか〟のＫＹ精神を忘れてはいけない。

第4章

配球の基準

狙い球を考える、配球11の基準

物事には〝基準〟が必要だ。見方の基準、考え方の基準。これらがなければ、たとえ経験を積んでも行き当たりばったりになりかねない。打ち方による得意、不得意。配球の考え方。基準がわからなければ予測は立てられない。基本がなければ応用もない。そのため、葛原SVは打者には狙い球、バッテリーには配球の基準、基本を教えるようにしている。

大前提となるのは、野球は相手が嫌がることをするスポーツだということ。打者が得意な球や狙っている球をわざわざ投げてくる投手はいない。

［基準❶］投手は打者の苦手なコースに、打者の嫌がる球を投げてくる

その① バッターボックスの構え方で判断する
その② スイングやファウルの性質で判断する
その③ 前の試合や打席の内容で判断する

では、相手はどんな球を投げてくるのか。それを予測するためには、自分を知ることが必要になる。自分が何をしたいかではなく、自分はどう見られているか。俯瞰して自分を見る目がなければいけない。

［基準❷］自分を知る

その①　ゲスヒッターなのかチェンジャーなのか
その②　構え方やバッターボックス内で何をどう判断されているか
その③　自分はどのタイプなのか

ゲス（guess）は推測という意味。ゲスヒッターは配球を予測して打つ打者。言い方を変えればヤマを張る打者のことをいう。チェンジャー（changer）は1球ごとに狙い球を変えて打つ打者を指している。

「偵察するときもゲスヒッターかチェンジャーかは見ます。見ていると、最後の最後まで狙い球を待っている方がいい結果を残してますね。高校生にはチェンジャーは難しいのかなと思っています」

自分はどのタイプなのか。何が得意で何が苦手なのか。それを知ってもらうため、葛原S

Vは打者の構えやスイング別で一覧表にまとめて渡している（次ページ以降参照）。

［基準３］投手から見て嫌な打者・おいしい打者

嫌な打者 ≫ バットのヘッドがなかなか出てこない（見えてこない）
おいしい打者 ≫ 変化球にまったく対処できない

［基準４］捕手から見て嫌な打者・おいしい打者

嫌な打者 ≫ 何も考えていない打者 ≫ 捕手の思惑（配球）が吹っ飛ぶ
おいしい打者 ≫ 何でも振る打者

「キャッチャーから見て何も考えていない打者というのは、秋の1年生みたいに『何でここでそんなことができるの？』というようにガーッと振ってくる選手。これが捕手からすると、自分の思惑をすべて台無しにされてしまうということ。せっかく配球を組み立てているのに……って。逆においしいのは何でも振ってくるバッター。ベンチとかまわりの人は『ビューンと振るから怖いな』と思うんですけど、キャッチャー目線でいうとおいしいですね。そう

打者のタイプによる
得意球と苦手球

＊ネット裏から見た右投手対右打者

1. グリップの位置が高い

得意　高めの緩い球
苦手　低めの直球

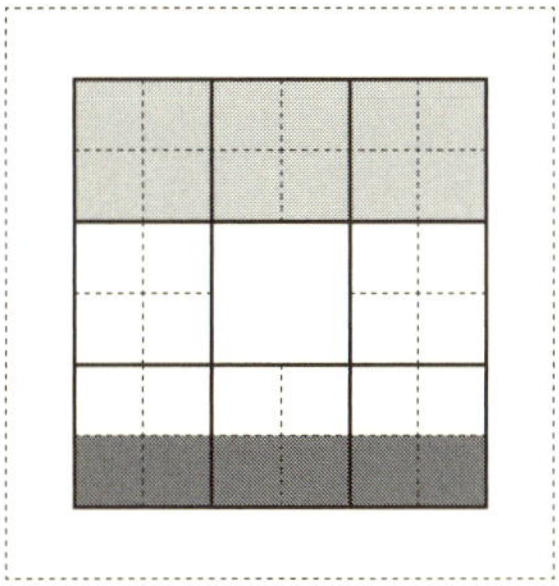

2. グリップの位置が低い

得意　低め
苦手　高めの直球

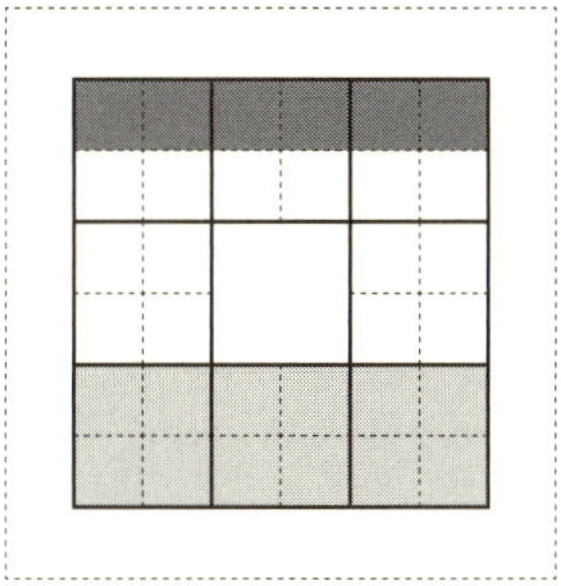

3. 本塁ベース寄りに立つ

得意　内角全般
苦手　外角の変化球

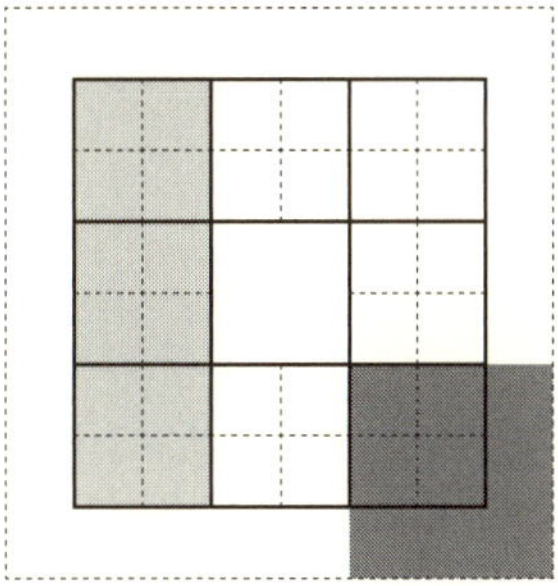

4. 本塁ベースから離れる

得意　外角全般
苦手　内角全般

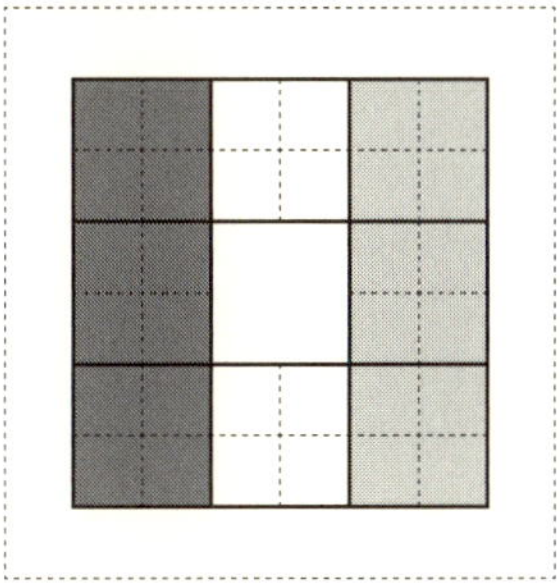

5. 捕手寄りに立つ

得意　内角全般と速球

苦手　外角と逃げる変化球

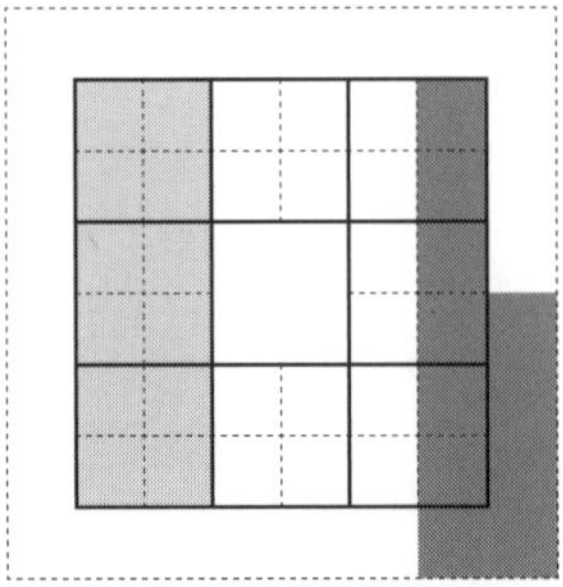

6. 投手寄りに立つ

得意　変化球

苦手　内角速球と外角変化球

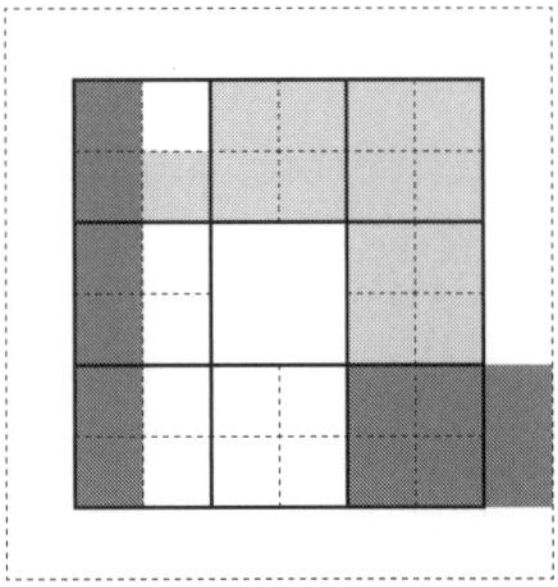

7. オープンスタンス

得意　内角全般

苦手　外角速球と低め変化球

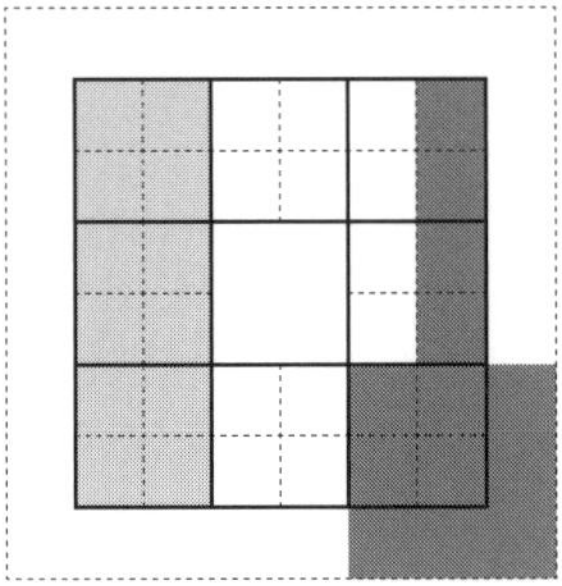

8. クローズドスタンス

得意　外角全般

苦手　インハイの速球

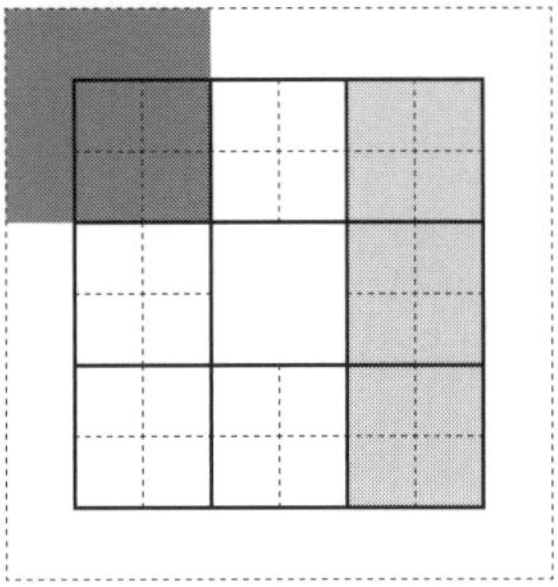

9. 直立から踏み込む

得意　低め

苦手　高め

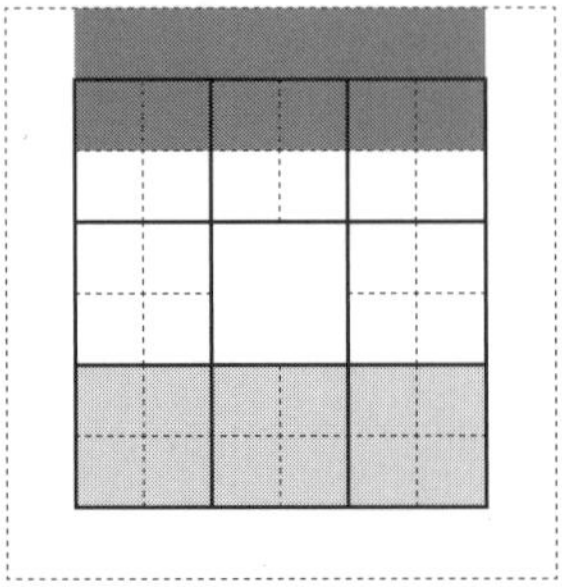

10. 直立で踏み込まない

得意　高め

苦手　低め

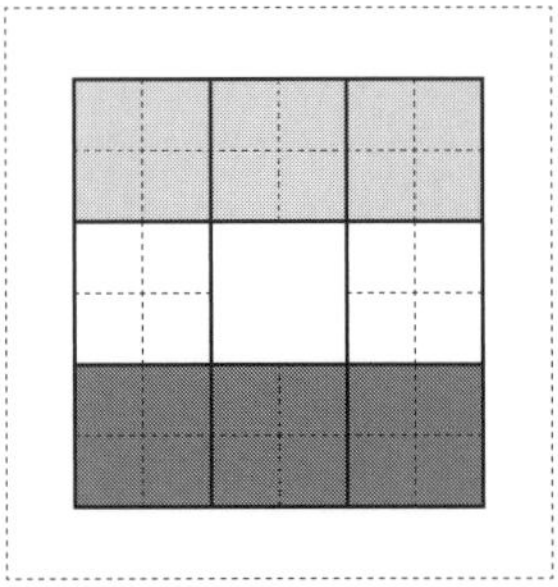

11. かがみ込んで立つ①

得意　低めと外角

苦手　引っ張りは高めと内角

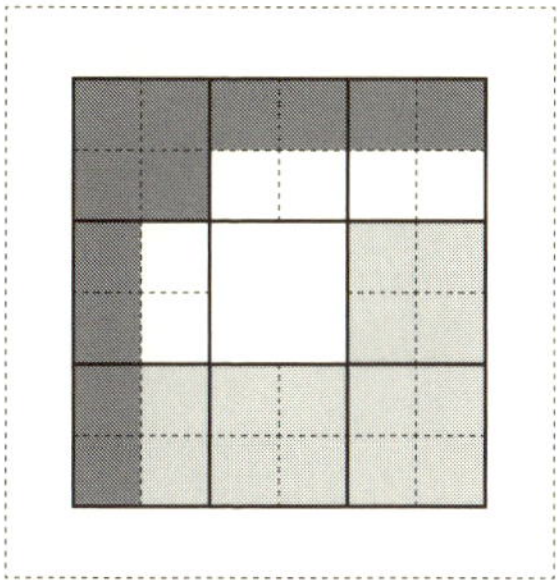

12. かがみ込んで立つ②

得意　低めと外角

苦手　それ以外は外角高め

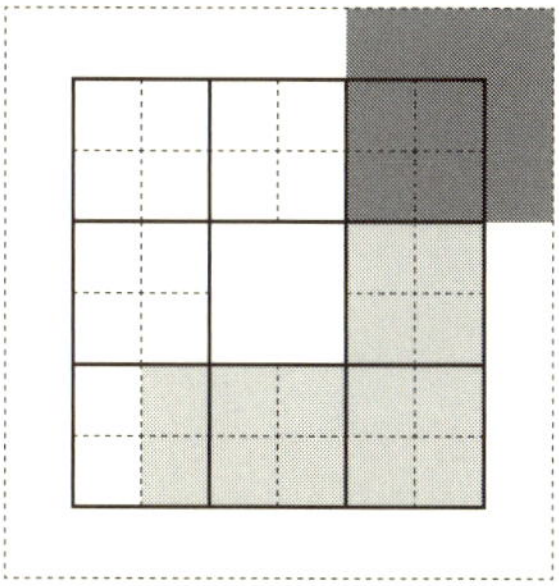

13. バットを立てる

得意　低め全般

苦手　変化球と高めの速球

14. バットを寝かす

得意　高めのミートがうまい

苦手　低めの速球と縦の変化

15. ステップが広い

得意　低めが好きで長打あり

苦手　高めの速球と緩急

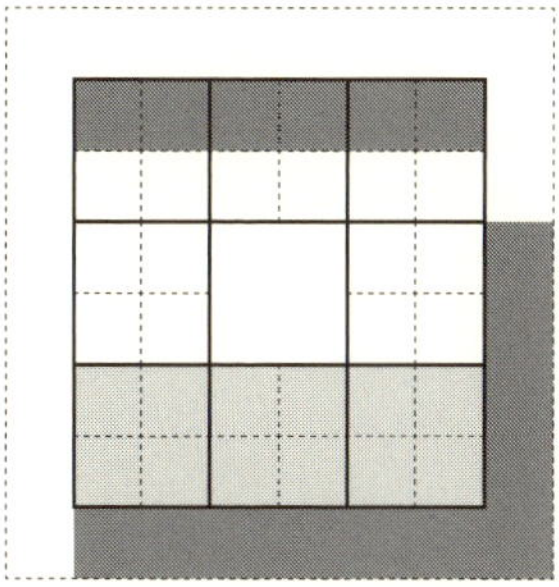

16. ステップが狭い

得意　高めの速球

苦手　低めの速球と変化球

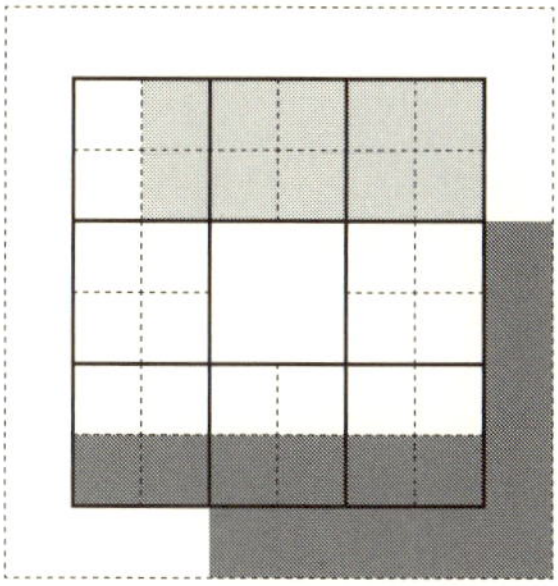

17. バットが下から出る

得意　低めと緩い横系変化球

苦手　高めの速球とインハイ

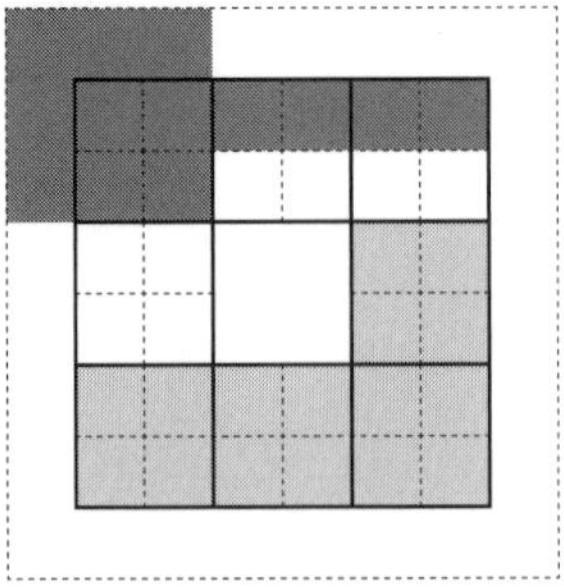

18. バットが上から出る

得意　直球全般で特に高め

苦手　低めの変化球

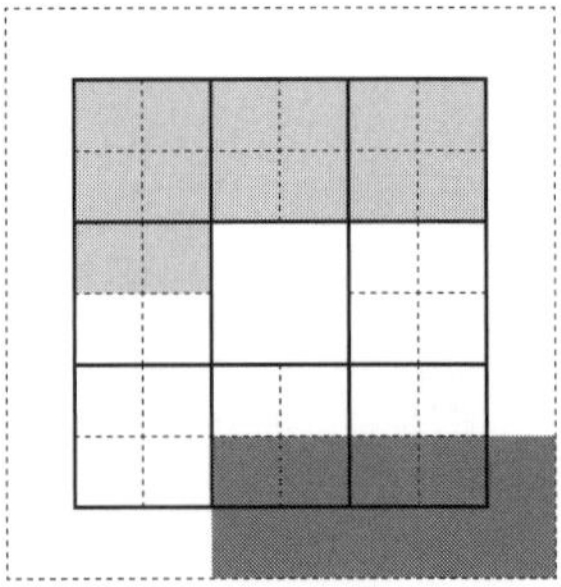

19. バットが外から出る①

得意　外寄りで高めの緩い球

苦手　本塁寄りはインハイ

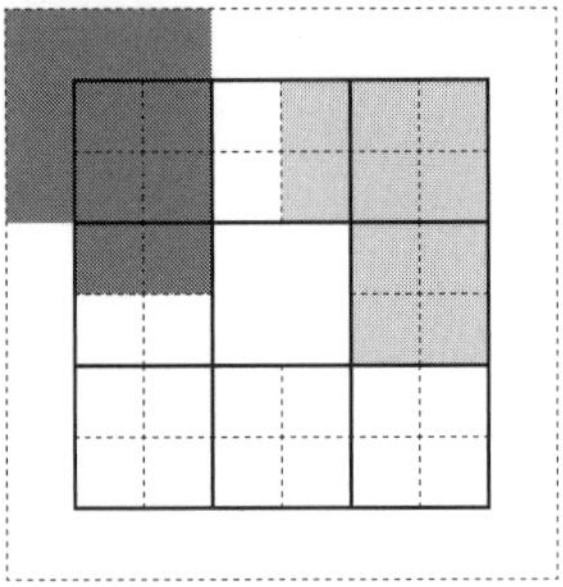

20. バットが外から出る②

得意　外寄りで高めの緩い球

苦手　本塁寄り以外は外角

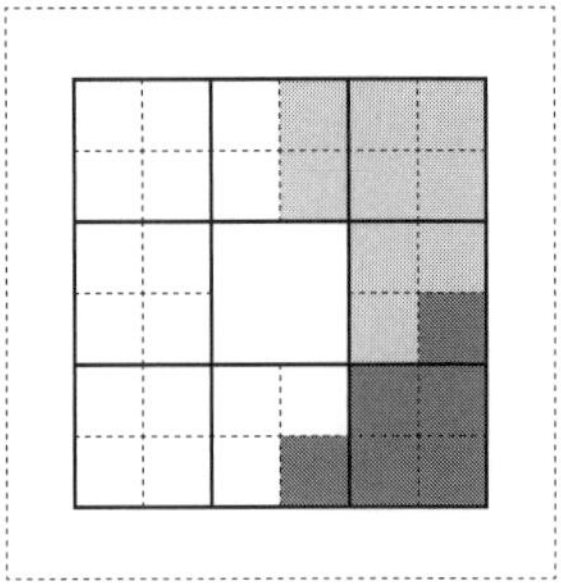

21. ミートポイントが前

得意　外角寄りの高め全般

苦手　内角の高め

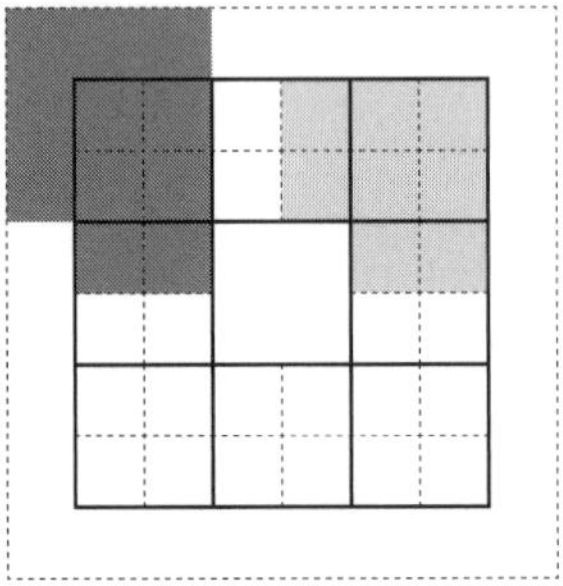

22. 振り幅が小さい

得意　内角の直球と変化球

苦手　外角全般

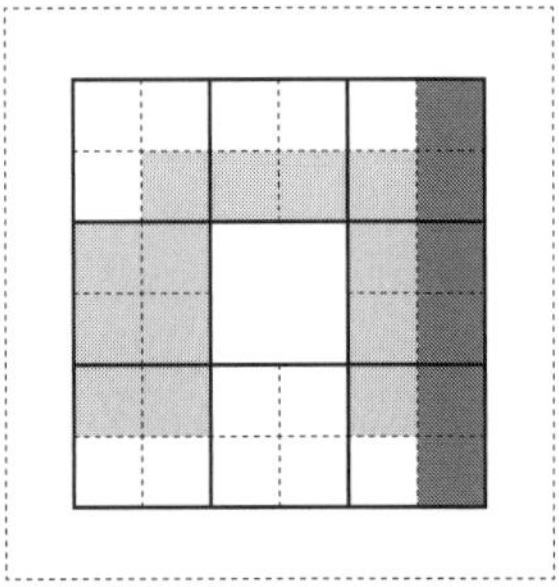

23. 目が離れる

得意　内角寄りの直球全般
苦手　外角のカーブ

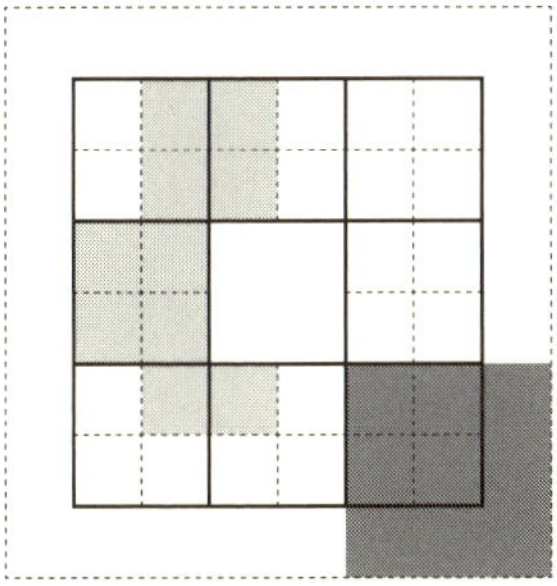

24. 突っ込む

得意　内角寄りの直球全般
苦手　インハイと落ちる系

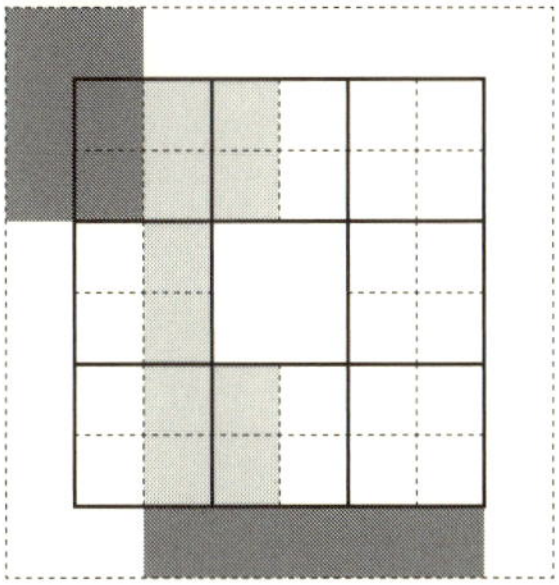

25. ステップが開く

得意　内角と高め
苦手　外角低めで特に変化

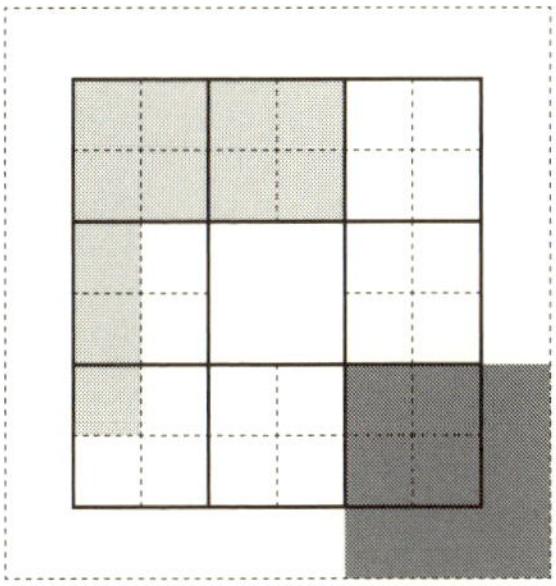

26. 本塁ベース側に踏み込む

得意　外角寄りの速球全般
苦手　インハイと外角カーブ

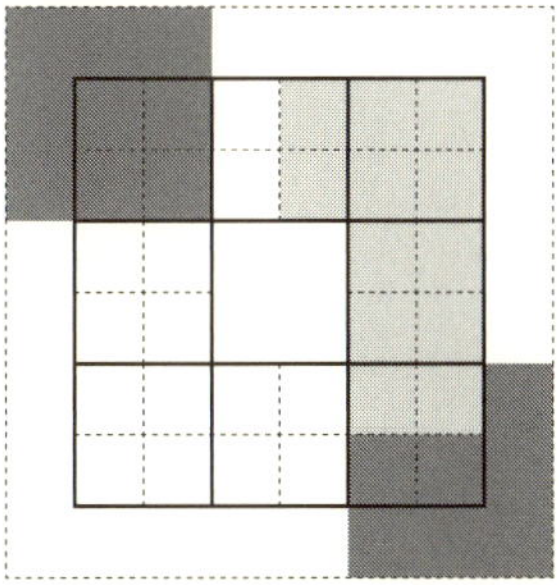

27. 手首のターンが早い

得意　高めの直球全般
苦手　外角低め全般

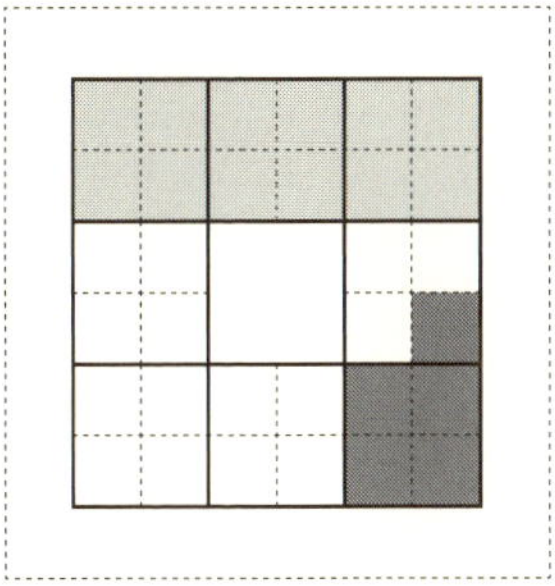

28. グリップが下がる

得意　低め全般
苦手　高めの直球

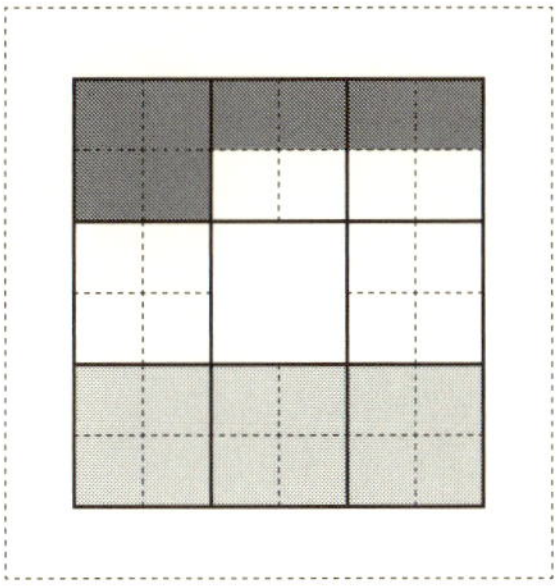

いうバッターを料理してやりたいと思うのがキャッチャーですから」

捕手は何も考えていない打者を嫌がるからといって、何でも振るのは間違いだ。特に最近は「カウント球は甘い球が来る」という理由から「初球から全部振れ」「ストライクは全部振れ」と指導する監督が増えているが、これでは野球とはいえない。あくまでも狙った球を打つのであって、狙っていない球や難しい球に手を出してしまっては、相手バッテリーを助けるだけだ。

「ピッチャーが苦しんでカウント2－0になっているのに、そこでボール球を振るチームが本当に多いですよね。見逃せば3－0だったのにというのが……。〝カウント打ち〟なんですよ。2－0なのに『狙った球を打つ』というのが頭から飛んでいて、2－0だから『打たなきゃいけない』となっている。これはめちゃくちゃ多いですよ。17年の夏の大会（本塁打新記録が記録された甲子園）の影響もあるのか、みんなホームランを狙ってるんです。名門チームでもいますよ、ブンブン丸が」

［基準5］バッテリーは打者を「残像」や「心理」で困惑させようと考える

その① ストレートや変化球は「速い」とか「遅い」といった感覚として残る（緩急）

その② インコースやアウトコースは「近い」「遠い」といった感覚で残る（幅）

その③　ミックスしたものは「高い」や「低い」などといった感覚でも残る
その④　インハイは「怖い」という恐怖感としても脳に残る
その⑤　超スローボールは「なめるな」という意識が生まれる

「インハイで怖いという感覚が出ると、外の変化球で腰砕けになります。超スローボールでなめるなという意識が生まれると、次は振ってきます。バッテリーというのは、「残像・心理」を利用しながら崩してくる。奥行、高低、恐怖心、挑発……これらを駆使してくるんです。球が速くないピッチャーでも、これらをしっかり認識していれば抑えられます。打てそうで打てないピッチャーというのは、これらを使ってますね。球速が１４５キロだなんていってる投手は意外と何も考えてない。１２５キロでもこういうことを知っている投手は、打てそうで打てないから苦しみます。公立の進学校なんかに多いですね」

［基準 6 ］打者の心理状態を考えて組み立てる（残像と心理をアイテムとして利用）

その①　ストレートの軌道を見せたあと、スライダーを同じ軌道から曲げて空振りさせる

「これは小学生でも思うことですね。同じところから曲げて空振りさせる」

その② 逆にスライダーの軌跡を残させて、同じ軌跡にストレートを投げて詰まらせる

「遅いストレートでも詰まらせることが可能というのはこういうことですね。先に変化球を見せておいて、同じところに投げると、先のスライダーのイメージで『このへんで曲がるだろう』と思って対処するからちょっと遅れる。詰まるというよりは、遅れるんですね」

その③ インハイで「怖い」と意識させたらアウトローの変化球で引っかけさせる

その④ アウトコースにストレートと変化球で追い込んだら、内角のストレートで見逃しさせる

「外のまっすぐ、外の変化球と外、外、外と見せておいて、見逃しをさせるのはいわゆるインズバです」

その⑤ インハイの釣り球の次は変化球と考えやすいので、内角速球で見逃しさせる

「インハイというのは、伏線で使うことが多いんです。変化球、特にチェンジアップやフォークを使いたいからインハイを使う。ただ、それはプロ野球の影響でみんな知ってるんですね。インハイが来たら次は低めの変化球だと。だから、インハイを見せてインコースのまっすぐを投げるとみんな見逃すんですよ。おそらく、これがいま進んでいる最新の配球じゃないかと自分の中では思ってます」

その⑥　フォークの前にカーブを見せておくと、ストレートと見間違えて空振りする

「フォークというのは速いですから、投げた瞬間はストレートに見えます。カーブをふわっと投げておいて、フォークを投げると打者にはストレートという意識が9割9分働きますから、そこから落とすと効果的に空振りを取れます。縦のスライダーでもいいですね。要はまっすぐに見える落ちる球なら何でもいいです」

その⑦　逆打ちを狙っている右打者を追い込んだら外角速球で見逃しさせる

「右バッターが逆方向を狙っていて追い込まれると、インコースもマークする意識が働いて外を見逃す。これも高い確率でできますね」

その⑧　カットで逃げようとする打者には、アウトハイの釣り球で空振りさせる

「ウチは、左で小さくてカットのうまいバッターを必ず置くんですけど、いつもやられるのがこれなんです。インコースが一番カットしやすい。アウトコースは変化球だとカットできます。カット打法をしていく中で、唯一打っていくのは外の高めの甘い球。これだけは打っていくボールなんですよ。これを打たないと永久に打てないですから。ところが、たまたまでもアウトハイに来ると必ず振っちゃうんです」

健大高崎の打者がやられるのを見て、バッテリーにこの攻め方をさせてみたところ、実戦で使えることがわかった。今や健大ではスタンダードな配球だ。

「空振りゾーンというとインハイしか頭にない人が多いんですよね。ただ、この攻め方には伏線が必要です。カットしにいっているとか、投球に対処しはじめた打者に対してアウトハイで空振りが取れる。新たにできる空振りゾーンといっていいと思います」

アウトハイの釣り球は左投手対右打者のときにも使える。左対右の場合、右打者はクロスファイアで内角を攻められる意識があるため、カットしにいっている左打者と同じような感覚になるからだ。自分の予測する投球ラインと大きく外れる球が来ると、なぜか手を出してしまうのが打者というものなのかもしれない。

その⑨　続けて同じコースや球種を使うと慣れて順応してくることを頭に入れる

「人間というのは適応、順応する能力がありますから。おいしいなと思って続けても2つまでかなと。欲を出して3つとなると、意外と3つめでやられることがあるんです。慣れだと思いますけどね」

もちろん、これは甲子園常連校の中心打者など、ある程度のレベルの打者に対してだ。

「(同じ球を続けても)『100回振っても当たらん』というバッターには当てはまりません」

［基準 7 ］打者のタイプ別での狙い球

その① 走者のあるなしで打ち方を変える

走者のいない場面では長打狙いで待ち、得点圏に走者がいる場面では、ポイントを遅らせて逆方向を狙う。

「走者のいない場合、長打狙いでブンブン振ってくる選手は多いですよね。走者がいないときは腰が抜けるほど振るんだけど、走者がいる場合はポイントを遅らせて逆方向に打つ。1点勝負で、1点取れれば勝ちというときに、四番バッターでホームランを打とうというスイングをする選手がいるんですが、これはまるで頭を使ってないですよね。1点取れば勝ちの2アウト三塁なんかでもフルスイングをする選手がいます。『四番だから振らなきゃ』みたいな選手がいっぱいいる。こんなのは考えられません。そういう場面では、ライトヒッティング（軽打）でいいんです」

その② 外角だけを狙う

走者がいてもいなくても、全打席外角球に照準を合わせて待ち、もし内角球が来たらカットする。

「これは高いレベルのバッターですね。そもそも内角球をカットできない選手もいっぱいいいますから」

その③　ヤマを張らない

球種にも球道にもヤマを張らず、全打席にわたってセンター返しを頭に置く。

「天才型です。ただ、これだとセンター返しでしか対処できませんから、センター返しの選手です」

その④　球種のみにヤマを張る

球道にはヤマを張らないが、球種だけに照準を合わせる。

「アウトコース、インコースにはヤマは張らず、球種だけに張る。『カーブが来たら打つ』『まっすぐが来たら打つ』と決めるタイプです」

その⑤　球道のみにヤマを張る

「球種には張らないけど、インコースなら、アウトコースなら、低めならと決めてストレートでも変化球でもどっちでも打つタイプです」

その⑥　特殊な待ち方❶

ヤマは一切張らない。球種にも球道にも張らない代わり、自分だけの架空のヒッティングゾーンを持ち、どんな球種でも球道でも、その枠の空間を通過したら打つ。枠外だったら打たない。

「赤バットの川上哲治さんがそうだったと聞いたことがあります。私の東邦時代のひとつ上の先輩にも、同じようなことを言っていた人がいました。自分の何メートルか前にカーテンみたいなものがあって、そこに来たところで直角にバットを出すイメージだそうです」

その⑦　特殊な待ち方❷

ど真ん中のシュートかカットボールに照準を合わせることで、変化球や速球の緩急と内角や外角のコースにも対応する。

「昔、ジャイアンツにいた左殺しの山本雅夫選手がこういうことを言ってましたね」

【基準8】カウントでの狙い球

その①　1ストライクを取られるまでの待ち方=球種+球道

「球種と球道が一致したら打つのが、ファーストストライクの待ち方。アウトコースのストレートとか、アウトコースのスライダーとか。ぜいたくにいけということですね」

その② 1ストライクからの待ち方＝球種 or 球道

「ワンストライクを取られたら、ぜいたくさは除いていかないといけないですから、2分の1に変えます。球種だけ、球道だけにヤマを張る。ファーストストライクと同じ待ち方をしていたら永久に来ないわけですから」

その③ 2ストライクからの待ち方

「1ストライクになって、球種、例えばスライダーで待っていても、ストレートが来たら見逃すしかないですよね。それで2ストライクに追い込まれたら、2ストライク用の待ち方にします」

待ち方❶ 逆打ちとカット打法

ワイドスタンスから、ノーステップでポイントを遅らせ振り幅を小さく振る。

「秀岳館は如実にこの意識が表れてましたよね。ポイントを遅らせて逆打ち。できる選手はカット。スタンスが狭いと目線がぶれてしまいますから、あらかじめ広くとって、ノーステップで身体をねじって待つ。一番振り幅が小さく、カットができて対処可能なのがこの打ち方です」

待ち方❷　自分だけの独自の待ち方を持つ

葛原SVの場合は、インコースのスライダーを頭に描いて緩急とコースに対応した。

「天才的な選手には、自分だけの待ち方を作れと言っています。これには答えがないですから、信じられないようなことでも自分だけのものがあればいい。生徒が出してきた答えをベンチが認めてやれないことが多いんですよね。ひょっとしたら、とんでもないことを考えているかもわからない。だから、何でそう考えたのか、何でそうなったのかというのを聞いてあげるのが大事だと思います。『お前、バカだな』というようなことでも、すごく考えた結果かどうかはわからないですから。

私の場合は、2ストライクを取られたらインスラだけを頭に置いていました。インコースは脇を締めてバットを出さないとダメだし、スライダーはちょっと遅らせて打たないとダメ。このイメージを持つことが、自分の中ではストレートと変化球の対処をするのに一番しっくりきたんですよね。P127で紹介した山本雅夫選手のイメージは、こういうことなんだろうと思ってました」

［実例⑩］長崎日大対花巻東戦

特殊な打ち方の成功例として、09年夏の甲子園の長崎日大対花巻東の試合を紹介したい。花巻東のエースは150キロ左腕の菊池雄星（現西武）。高校生レベルでは、とてもじゃないが打ち崩すのは困難だ。長崎日大は長崎大会のチーム打率・325と特別強打ではない。金城孝夫監督は「三振の大会記録を作られるのだけはやめよう」とこぼすほど弱気だった。選手たちにも「140キロ後半のストレートに、あんなにいいスライダーもある。お前らに打てるわけがない。三振を取られて当たり前だ」と言っている。

菊池対策のミーティングをしようにも、実力差が大きく、とても狙い球など指示できるレベルではない。そこで金城監督は、選手一人ひとりにこう尋ねた。

「お前なら、どの球だったら打てそうだ？」

ストレートを打ちたいという選手もいれば、スライダーを打ちたいという選手もいた。小柳正樹のように、一般的には右打者が最も打ちにくいとされる「ひざ元にくるインコースのストレートを打ちたいです」という選手もいた。たとえ難しいと思われることでも金城監督は否定しない。そして、こう言った。

「わかった。じゃあ、それ以外のボールは見向きもするな。どうせ打てないから。その代わり、いま自分が言ったボールが来たら、『やったー！』と目をつぶって振るぐらいの気持ちで振り切れ」

結果的に、これがハマった。2回に七番の山田慎之介が真ん中のスライダーをレフトスタンドに運ぶと、6回には四番の左打者・本多晃希が140キロの外角高めストレートを逆方向のレフトスタンドへ。さらに8回には、二番の小柳が宣言通り内角低めのボール気味の1

41キロストレートを、弾丸ライナーでレフトへ叩き込んだ。試合には敗れたが、菊池に生まれて初めての1試合3被弾を浴びせた。

超高校級の好投手に対しては、いくら分析しても打つのは困難だ。あれこれ指示をしても、その通りできるわけがない。それならば、無理なことは無理と割り切り、本人ができそうだと思えること一点のみに集中させる。その方が、かえって迷いがなくなり、思い切ってできるものなのだ。

[基準 9] 初球ストライクからの2球目を考える(基本編)

その① 同じコースに投げるときの大原則は、「遠く」「近く」をセットで考えるのが基本
その② 外角でストライクを取ったら、2球目は1球目よりも外へ
その③ 内角でストライクを取ったら、2球目は1球目よりも内へ

「こうすることで打者はアウトコースなら遠いと感じます。インコースなら近いと感じて容易に手を出すことができなくなります」

［基準10］初球ストライクからの2球目が打者を支配する（実戦編）

その①　初球の外角低めストレートを見逃す

対処法1 ≫ 1球目よりも外の厳しいコース

対処法2 ≫ 内角に厳しいストレート

対処法3 ≫ 変化球を投げる

「絶対にやっちゃいけないのが、1球目よりも中に入ること。これはよくある配球ミスです。2ストライクを取ったあと、アウトコースのボール球を投げて、次にアウトコースをストライクにしようとしたら甘く見えますから打たれますよ。でも、すごく多いんですよ」

1ストライク目、2ストライク目がコースぎりぎりのいいコースに決まったときほど、次の球は注意が必要だということ。

「基準9の通り、前の球よりも遠く、あるいは近くというのが基本ですから。そうでなければ変化球。こうやって、ある程度マニュアル化して伝えるようにしています」

その②　初球の外角低めストレートに対し、タイミングの合った空振りをする

対処法1 ≫ 同じコースに投げるなら、球種に関係なくボールゾーン

対処法2 ≫ 内角に厳しいボール球のストレート

「ただ単に、ストレートに合っているから変化球というのは、今の時代は通用しないと思います。それよりも、タイミングが合っているのと同じ球なんだけどコースを変えてみる。こちらの方が、今は斬新な配球じゃないかと思っています。

よくタイミングが合ったファウルが一番嫌だといいますけど、自分の中ではバックネットに飛んだファウルチップというのは、ピッチャーの球威がある、球の伸びがあるということで、あまり嫌じゃないんです。むしろ『今日の球威だったらいけるな』と思います。それよりも、タイミングの合った空振りの方がなんとなく嫌なんです」

その③ 初球の外角低めストレートに対し、タイミングが合わない空振りをする

対処法 ≫ 同じ球を続ける

「初球のアウトローを、タイミングも合わないのに振るバッターというのは打てない選手です。考えてもいない。だから、同じ球を続けていっていいと思いますね」

その④ 初球の外角低めストレートを、バックネットへ鋭い当たりでファウルする

対処法1 ≫ インハイのボール球

対処法2 ≫ 外角のストライクからボールになる変化球

「インハイのボール球を使うと、ひょっとすると空振りになるかもしれない。もしくは、ス

トライクからボールになる変化球。真逆にして対角線で攻めるか、好きなところのちょっと上でボールにするかですね」

その⑤　初球の外角低めストレートを、タイミングが遅れてファウルにする

対処法 ≫ 1球目よりも厳しい外角低めにストレート

「これはよくあります。バッターというのは、遅れていると修正してくるんですね。遅れたということに対して、バッターはすごく羞恥心が出るものなので。だから、修正しようという意識がすごく芽生えてくるんです。それを利用して、修正してくるあたりに同じ球道から外す球を使う」

その⑥　初球の外角低めストレートを引っ張ってファウルにする

対処法 ≫ 内角にボール気味の厳しいストレート

「アウトローを引っ張るバッターですから、これはもうドアスイングですよ。内側にひじがたためない。それと、アウトコースのストレートを引っ張る選手というのは、ポイントがすごく前のはずですから、要は何でも振るタイプなんですよ。だから2球目はボール気味の球を使えばいい」

その⑦　初球の外角低めストレートを見逃してボール

対処法 ≫ 変化球でストライクを取る

「これはちょっと難しいんです。変化球を待っているから見逃したのか、それともストレートを張っているからしっかりと対処できて見逃したのか。これを見極めるのが難しくて、間違えるととんでもない結果になるんですけど。基本的には変化球でストライクを取るように言っています」

ボールではなくストライクになったときも考え方は同じ。要は、相手が何を狙っているのかを見極められるかがポイントになる。ただ、高校生にはそこまで考えて打席に立っている選手は多くない。またチームによっては、初めから低めは捨てていて見向きもしないケースもあるので、こちらが考えすぎないように注意したい。

【基準 11】変化球への対応

その①　初球のアウトコースの変化球を、見逃しでストライク

対処法1 ≫ 外角低めへ厳しい変化球

対処法2 ≫ ストレートを投げるなら、外角かインハイにボール球

「ストライクの変化球を見逃してまっすぐに張ってると仮定したならば、アウトロー。困っ

たときのアウトローです。またはインハイのボール球。狙ってそうだけどケガをしないというコースを選択しますね」

その② 初球のアウトコースの変化球を、タイミングが合った空振りでストライク

対処法① ≫ 外角のボールゾーンにストレート

対処法② ≫ インハイのボールゾーンにストレート

「初球の変化球を狙う打者は要注意です。伏線として、外角かインハイのボールゾーンにストレートを投げるのがいいですね。インハイは、緩急および対角線としての効果があります」

その③ 初球のアウトコースの変化球を、タイミングが合わない空振りでストライク

対処法 ≫ 同じボールを続ける

「これは100回打っても当たらないです。同じボールを続けます」

その④ 初球の外角低めの変化球を、バックネットへ鋭い当たりでファウルする

対処法 ≫ 内角にボール気味の厳しいストレート

「初球の変化球を鋭く振られるのはぞっとします。一番注意しなきゃいけないタイプですね。

初球の変化球は見逃すものと決めている人がほとんどの中で、鋭いファウルは『変化球を待たれている』と判断します。『振った』ではなく『振っちゃった』という場合は空振りになるんです。タイミングが合ってるのは一番厄介なバッター。絶対にストライクを放っちゃいけない。ボール気味というより、ボール球を投げるべきですね」

その⑤ 初球の外角低めの変化球を、タイミングが遅れてファウルする

対処法 ≫ 同じボールを続ける

「これは怖くないです。タイミングが遅れるというのは、その変化球に対して対応する力がないと判断していい。なので、同じボールを続けて構いません」

その⑥ 初球の外角低めの変化球を、引っ張ってファウルする

対処法[1] ≫ ストレートを外角にボールにする

対処法[2] ≫ ストレートを内角にボールにする

「外角低めを引っ張るということは、完全にヤマを張っていたということ。だから、次は内角でも外角でもいいからボールのストレートを見せます。外の変化球を引っ張るのはポイントが前ということですから、ストレートにタイミングが合うことになります。だから、狙い球をストレートに変えてきたときに備える意味でもボールにしておく方がいいですね」

この場合、変化球を続けるとタイミングが合う可能性が非常に高い。

「変化球に遅れる選手はなかなか修正できませんけど、引っ張れる選手は能力がひとつ上ですから。引っ張れる選手は修正して、タイミングを遅らせることは簡単です。そういう選手は〝チェンジャー〟が多いので、そのためのストレート、かつボール球ですね」

その⑦　初球の外角低めの変化球を見逃してボール

対処法[1] ≫ 打つ気がなければ同じ球を続ける

対処法[2] ≫ 打つ気があれば外角のボールゾーンにストレート

「打つ気がなく、まっすぐ狙いとわかったら同じ球を投げればいい。じわーっと見られるのは打つ気がある。狙ってて、ボールとわかって見逃している選手に対してはボールゾーンにストレートです」

ここに挙げた11の基準は、あくまでも基準。基本的な考え方だ。この通りやっても100パーセント打てる、抑えられるということはありえない。だが、この基礎を知るということが重要なのだ。土台があるからこそ、応用ができる。失敗したときに振り返ることができる。その場しのぎ、いきあたりばったりの指導では選手たちの頭には何も残らない。指導者とすれば面倒なことだが、じっくりと説明することが必要だ。

ただ、どんなに時間を割き、細かく説明をしても、高校生はなかなか理解できないというのも事実。彼らの中に定着させるためには、実戦が必要だ。実戦で失敗をして、基準をもとに振り返りをさせる。

「いくら話をしても、選手たちは失敗しないとわかりません。自分が体験したことじゃなかったら永久にわからない。だから、失敗したときに話をします。練習試合、特にB戦では、相手にわかるのを承知でベンチから言います。『何でタイミング合ってないのに同じ球を続けないの』とか。聞こえてもいいんです。勉強ですから」

根気よくこの繰り返しをしていくことでしか、選手たちの野球偏差値は高まらない。

第5章

ゲームプランの立て方

投手陣の自己診断カルテを活用

野球は、投手が勝敗の大部分を握っているといっても過言ではない。だからこそ、投手の育成には気を遣う必要がある。身体の状態や技術レベルなど、それぞれの投手の現状を把握するため、葛原SVが約3年前から始めたのが、投手の〝自己診断カルテ〟だ。葛原SVが作成したシートに選手本人が記入する。

「世の中には、自分のチームのピッチャーのことを知らない指導者が、いっぱいいるんです。何でカルテをやらせるかというと、例えばカウント2－0から投げられる球は何かとか。こういうカウントのとき、その選手はどんな球を投げたいのかというのを知りたい。我々指導陣のためのカルテですね」

指導者が思っていることと、本人が感じていることにはズレがある場合も多い。「何でスライダーを投げないんだ！」と言っても、本人は自信がなくて投げられないということもよくある。そもそも、葛原SV自身が杜若で監督をしているときは、そんなことを考えたことすらなかった。

「いま考えると、監督として一番わかっていなかったのはピッチャーのこと。攻撃側からの

健大高崎 投手陣自己診断カルテ

平成		年		月		日		曜日
氏名				身長		cm	学年	
				体重		kg	血液型	
投球腕		打ち方		腕の位置	上	3/4	横	下
持ち球	①		②		③		④	
その他	⑤		⑥		習得したい球種			
MAX		h/km	MIN	変化球名				h/km
クイックタイム	走者1塁		秒	左打者に対するのが苦手だ			はい	いいえ
雨の日は大の苦手		はい	いいえ	味方がエラーした後は		立腹	弱気	冷静
投手板を踏む位置		1塁側	3塁側	両側	真中	塁側にはみ出して使う		
ステップ		足	半	投手版を斜めに踏めるか			はい	いいえ
試合を作れる回数			イニング	何回を投げ切る自信があるか				イニング
体力的にきつい回			回	苦手な回	初回	5回	6回	最終回
好きな投球分担位置			完投	スターター	ミドル	レフティ	セットアップ	クローザー
50m走		秒	スクワット		kg	ベンチP		kg
組み易い捕手名を順に列挙			①		②		③	
2−0から投げられる球			右打者			左打者		
3−1から投げられる球			右打者			左打者		
二死満塁フルカウントで投げる球			右打者			左打者		
右打者に対しての決め球			1−2			2−2		
左打者に対しての決め球			1−2			2−2		
右打者への得意球と苦手球			得意球			苦手球		
左打者への得意球と苦手球			得意球			苦手球		
クイックによる盗塁阻止能力				5	4	3	2	1
1塁牽制球での刺殺能力				5	4	3	2	1
2塁牽制球での刺殺能力				5	4	3	2	1
2塁封殺のためのバント処理能力				5	4	3	2	1
3塁刺殺のためのバント処理能力				5	4	3	2	1
スクイズ阻止のための処理能力				5	4	3	2	1
入学前に投球困難なまでに痛めた部位								
名称や手術の有無など具体的に								
入学後に投球困難なまでに痛めた部位								
名称や手術の有無など具体的に								
現在気になっている部位と症状								
現在全力投球を何%で出来るか				100·90·80·70·60·50·40·30·20·10·0				%
投手の練習で一番得意な項目は								
投手の練習で一番苦手な項目は								
スキルや フォーム等での希望・悩み・質問があれば下の余白を使って書く								

Planner by Y.kuzuhara

2017 健大高崎投手陣 サンプル4例

健大高崎 投手陣自己診断カルテ

平成	29	年	5	月	13	日	土	曜日
氏名				身長	176	cm	学年	3
				体重	75	kg	血液型	O
投球腕	右	打ち方	右	腕の位置	上	3/4	横	下
持ち球	①	ツーシーム	②	スライダー	③	フォーク	④	
その他	⑤		⑥		習得したい球種		左打者の内直	
MAX	145	h/km	MIN	変化球名	スライダー		118	h/km
クイックタイム	走者1塁	1.2	秒	左打者に対するのが苦手だ			はい	いいえ
雨の日は大の苦手		はい	いいえ	味方がエラーした後は		立腹	弱気	冷静
投手板を踏む位置		1塁側	3塁側	両側	真中	塁側にはみ出して使う		
ステップ	6	足	半	投手版を斜めに踏めるか			はい	いいえ
試合を作れる回数		5	イニング	何回を投げ切る自信があるか			9	イニング
体力的にきつい回		9	回	苦手な回	初回	5回	6回	最終回
好きな投球分担位置			完投	スターター	ミドル	レフティ	セットアップ	クローザー
50m走	6.3	秒	スクワット	160	kg	ベンチP		kg
組み易い捕手名を順に列挙			①	大柿	②	安藤	③	是沢
2−0から投げられる球			右打者	スライダー		左打者	ツーシーム	
3−1から投げられる球			右打者	スライダー		左打者	ツーシーム	
二死満塁フルカウントで投げる球			右打者	ストレート		左打者	ストレート	
右打者に対しての決め球			1−2	フォーク		2−2	ストレート	
左打者に対しての決め球			1−2	フォーク		2−2	ツーシーム	
右打者への得意球と苦手球			得意球	フォーク		苦手球	なし	
左打者への得意球と苦手球			得意球	ツーシーム		苦手球	スライダー	
クイックによる盗塁阻止能力				5	4	3	2	1
1塁牽制球での刺殺能力				5	4	3	2	1
2塁牽制球での刺殺能力				5	4	3	2	1
2塁封殺のためのバント処理能力				5	4	3	2	1
3塁刺殺のためのバント処理能力				5	4	3	2	1
スクイズ阻止のための処理能力				5	4	3	2	1
入学前に投球困難なまでに痛めた部位				肘				
名称や手術の有無など具体的に				あり				
入学後に投球困難なまでに痛めた部位				腰				
名称や手術の有無など具体的に				なし				
現在気になっている部位と症状				腰　張りが少しある				
現在全力投球を何%で出来るか				100·90·80·70·60·50·40·30·20·10·0				%
投手の練習で一番得意な項目は				投げ込み				
投手の練習で一番苦手な項目は				フィールディング				
スキルやフォーム等での希望・悩み・質問があれば下の余白を使って書く								

Planner by Y.kuzuhara

球速をアップする方法

健大高崎 投手陣自己診断カルテ

平成	29	年	5	月	13	日	土	曜日
氏名				身長	181	cm	学年	3
				体重	78	kg	血液型	A
投球腕	右	打ち方	左	腕の位置	上	3/4	横	下
持ち球	①	スライダー	②	チェンジアップ	③	ワンシーム	④	
その他	⑤		⑥		習得したい球種		シンカー・内直	
MAX	135	h/km	MIN	変化球名	スライダー		108	h/km
クイックタイム	走者1塁	1.3	秒	左打者に対するのが苦手だ			はい	いいえ
雨の日は大の苦手		はい	いいえ	味方がエラーした後は		立腹	弱気	冷静
投手板を踏む位置		1塁側	3塁側	両側	真中	塁側にはみ出して使う		
ステップ	6	足	半	投手版を斜めに踏めるか			はい	いいえ
試合を作れる回数		9	イニング	何回を投げ切る自信があるか			9	イニング
体力的にきつい回		8	回	苦手な回	初回	5回	6回	最終回
好きな投球分担位置			完投	スターター	ミドル	レフティ	セットアップ	クローザー
50m走	6.5	秒	スクワット	140	kg	ベンチP	80	kg
組み易い捕手名を順に列挙			①	大柿	②	安藤	③	是沢
2−0から投げられる球			右打者	スライダー・直球		左打者	スライダー・直球	
3−1から投げられる球			右打者	スライダー・直球		左打者	スライダー・直球	
二死満塁フルカウントで投げる球			右打者	ストレート		左打者	ストレート	
右打者に対しての決め球			1−2	スライダー		2−2	スライダー	
左打者に対しての決め球			1−2	チェンジアップ		2−2	チェンジアップ	
右打者への得意球と苦手球			得意球	スライダー		苦手球	チェンジアップ	
左打者への得意球と苦手球			得意球	チェンジアップ		苦手球	内角ストレート	
クイックによる盗塁阻止能力				5	4	3	2	1
1塁牽制球での刺殺能力				5	4	3	2	1
2塁牽制球での刺殺能力				5	4	3	2	1
2塁封殺のためのバント処理能力				5	4	3	2	1
3塁刺殺のためのバント処理能力				5	4	3	2	1
スクイズ阻止のための処理能力				5	4	3	2	1
入学前に投球困難なまでに痛めた部位				肘				
名称や手術の有無など具体的に				野球肘				
入学後に投球困難なまでに痛めた部位				なし				
名称や手術の有無など具体的に				なし				
現在気になっている部位と症状				肩痛				
現在全力投球を何%で出来るか				100·90·80·70·60·50·40·30·20·10·0				%
投手の練習で一番得意な項目は				牽制球				
投手の練習で一番苦手な項目は				フォーム				
スキルやフォーム等での希望・悩み・質問があれば下の余白を使って書く								

Planner by Y.kuzuhara

頭が先に突っ込むので直す方法

健大高崎 投手陣自己診断カルテ

平成	29	年	5	月	13	日	土	曜日
氏名				身長	169	cm	学年	3
				体重	70	kg	血液型	AB
投球腕	左	打ち方	左	腕の位置	上	3/4	横	下
持ち球	①	スライダー	②	チェンジアップ	③	スローボール	④	
その他	⑤		⑥		習得したい球種		カーブ	
MAX	137	h/km	MIN	変化球名	スローボール		75	h/km
クイックタイム	走者1塁	1.3	秒	左打者に対するのが苦手だ			はい	いいえ
雨の日は大の苦手		はい	いいえ	味方がエラーした後は		立腹	弱気	冷静
投手板を踏む位置		1塁側	3塁側	両側	真中	塁側にはみ出して使う		
ステップ	6	足	半	投手版を斜めに踏めるか			はい	いいえ
試合を作れる回数		5	イニング	何回を投げ切る自信があるか			9	イニング
体力的にきつい回		8	回	苦手な回	初回	5回	6回	最終回
好きな投球分担位置			完投	スターター	ミドル	レフティ	セットアップ	クローザー
50m走	6.4	秒	スクワット	160	kg	ベンチP	90	kg
組み易い捕手名を順に列挙			①	大柿	②	安藤	③	是沢
2−0から投げられる球			右打者	チェンジアップ		左打者	ストレート	
3−1から投げられる球			右打者	チェンジアップ		左打者	チェンジアップ	
二死満塁フルカウントで投げる球			右打者	内角ストレート		左打者	内角ストレート	
右打者に対しての決め球			1−2	チェンジアップ		2−2	内角ストレート	
左打者に対しての決め球			1−2	スライダー		2−2	チェンジアップ	
右打者への得意球と苦手球			得意球	チェンジアップ		苦手球	スライダー	
左打者への得意球と苦手球			得意球	インハイ直球		苦手球	なし	
クイックによる盗塁阻止能力				5	4	3	2	1
1塁牽制球での刺殺能力				5	4	3	2	1
2塁牽制球での刺殺能力				5	4	3	2	1
2塁封殺のためのバント処理能力				5	4	3	2	1
3塁刺殺のためのバント処理能力				5	4	3	2	1
スクイズ阻止のための処理能力				5	4	3	2	1
入学前に投球困難なまでに痛めた部位				なし				
名称や手術の有無など具体的に				なし				
入学後に投球困難なまでに痛めた部位				肩				
名称や手術の有無など具体的に				なし				
現在気になっている部位と症状				なし				
現在全力投球を何%で出来るか				100·90·80·70·60·50·40·30·20·10·0				%
投手の練習で一番得意な項目は				牽制球				
投手の練習で一番苦手な項目は				なし				
スキルやフォーム等での希望・悩み・質問があれば下の余白を使って書く								

Planner by Y.kuzuhara

スローボールで肘を抜く投げ方は直球の精度が落ちるのでは?

健大高崎 投手陣自己診断カルテ

平成	29	年	5	月	13	日	土	曜日
氏名				身長	177	cm	学年	3
				体重	75	kg	血液型	B
投球腕	右	打ち方	左	腕の位置	上	3/4	横	下
持ち球	①	スライダー	②	カーブ	③	チェンジアップ	④	
その他	⑤		⑥		習得したい球種		左打者の内直	
MAX	138	h/km	MIN	変化球名	カーブ		90	h/km
クイックタイム	走者1塁	1.3	秒	左打者に対するのが苦手だ			はい	いいえ
雨の日は大の苦手		はい	いいえ	味方がエラーした後は		立腹	弱気	冷静
投手板を踏む位置		1塁側	3塁側	両側	真中	塁側にはみ出して使う		
ステップ	6	足	半	投手版を斜めに踏めるか			はい	いいえ
試合を作れる回数		9	イニング	何回を投げ切る自信があるか			7	イニング
体力的にきつい回		8	回	苦手な回	初回	5回	6回	最終回
好きな投球分担位置			完投	スターター	ミドル	レフティ	セットアップ	クローザー
50m走	6.7	秒	スクワット	110	kg	ベンチP	75	kg
組み易い捕手名を順に列挙			①	大柿	②	是沢	③	
2−0から投げられる球			右打者	チェンジアップ・カーブ		左打者	チェンジアップ	
3−1から投げられる球			右打者	チェンジアップ・カーブ		左打者	チェンジアップ	
二死満塁フルカウントで投げる球			右打者	スライダー		左打者	スライダー	
右打者に対しての決め球			1−2	スライダー		2−2	スライダー	
左打者に対しての決め球			1−2	スライダー		2−2	チェンジアップ	
右打者への得意球と苦手球			得意球	スライダー		苦手球	なし	
左打者への得意球と苦手球			得意球	スライダー・チェンジアップ		苦手球	内角ストレート	
クイックによる盗塁阻止能力				5	4	3	2	1
1塁牽制球での刺殺能力				5	4	3	2	1
2塁牽制球での刺殺能力				5	4	3	2	1
2塁封殺のためのバント処理能力				5	4	3	2	1
3塁刺殺のためのバント処理能力				5	4	3	2	1
スクイズ阻止のための処理能力				5	4	3	2	1
入学前に投球困難なまでに痛めた部位				なし				
名称や手術の有無など具体的に				なし				
入学後に投球困難なまでに痛めた部位				なし				
名称や手術の有無など具体的に				なし				
現在気になっている部位と症状				右股関節　走ると痛む				
現在全力投球を何%で出来るか				100·90·80·70·60·50·40·30·20·10·0				%
投手の練習で一番得意な項目は				ゴムチューブ				
投手の練習で一番苦手な項目は				二塁のバント処理				
スキルやフォーム等での希望・悩み・質問があれば下の余白を使って書く								

Planner by Y.kuzuhara

見方が多くて、ピッチャー側に立った見方が非常に少なかったですね。例えば『何でフォアボール出すんだ』『2ストライクから打たれやがって』『初球から甘い球を投げやがって』とよく言いますよね。でも、ピッチャーは打たれたくてやってるわけでも、フォアボールを出そうと思ってやってるわけでもない。そこで『では、なぜそうなったんだ?』と考えるようになりました。3ボール0ストライクになったとき、『何やってんだ』としか思えなかったのが、『ひょっとしたら、これだけは避けようと思ってやった結果の3ボールなのかも』と考えるようになった。監督のときは一切思わなかったことが、四日市工業のコーチ時代、当の本人に聞けるようになったんです」

なぜかと理由を聞くと、選手から「そんなことを聞いてくれたのは葛原先生だけだ」と言われた。この経験が、指導者目線ではなく、投手目線で物事を考える必要性を感じるきっかけとなった。

「質問した結果、返ってきたのがたとえ幼稚な答えでもいいと思います。ただ、『エイヤッと投げてなりました』ではなくて、『こうだからストライクを投げられませんでした』という答えを持っているだけでもいいなと思ったんです。そうなった根拠を聞いてやることが大事だなと」

そうやって会話をすることで、その投手のことを知る。それが指導するときにも、試合中にアドバイスを送るときにも、大いに参考になる。指導者として、知らなければいけない情報を集める。その意味を持つのが、この投手自己診断カルテなのだ。

書かせるのはだいたい年3回。書かせるたびに内容も変わってくる。

「例えば、得意の球が変わってきたりします。その変化が成長の場合もあるし、逃げの場合もある。いろいろなことがあるので、カルテとして持っているんです」

項目には、味方がエラーしたあとの感情やスタミナ、苦手なイニング、けん制やバント処理能力の自己評価などがある。指導者に見せるのが前提なので、ネガティブなことや自信がないような部分は、一見、書きづらいように感じる。

「だから、これを見て叱っちゃいけないんです。『何言ってんだ！』なんて言ったら嘘を書いちゃいますから。そうならないためにも、このシートを見るのは私だけです。監督には見せますが、他の指導者とも共有すると、叱っちゃう人が出てきますから。そうすると、生の声が聞けなくなります」

多くの項目がある中で、最も大事なのは、やはり身体の状態。特に全力投球を何パーセントでできるかに関してだ。

「80、90というのは問題ないですけど、60、70というのは絶対に悪い。速い球を練習させるには、90、100じゃないとダメなんですよ。痛めちゃいますから。ピッチャーは痛めたら終わり。『張る』とか『重い』ならいいですけど、痛めたら半年かかりますからね。無理するのはよくない。そういう選手の状態を知る意味でも使ってます」

クイックやけん制、バント処理能力はあくまで自己診断。指導者の評価とは異なることもあるが、本人がどう思っているかが大事だ。

「私から見て5でも、本人が3ということもあります。本人評価より実際のポイントの方が高い場合は『そんなことないぞ』と伝えます。その反対に、下手なのに高い評価をしている場合は始末に負えない。ただ、それも『勘違いするな』なんて言うと次から正確なデータが取れなくなりますから、『そういう性格なんだな』と思うようにしています。どちらかといえば、高い評価をするよりも、低い評価をする選手の方が多いですけどね。間違った評価を気づかせるのであれば、別の言い方をします。このカルテは、あくまでも本当の声を知るためのものなので」

この項目の中で、伸びそうな投手とそうでない投手が表れるのが『組みやすい捕手名を順に列挙』という欄。

「二流、三流のピッチャーほど、ろくでもないキャッチャーを選びます（笑）。結局、選ぶのはやさしいキャッチャーなんですよ。きついことを言う選手は選ばない」

希望や悩み、質問等は余白を使って自由に書いていいことになっているが、ここでは意識の差が表れる。ときには、葛原SVをうならせるような質問を書いてくる投手もいるからだ。

相手の分析にばかり躍起になる指導者がいるが、自チームのことはそれ以上に知らなければいけない。どんなに相手を分析しても、自チームの投手のことを知らなければ、対策も立てようがないからだ。どんなに好チームに仕上げたつもりでも、大事な大会前にエースを故障させてしまっては元も子もない。そんな悲劇を防ぐためにも、本音を書ける自己診断カルテは有効になる。

何点勝負かを読み切る

「何点勝負だと思ってるんだ？」

甲子園でも、思わずそう声を出してしまうことはたくさんある。実際、1回表の無死満塁で前進守備をするようなチームが存在するのだ。初回から1点もやれない守備隊形を敷くということは、1対0でしか勝てないと思っているということになる。だが、現代の本塁打量産の時代には、1対0の試合はそうそうお目にかかれない。相手がダルビッシュ有（現カブス）や大谷翔平（現エンゼルス）級の投手で、「1点取られたら終わり」という場合以外にはありえない。それなのに、なぜそんな守り方をするのか。

それは、ゲームプランがないからだ。何点勝負という考え方がないから、点を取られそうになれば必死に前進守備を敷き、点が取れそうになればしゃにむに取りにいく。こんな野球では、能力の高い選手を揃えない限り、トーナメントを勝ち抜くことは難しい。

その点、健大高崎にはしっかりとしたゲームプランがある。相手分析を担当する葛原SVが、予想される得点、失点をしっかりと提示するからだ。翌日のスコアをズバリ言い当てることも珍しくない。では、なぜそんなことができるのか。葛原流の考え方の一端を披露してもらった。

「絶対的なことは、何点勝負かを読むということ。自分たちの戦力に相手の戦力を投影して考えます。何点勝負かを考えないと、私の次の分析は始まらない。監督というのは10対0で勝つことしか考えないものですけど、私は9回が終わって1点上回っていればいいという考え方しかしませんから」

スコアを予測するのは並大抵のことではないが、葛原SVは何点勝負と言い切る。相手チームを分析したミーティング資料である〝葛原メモ〟に、はっきり書くことも珍しくない。

「あとに残るものですから、勇気がいりますよ。いつでもやめますという気持ちがないと書けません」

それができるのには、理由がある。葛原SVにしかない強みがあるからだ。ひとつは、自チームの分析ができていること。相手投手のタイプを見れば、力関係と相性は把握できる。もうひとつは、しっかりとした基準があることだ。

「これまで何千という試合を見てきた自分のデータからすると、野球というのは4点前後の勝負になるようにできてるんです。基本ラインが4点で、打力の弱いところは4点取れないし、強いところは5、6点取るということ。それをもとに、自分のチームの投手力を見ながら失点を考えます。相手が攻撃力のあるチームなら5点取られるなとか、あのチームなら3点で収まるなとか。そのうえで、3点取られるなら4点取ること、5点取られるなら6点取ることを考えなきゃいけない」

3点取られるとしても、その取られ方を考えるのが葛原SV流だ。

「分け合って取られるというのが自分の考え方です。一人で140球完投して3失点よりも、3人で3イニング、1点ずつ分け合ってくれと」

失点を予測し、その点数までは許容範囲とする。4点取られると予測すれば、4点までは取られてもいい点数だと伝える。

「たいていの監督は『そんなこと言わないでくれ』と言うと思いますが、私は『間違いなく4点取られる』という言い方をします。その4点をどう取られるのが一番いいんだという話ですね。『間違いなく4点取られる』と言うと、こんな利点もあります。1点取られても『あと3点ある』、2点取られても『あと2点ある』と思うから、守っていても余裕があるんです。ソロホームランを打たれても、選手たちがあわてず『まだ1点目だぞ』という感じに見えることがあります」

ゲームプランで意識が変わる

「間違いなく○○される」という言い方は、対打者相手にも使える。例えば、投手よりも圧倒的に格上の実力を持つドラフト指名確実の強打者に対した場合がそうだ。

「『間違いなくこのバッターには打たれるよ』と。ただ、ランナーがいないときは逃げてかわすんじゃなくて、インコースを突いてみろと。そこで打たれてもソロホームランですから。かわしてばかりいると、最後にはつかまっちゃうんです」

本塁打でもOKと考えているのだから、シングルヒットならなおのこといい。だから、健大高崎では、強打者相手には内野手を外野に守らせる極端なシフトを敷くことがある。

「外野4人シフトを敷いて、スラッガーがおっつけてヒットならバンザイです。故意四球の代わりにやってるんですから」

敬遠ではアウトの可能性はないが、勝負をすればアウトを取れる可能性もある。打たれることを前提にしているからこそできる大胆なシフトだ。スラッガーがフルスイングせず、逆方向へのシングルヒットなら敬遠と同じで一塁に出るだけだから成功。セーフティーバントなどしてくれれば万々歳だ。それを見て、〝シフト破り〟と言う人がいるが、勘違いも甚だしい。

取られる点数が明確になることで、攻撃面でも気持ちが変わる。

「4点取られるとわかっていれば、選手も監督も初めから『5点取るぞ』と気持ちが入りますから。ちょこちょこやってたら勝てないぞというスタートになります」

幸先よく4対0とリードしても、4失点が前提なら気持ちが緩むこともない。目の前のスコアだけを追わなくなる。

もちろん、相手よりも明らかにこちらの力が上ということもあるが、葛原SVはそれもしっかり伝える。

「はっきりいって弱いと言いますね。ただ、『相手が弱いとお前らはなめるのか?』と。弱いということは、やるべきことをきちっとやれば抑えられる。でも、想定外のことをやらかしてしまったら、ぐしゃぐしゃになるんです」

葛原SVが予想した目標得点数を取るために、やるべきことは何なのかを考える。予想した目標失点数を下回るために、やるべきことは何かを考える。バントで1点を狙うのか、強行策で2点以上を狙うのか。前進守備で0点を目指すのか、後ろに下がって1点OKで守るのか。ゲームプランがあるからこそ、やるべきことがわかるし、できるのだ。

机上の空論では勝てない

ゲームプランを立てるうえで、忘れてはいけないことがある。それは、できることとできないことを明確にするということだ。

「机上の空論ではいけない。アナリストの中には机の前、パソコンの前だけにいる人もいますけど、それではダメ。自分が仮説を立てたらグラウンドに出て、チームの調子、個々の選手、ピッチャーの調子を見極めないといけない。データではわからない調子や雰囲気が試合に大きく影響しますから。どこに投げるか定まっていないピッチャーに『ボール気味のきわどい球を投げろ』と言ったってできないし、ひっかけるタイミングしか取れてないバッターに『おっつけて打て』と言ったってできっこないんです。

じゃあ、どうするか。例えばドアスイングの選手なら、『お前はインコースを攻められる。だから、ベースから離れてインコースを真ん中にして打て』と。それで外の球をひっかけても仕方がないという考え方。そのとき選手ができることのアドバイスをしないと意味がない。できないことはできないんです。若い指導者が陥りやすいのが、最高の理想的なプランを立ててそれに酔っちゃうこと。やるのは選手ですから。頭の中の想像が勝っちゃって、難しいことを要求しすぎていることはいっぱいありますね」

相手投手を対策した練習をしたものの、思うようにできないこともある。その場合は、プラン変更も頭に入れておかなければいけない。

「チームのバッティングの状態が上がっていなければ、スモールベースボールに切り替える。監督にお願いして、この作戦とこの作戦、2種類のアイテムを持っておいてくださいということもあります」

打つだけのチームは打てなかったら終わりだが、健大高崎には機動力がある。打てなければ、足を使った攻撃で活路を見出すことができる。使える引き出しは増やしておかなければいけない。

もうひとつ忘れてはいけないのが、心の準備。どんなに綿密にゲームプランを立てたとしても、想定外の事態はつきもの。エースが初回にアクシデントで降板ということもありうるからだ。取られても「3失点で収まる」と思っていたのが、初回に5失点することもある。

「最初に取られると、ほとんどのチームがこう言うんです。『打つしかねえぞ』って。これを口に出したらチームは負けますね。打つしかない状況こそ、球数を投げさせて、見極めて、四死球を取る。そういうことをやるチームは粘ります。『打つしかない』というのは『打つ手がない』ということ。負けを認めたようなものですから、ウチでは死んでも口に出すなと言ってます」

実は、そんな展開で功を奏す〝キラーワード〟がある。

「1回、満塁を作ろう」

「まず2点取ってみよう」

「実現可能」のJK。いわば、小さな目標だ。5点取られたからといって、6点取り返そうとするのではなく、満塁を作る。そこで点が取れなければ、もう一度満塁を作る。何度も何度も満塁を作れば、2点、3点は取れるもの。大量点を狙うと大振りになるが、満塁を作ろうと言えば、じっくり見極めることにつながる。

「もちろん、そうじゃないときもありますよ。流れを変えるためには、一見、セオリー無視みたいな作戦が大事になるときもある。このままじゃ負ける、死ぬのを待つしかないというときには特にですね。何もしないで、死期が近づいてくるのを待っているだけというチームがほとんどですから」

今の高校生は想定外の出来事に極端に弱い。葛原SVのように信頼のおけるアナリストがいれば、ゲームプランに頼る傾向がより強くなる。だからこそ、言葉でも作戦でも多くの引き出しを持つことが大事。3年間かけて、プラン外のときの準備がどれだけできるかが重要なのだ。

2015センバツ　VS天理そのとき

分析をして、ゲームプランを立てたあとは、どのように選手に伝え、戦うのか。2015年のセンバツで、天理と戦ったときの分析と指示、実際の試合展開等を葛原SVがまとめたテキストを以下に紹介したい。

●天理のウイークポイント

ウイークポイント①　打線➡高低に弱い

ウイークポイント②　機動力➡船曳以外の単独スチールはない

ウイークポイント③　守備➡捕手「堤田」のキャッチング、一塁手「坂口」の守備力

ウイークポイント④　投手➡投手「齋藤」は、狙ったコースより左打者には内角寄り、右打者には外角寄りに行きやすい

●天理のストロングポイント

ストロングポイント①　打線➡長打力がある

ストロングポイント②　機動力➡船曳と齋藤が俊足で特に船曳は脅威
ストロングポイント③　守備➡捕手「堤田」のスローイング
ストロングポイント④　投手➡投手「齋藤」のクイックモーション

●天理戦での大前提

大前提①　天理打線と対峙しての打ち合いは無理。勝利するためには3点勝負を前提にして守り勝つことを目指す。そのためにも川井のピッチングは重要であり、リズムが壊れないように配慮し、通常通り投手には極力ランナーとなることを避ける戦術をとる。

大前提②　基本的には天理バッテリーからの盗塁は無理。齋藤投手のクイックが1秒3で、堤田捕手の二塁送球が1秒9。つまり足が上がってから二塁到達までが3秒2で、基本的に盗塁は不可能。従って「機動破壊」を意識させてコースが甘くなったストレートを狙い打つ。

●戦略のテーマ➡〝散兵戦術〟

散兵戦術とは、分散させた兵があらゆる方向から攻撃する戦術であり、黒船伝来のペリー軍が用いた戦術である。当時の戦い方は、お互いに横一列に正対して真正面から攻撃して凌ぎ合う形式であった。

エース齋藤投手は左腕であるため、否が応にも一塁走者の動きに目がいくはずである。また、堤田捕手のキャッチングにも難があるため、走者となれば最大限にバッテリーの集中力を分散させる使命感を強く持つことである。

複数の走者が出れば〝散兵戦術〟の名の通り、あちこちから攻撃を加えることである。走者に加えてランナーコーチャーもこれに参加することを忘れてはならない。

●攻略

エース齋藤は、ストレートとスライダーともに左打者のインコースに入りやすい。また、右打者のインコースには投げきれていない。1回戦の糸満は、バッターを投手寄りに位置して攻略を図ったが、結果的に差し込まれることが多かった。

攻略が一番難しいのは長身で角度のある投手で間違いないのだが、小柄で伸びのある左腕の攻略もまた難しい。なぜならば、小柄でスピードはさほどでもないため、どうしても引きつけて逆方向に打てとの指示が出されることが多い。糸満もまさにその攻略で臨んだに違いない。しかし小柄ゆえに腕の振りが小さく、どうしてもタイミングが遅れてしまうのである。投手寄りに位置するのであれば、ホームプレートに近づいてバットを短く持てば対処できたと思っている。

糸満の左打者は、外のスライダーを意識して投手寄りに位置して対処しようとしていたが、思いのほかインコースに入る球が多く打たされていた感が強く残った。

左打者は捕手寄りに立ち、ややオープンスタンスで構えて、横手サウスポーの球の出所をしっかりと見ることが重要である。リリースを確認したらオープンスタンスをスクエアに戻し真ん中からインコースを球種に関係なく、打たされるのではなく狙い打つことである。

右打者も捕手寄りに位置して、インコースに投げきれない真ん中から甘い外をセンター返しで振り抜いていく。

●天理打線対策のコンセプト➡「高低」

天理は打撃を売りにしているチームであり、大型でパワーを前面に押し出した自慢の打線ゆえに、伝統的に高低に弱い。3年前のセンバツでも、高目の釣り球が功を奏した。

●徹底的にマークする打者

マークする打者①　一番　中堅手　船曳海　右／左　182／72

・俊足　糸満戦より、一塁ゴロ（3・97秒）　三塁打（11・17秒）

盗塁（3・20秒）アウト

リストが強くアウトコースに腰が回らなくても引っ張って打つ

インコースは苦手のようで、ホームプレートから離れて立つ
1・2打席と、3・4打席で配球パターンを変えて臨むこと
攻略パターン① インコースを見せて外のスライダーで打ち取る
攻略パターン② 外のスライダーを見せてインコースの直球で打ち取る

マークする打者②

二番 投手 齋藤佑羽 左／左 166／63
・俊足 二塁ゴロ（4・3秒）
ホームプレート上に大きく足を上げて、背中で投手に向かっていく
インコースは、上げた足と右肘のエルボーの間を狙って投げる
内野手はやや前進して守り内野安打に注意する

マークする打者③

四番 一塁手 坂口漠弥 右／右 185／90
・守備悪い
極端なポジショニング。レフトは目一杯深く、センターは左中間、ライトも右中間寄り。ケースによっては敬遠や、セカンドを外野に回しても構わない
糸満戦ではアウトローを左中間に叩き込んでいる
打ち取るための3点セットとして、①厳しいインコース ②チェンジアップ ③目の高さの釣り球

船曳同様に、１・２打席と３・４打席でパターンを変えること

マークする打者④

八番　二塁手　前久保智也　右／右　１６９／66

・糸満戦で二塁打と三塁打（11・75秒）のラッキーボーイ的存在
下位打者だがストレートにタイミングが合い、振れている要注意打者
緩急を使って崩すことを考える

●総括

相手投手はどちらが来てもサウスポーには違いないだろう。常々言っているように、「サウスポーは背中から攻めろ」を実践せよ。走者一塁ではワンバック（投手が動いたら帰塁）で揺さぶり、二塁からは１死なら盗塁と三遊間を狙ったヒットエンドランで攻略し、２死三塁ならホームスチールも念頭に置いておく。

●この試合の肝（流れとポイント）

①２回裏２死走者なし（健大の攻撃）
初ヒットが齋藤のインコースを狙い打ったライト前ヒット➡攻略の指示通りのバッティングでチームに流れを作った。このヒットは後の展開に影響を与えることになる

②３回表無死一塁（天理の攻撃）

柴引の超バントシフト⬇一塁側のバントにもかかわらず、三塁手の柴引が打者のバットの角度を見て方向転換し、バント処理しようとしたことで、相手に与えるバント状況のプレッシャーになったはず

③**4回裏先頭（健大の攻撃）**

柘植の右中間寄りのセンター前ヒット⬇右打者のインコースに甘くなったストレートを逆方向に弾き返した⬇一塁走者となった柘植の散兵戦術により暴投を引き出した

④**4回裏無死二塁（健大の攻撃）**

4番柴引のセカンドゴロの進塁打⬇逆方向のチームバッティング

⑤**4回裏1死三塁（健大の攻撃）**

相馬が0ボール2ストライクから、アウトコースが甘く入ったストレートをセンター前ヒット⬇ここで齋藤のインコースを狙い打った初安打が生きてくる

⑥**4回裏1死一塁（健大の攻撃）**

一塁走者の相馬が盗塁を敢行するがアウト⬇タイミングは微妙だが、相馬は右足を曲げて左足を伸ばしてのスライディング⬇これはアウトにされやすい⬇逆足ならばセカンド（二塁手）側から入り込めてタッチを掻い潜ったように見える⬇旧チームの「平山」「脇本」も後者のタイプだった

⑦**4回裏2死走者なし（健大の攻撃）**

大島が、狙い打つテーマのインコースを見逃して三振 ⬇ 齋藤投手が息を吹き返すきっかけを与えた嫌な三振

⑧7回表先頭（天理の攻撃）

三番貞光 ⬇ ここまで川井は11人連続凡打で、初回の先頭船曳の内野安打以降18人連続被安打なし ⬇ レフト線側にライナーの三塁打 ⬇ 前の打席で左中間に飛球を飛ばされているためレフト線をあけてあった ⬇ 捕れた打球ではあったが、知念の守備力からは想定外でもない

⑨7回表無死三塁（天理の攻撃）

打者坂口 ⬇ 同点はやむなしの定位置での守備 ⬇ 結果はキャッチャーのファウルフライ ⬇ 柘植が一瞬ボールを見失うが、何とか追いついてのスライディングキャッチ ⬇ この場面が試合のヤマと、川井も全力疾走でボールを追った ⬇ この全力疾走がリズムを壊す結果になる

⑩7回表1死三塁（天理の攻撃）

五番冨木 ⬇ 覚悟した同点を回避したことで、今度は一転して前進守備 ⬇ 一塁手と三塁手のみを前進守備にして、二塁手と遊撃手はそのまま定位置に置いておくかの思案の結果、今日の川井のチェンジアップなら、ゴロを打たせることができるだろうと前進守備を選択 ⬇ ここで先ほどのファウルフライの全力疾走により、川井のリズムに変化が

生じる➡ゴロを打たせるはずのチェンジアップが高めに浮き、遊撃手の頭上をライナーが抜けていく

⑪7回表1死一塁（天理の攻撃）

六番川崎➡三遊間を割りそうなゴロを、林が好守で二塁封殺➡天理に傾きかけた流れを引き止めるプレイ

⑫7回表2死一塁（天理の攻撃）

七番前久保➡林のプレイに救われた川井は、攻めの気持ちに転じてインコースにストレートを投げ込み、詰まらせたショートフライに打ち取る

⑬7回裏先頭（健大の攻撃）

四番柴引➡アウトコースのストレートを、テーマ通り痛烈にライト前に打ち返す➡五番相馬➡狙い定めたインコースを捉えにいくも、齋藤投手のインコースが抜けて死球➡ここでも柴引の散兵戦術が光る➡柴引の足は遅いが、走者になったときの揺さぶりは抜群にうまい

⑭7回裏無死一塁二塁（健大の攻撃）

六番大島の代打に小谷➡初戦の宇部鴻城戦でも、四番の柴引の代打で犠牲バントを決めた➡三塁手に捕らせる完璧なバント➡小谷の代打にはもうひとつのプラスアルファがある➡バント後の全力疾走は一塁を痛烈な勢いで駆け抜ける➡守備側には、ア

ウトであってもセーフにならなくてよかったという負の気持ちが残る

⑮**7回裏1死二塁三塁（健大の攻撃）**

七番佐藤⬇緩いファーストゴロ⬇柴引だけゴロゴーのサインはない⬇一度立ち止まり、一塁手坂口が一塁ベースにトスする間に本塁を陥れる⬇これは健大の持っている戦法が違う形となって出現した⬇本来は1死走者二塁でのバントエンドラン⬇打者は一塁手に捕らせるプッシュバントかドラッグバントを仕掛け、やはり一塁手がベースカバーの投手にトスする間に生還するという戦法⬇まさにその場面とオーバーラップした柴引が、独自の判断で本塁を狙った

⑯**7回裏2死三塁（健大の攻撃）**

八番知念⬇三塁走者の相馬が飛び出してタッチアウト⬇打者が右打者の知念であったためホームスチールのサイン⬇相馬がわずかにスタートを早く切ってしまった

⑰**8回表1死一塁（天理の攻撃）**

一番打者船曳⬇前の打席ではアウトコースのストレートで三振、その前は外のスライダーで三振⬇前日のミーティングでは船曳と坂口だけには2打席ごとにパターンを変える指示⬇しかしバッテリーはさらに緻密なシグナルのやりとりをする⬇まず1ボール2ストライクから川井が意識的に何度も首を振り、船曳に迷いを生じさせ、アウトコースにきわどいストレートを投げ込む⬇2-2から、おそらくスライダーを予測し

ている船曳に緩いカーブで誘う⬇フルカウントからバッテリーが選択した球は、誰しもが予想できなかったチェンジアップ⬇左打者に左投手がチェンジアップを投げることはほとんどない⬇自軍ベンチも思わず唸ってしまう配球だった

⑱8回表2死二塁（天理の攻撃）

二番打者齋藤⬇船曳の三振後の打席でファーストゴロ⬇俊足の二番打者で、試合の行方を左右する打席ゆえに全力疾走する⬇一塁手小谷が自らベースに入れない快速ぶりで、小谷はベースカバーした川井にトスをして間一髪でアウトにする⬇この全力疾走が齋藤投手のリズムを壊すことになる

⑲8回裏無死一塁（健大の攻撃）

先頭の八番知念が四球で出塁⬇8回表2死での一塁ゴロ全力疾走がリズムを狂わしていたと思う⬇四球の知念を一塁に置き、九番川井は犠牲バントのサイン⬇天理バッテリーはインハイに速球を投げ込み、ピッチャーフライで1死⬇最悪はダブルプレイだが、その次に恐れたのは一塁走者の知念と打者川井が入れ替わること⬇投手が走者になるとリズムが壊れてしまう⬇フライであったことは失敗の部類でもホッとするものであった

⑳8回裏1死一塁（健大の攻撃）

ここで戦法をヒットエンドランに切り替えるべく、代走に俊足の宮本を送る⬇代走の

目的はただ単に足が速いというだけでなく、盗塁を意識させてストレートを呼び出し、ヒットエンドランの成功を高めるための伏線➡散兵戦術で何度もけん制を誘い、狙い通りのストレートをジャストミート➡打球は左中間に飛んだがレフトが回り込んで処理➡代走宮本はスタートして、二塁ベースを膨らみながら3秒49で蹴り、ホームベースを10秒96で駆け抜けた

㉑9回表1死走者なし（天理の攻撃）

四番坂口➡2ボール1ストライクからチェンジアップがワンバウンドになり、栢植が一塁方向に大きく弾くが、球審にボールを替えられないように必死でボールを取りにいった➡投手はボールがニューボールになると変化球が浮きやすくなる➡栢植はこの場面の重大さが十分にわかっていた

以上が、葛原SVがまとめた天理戦の分析と指示、試合の流れである。結果は3－1で健大が勝利し、ベスト8に進出することとなった。

公 練	第87回センバツ 大会	2015年3月28日 土曜	阪神甲子園 球場	左翼 95	右翼 95	中堅 118
球審 乗金	傾向 サウスポーのクロスからい			天候		風向 ◆
メモ	(川)井6K完投、柴引の好走塁(1死3塁、一塁ゴロで、1BがPのトス間)					Y.kuzuhara Original

位置	背番	天理	1打席	2打席	3打席	4打席	5打席	構え方	ボックス	グリップ	スタンス	ステップ	スイング	1塁タイム	コース	特筆・選手交代等
8	⑧	1 船曳	✕4	K	K	K	◆	立 寝 / 伸 曲	前 後 / 寄 離	高 低 / 上 下	開 閉 / 狭 広	開 閉 / 大 小	上 下 / 外 内			
1	①	2 斎藤	1	6	6	3	◆	立 寝 / 伸 曲	前 後 / 寄 離	高 低 / 上 下	開 閉 / 狭 広	開 閉 / 大 小	上 下 / 外 内			7
6	⑥	3 貞光	3	7	7	6	◆	立 寝 / 伸 曲	前 後 / 寄 離	高 低 / 上 下	開 閉 / 狭 広	開 閉 / 大 小	上 下 / 外 内			
3	3	4 坂口	K	9	2F	B	◆	立 寝 / 伸 曲	前 後 / 寄 離	高 低 / 上 下	開 閉 / 狭 広	開 閉 / 大 小	上 下 / 外 内			
9	9	5 冨木	7	5	7	7	◆	立 寝 / 伸 曲	前 後 / 寄 離	高 低 / 上 下	開 閉 / 狭 広	開 閉 / 大 小	上 下 / 外 内			
5	5	6 川崎	4	4	6	7	◆	立 寝 / 伸 曲	前 後 / 寄 離	高 低 / 上 下	開 閉 / 狭 広	開 閉 / 大 小	上 下 / 外 内			
4	4	7 前久保	1	5	6	◆	◆	立 寝 / 伸 曲	前 後 / 寄 離	高 低 / 上 下	開 閉 / 狭 広	開 閉 / 大 小	上 下 / 外 内			
7	5	8 森	B	K	K	◆	◆	立 寝 / 伸 曲	前 後 / 寄 離	高 低 / 上 下	開 閉 / 狭 広	開 閉 / 大 小	上 下 / 外 内			1森浦
2	2	9 堤田	◇5	1	9	◆	◆	立 寝 / 伸 曲	前 後 / 寄 離	高 低 / 上 下	開 閉 / 狭 広	開 閉 / 大 小	上 下 / 外 内			
先発		斎藤	右 O S 左 3/4 U	7回2/3	球速	球種		特記								
救援①		森浦	右 O S 左 3/4 U	回1/3	球速	球種		救②		右 O S 左 3/4 U	回／	球速	救③		右 O S 左 3/4 U	回／ 球速

チーム名	1	2	3	4	5	6	7	8	9	10	11	12	計	監督名
天理	0	0	0	0	0	0	1	0	0				1	橋本
健大高崎	0	0	0	1	0	0	1	1	x				3	青柳

位置	背番	健大	1打席	2打席	3打席	4打席	5打席	構え方	ボックス	グリップ	スタンス	ステップ	スイング	1塁タイム	コース	特筆・選手交代等
8	8	1 春日	W.S HP	9	7	78	◆	立 寝 / 伸 曲	前 後 / 寄 離	高 低 / 上 下	開 閉 / 狭 広	開 閉 / 大 小	上 下 / 外 内			
6	⑥	2 林	4	3	5	5	◆	立 寝 / 伸 曲	前 後 / 寄 離	高 低 / 上 下	開 閉 / 狭 広	開 閉 / 大 小	上 下 / 外 内			
2	2	3 柘植	B	8	K	8	◆	立 寝 / 伸 曲	前 後 / 寄 離	高 低 / 上 下	開 閉 / 狭 広	開 閉 / 大 小	上 下 / 外 内			
5	5	4 柴引	8	4	9	◆	◆	立 寝 / 伸 曲	前 後 / 寄 離	高 低 / 上 下	開 閉 / 狭 広	開 閉 / 大 小	上 下 / 外 内			
4	4	5 相馬	6	S 4	HP	◆	◆	立 寝 / 伸 曲	前 後 / 寄 離	高 低 / 上 下	開 閉 / 狭 広	開 閉 / 大 小	上 下 / 外 内			
3	③	6 大島	5	K	◇5	◆	◆	立 寝 / 伸 曲	前 後 / 寄 離	高 低 / 上 下	開 閉 / 狭 広	開 閉 / 大 小	上 下 / 外 内			H小谷3
9	⑨	7 佐藤	9	5	3	◆	◆	立 寝 / 伸 曲	前 後 / 寄 離	高 低 / 上 下	開 閉 / 狭 広	開 閉 / 大 小	上 下 / 外 内			
7	7	8 知念	2F	3	R B	◆	◆	立 寝 / 伸 曲	前 後 / 寄 離	高 低 / 上 下	開 閉 / 狭 広	開 閉 / 大 小	上 下 / 外 内			R宮本7比嘉
1	①	9 川井	1	5F	1	◆	◆	立 寝 / 伸 曲	前 後 / 寄 離	高 低 / 上 下	開 閉 / 狭 広	開 閉 / 大 小	上 下 / 外 内			
先発		川井	右 O S 左 3/4 U	9回／	球速	球種		特記								
救援①			右 O S 左 3/4 U	回／	球速	球種		救②		右 O S 左 3/4 U	回／	球速	救③		右 O S 左 3/4 U	回／ 球速

第6章

会心の試合

アナリストとして会心の試合

この章では、健大高崎が実際に戦った対戦の中から、アナリストとして会心の内容だった試合をいくつか紹介したい。

◉会心の試合――その1

【2015年8月10日　夏の甲子園1回戦　健大高崎対藤井学園寒川戦】

8月3日の組み合わせ抽選会から中6日。時間がたっぷりあったことで、万全の分析をして試合を迎えることができた。まず、葛原SVが見たのは相手投手の左腕・高田篤志。P32で紹介しているように、プレートの位置を確認することから始まる。

「左バッターから遠いところ、かすらせにくいところに投げるということで、ウチでは左投手は三塁側を踏むんですが（詳細は『機動破壊の秘策』P216参照）、寒川の投手は一塁側でした。一塁側を踏む左投手は、左バッターが届かないところにはなかなかボールは来な

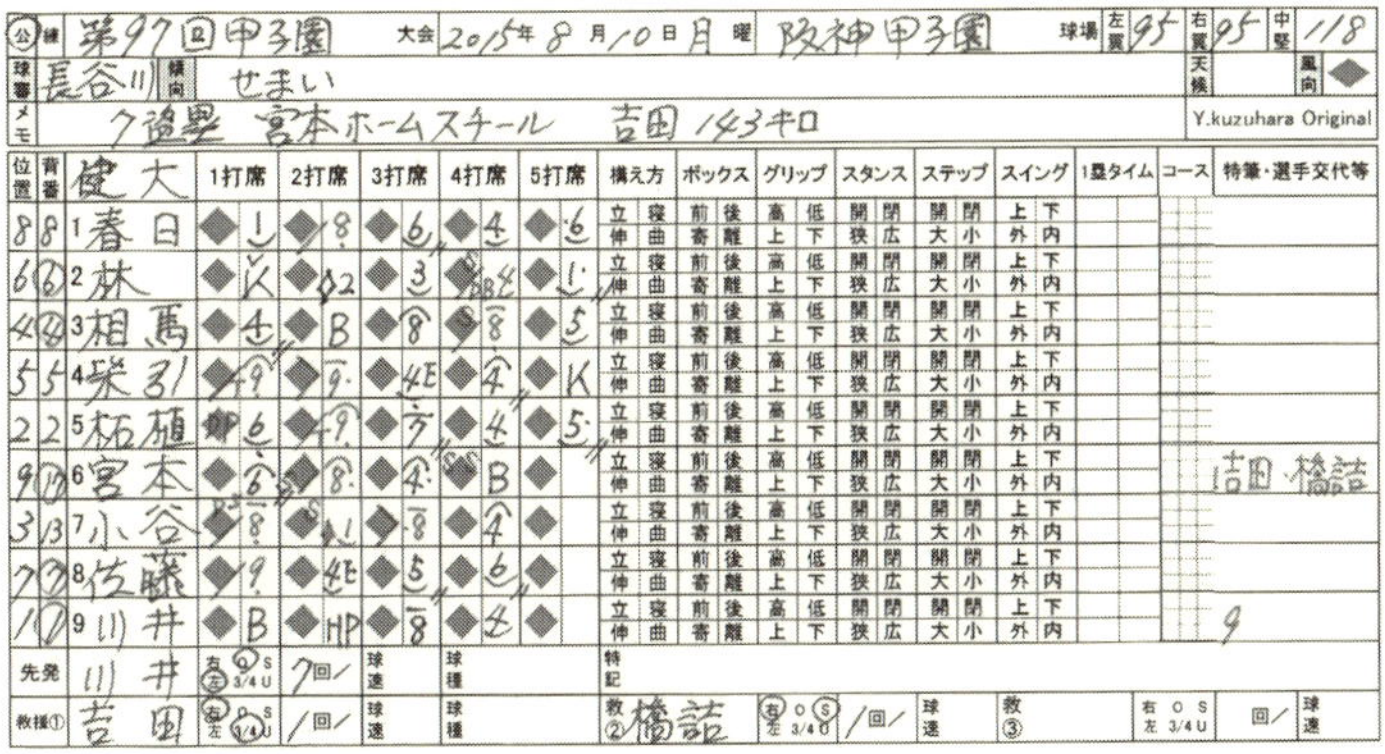
第97回甲子園 大会 2015年8月10日月曜 阪神甲子園
長谷川 せまい
7盗塁 宮本ホームスチール 吉田143キロ
Y.kuzuhara Original
健大
1 春日
2 林
3 相馬
4 柴引
5 柘植
6 宮本
7 小谷
8 佐藤
9 川井
先発 川井
救援① 吉田
救② 橋詰
吉田・橋詰

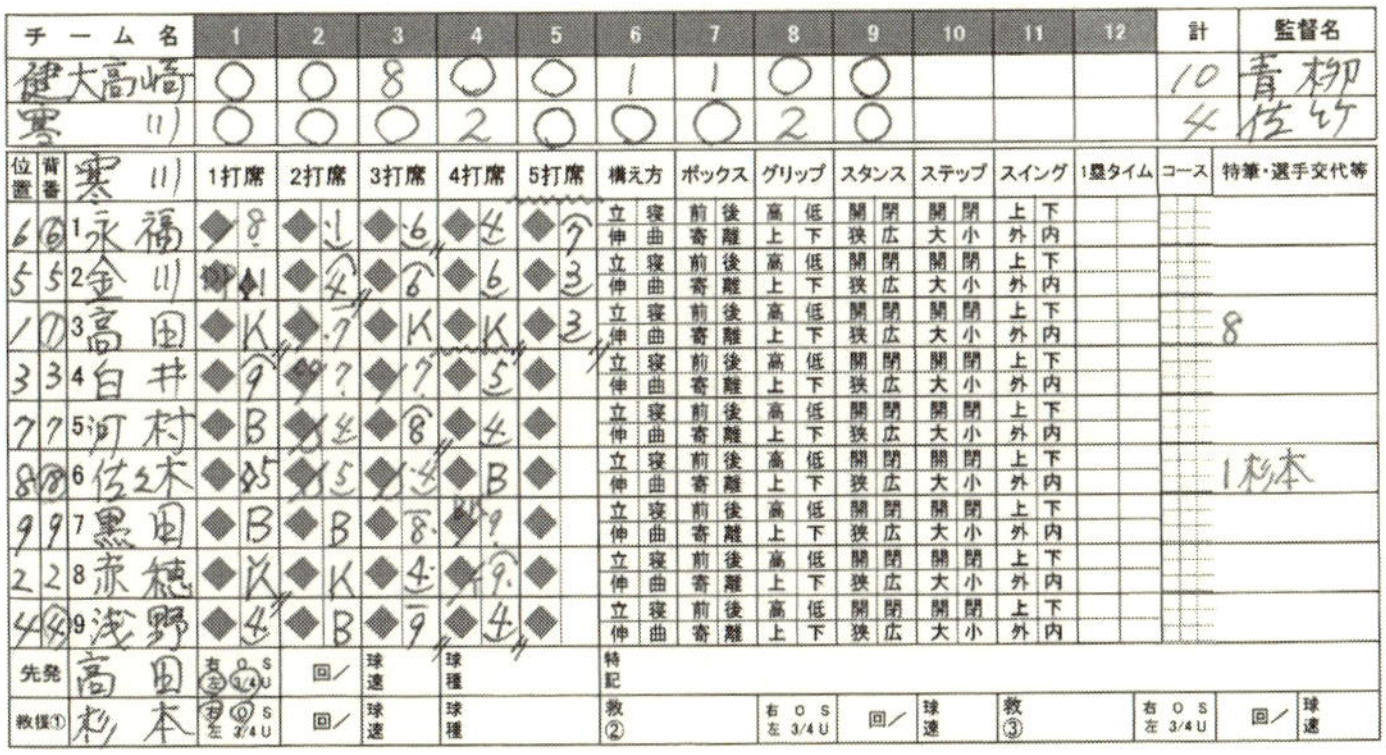
チーム名 1 2 3 4 5 6 7 8 9 10 11 12 計 監督名
健大高崎 0 0 8 0 0 1 1 0 0 10 青柳
寒川 0 0 0 2 0 0 0 2 0 4 佐竹
寒川
1 永福
2 金川
3 高田
4 白井
5 河村
6 佐々木
7 黒田
8 赤穂
9 浅野
先発 高田
救援① 杉本
1杉本

い。真ん中に寄ってくるので、『左ピッチャーでも、左バッターが特別意識する必要はないし、何が何でもおっつけなきゃいけないということもない。普通に打っていけるピッチャーだよ』という話でスタートしました」

投手を分析するうえで、葛原ＳＶがまず見るのがテークバック時の手首とグラブを持つ手だ。高田の場合、この時点でクセが見つかった（Ｐ50・60参照）。

「普段からすごく注意して見ている部分なんですけど、スライダーを投げるときに手首を掌屈させるピッチャーが多いんです。手首を曲げたらスライダー、手首が伸びていたらストレート。見た瞬間にこれはおいしいなと。それと、これも顕著に見られるクセなんですが、変化球のときにグラブが顔の位置まで上がる。この選手もそうでした。この二か所は目につきましたね」

テークバックの際、グラブの位置が低く、手首が伸びていればストレート。グラブの位置が高く、手首が曲がっていればスライダー。チェンジアップはこの融合でグラブの位置が高く、手首が曲がっていないというのはわかったが、これは打者からは判別が難しいということで、選手にはストレートかスライダーかの2点だけ伝えた。これだけでも、少なくともストレートか変化球かはわかる。

球種については、赤穂太亮捕手のクセも見つかった（写真参照）。チェンジアップを要求する際に、大きなジェスチャーで投手に低めを意識させると同時に、大きな声で「低く、低く」と口に出す。そのあとに大きく、元気よく外に寄るのだ。二塁走者から捕手はよく見える。捕手のジェスチャーに加えて握りもわかるため、ワンバン・ゴーに備えることができる。動きや声が大きいため、打者も察することができる。

投手に関しては、一塁けん制の際のクセも発見した。セットポジションに入った状態から、グラブが下がったら投球。グラブを体側に引き寄せながら上げるか、グラブの位置がセンター側に寄ったらけん制。これがわかっていれば、けん制でアウトになることはない。大きなリードも取れる。さらに、セットに入る前のボールの握りで、一塁走者からボールの白い部分が半分見えていればスライダーというのもわかっていた（P73参照）。

これらがすべて出たのが3回表。先頭の小谷

ミットでワンバウンドを要求する動作 ➡ チェンジアップ

魁星がカウント3－2から、捕手の大きな声と大きな動きで予測したチェンジアップをセンター前に弾き返して出塁すると、次打者・佐藤望の2球目に二盗に成功した。けん制球が2球来たが難なく戻り、スライダーの握りを確認して走ったものだった。

「変化球の握りをしている場合は、けん制はまず投げてこないです。プレートを外すことはあっても、投げることはほとんどない。変化球でスタートは一番おいしいですよね」

無死二塁となり、左打者の佐藤はテークバック時の手首の掌屈を見極め、スライダーを捉えてライト前に運んだ。

「これは完全に見えてましたね。投手板の一塁側を踏んでいるから外にかするような球はない。ランナー二塁で進塁打を意識して引っ張りましたね」

佐藤の打席の立ち位置はベース寄りで投手寄り。ここでもしっかりと左投手対策をしている（詳細は『機動破壊の秘策』P92参照）。無死一、三塁からは散兵戦術。葛原SVが好む揺さぶり戦術だ。散兵とは、兵士を密集させず、適当な間隔をとって散開させること。つまり、兵士をあちこちに散らばせて、横からや背後からなど、どこから攻撃されるかわからないようにすることだ。

「あっちでこっちで、とにかく神経が休まることのないように動けと」

この場合なら、一塁走者は偽走で盗塁と見せかけるだけではなく、三塁走者もスタートの姿勢を見せる。三塁走者の動きに合わせて、打者もバントの構えをして、スクイズかと見誤らせる。そうやって、全員で重圧をかけていくのだ。散兵戦術が功を奏し、九番の川井はストレートの四球を選んで無死満塁。絶好のチャンスをつかんだ。

続く春日優馬は四球後の初球、ストレートを読んで打ったがショートへのゴロ。ところが、寒川内野陣は0対0の序盤にもかかわらず超前進守備を敷いていたため、ゲッツーの当たりがセンター前に抜ける2点タイムリーヒットになった。こうなると止まらない。林賢弥が送って1死二、三塁とすると、またも散兵戦術を駆使して相馬優人が四球を選び満塁。ここで柴引良介がまっすぐの手首を見逃さず、ストレートを打ってライト線へ2点二塁打した。さらに柘植世那がライト前にポトリと落として2点追加。これもストレートだった。

「高田投手はバックスイングが大きいのでわかりやすかったですね。グラブの位置はストレートでも多少高いことがありますけど、手首のクセは間違いない。そのへんは見やすい方をチョイスさせますね。見る場所がふたつぐらいあるといい。見る位置や角度によって見やすいところは変わってきますからね」

1死一塁となり、六番・宮本隆寛は0ボール2ストライクと追い込まれるが、手首の掌屈からスライダーを打ってライト前へ。外野手が下がっていたため、二塁打になった。1死二、三塁から小谷のスクイズは失敗したものの、2死一、三塁となり、一塁走者の小谷がセットに入る前にスタート。投手が二塁に投げた瞬間に三塁走者の宮本が本塁へ走って変則ダブルスチールを成功させた。

「これは宮本のテクニックですね。ホームの外側にフックスライディングはある程度できますけど、内側というのは難しいんですよ。滑るなら普通にスライディングして右手でつくのが多い。内側にフックスライディングができるのは、鍛えられたチームでも10人に1人ぐらいでしょう。右足でも左足でもフックスライディングができるのはこの選手の強みでしたね（写真参照）」

このあと、佐藤の二塁ゴロが相手の失策を誘ってこの回一挙8点が入った。

さらに6回表。2死無走者から、林がセカンド（二塁手）前に転がすドラッグバントで出塁する。

「この林のバントはひと手間入れてるんです。三塁側にセーフティーをするようにフェイク。

宮本のスライディング・テクニック

ピッチャーを三塁側に下ろしておいて、逆に一塁側にやったんです。ピッチャーの身体は三塁方向に行くんですけど、打球はセカンド方向に行く。逆のベクトルの動きをしていて面白いですよね」

2死一塁で俊足走者のため、盗塁が警戒される状況だったが、林はスライダーの握りを見極め、1球目に盗塁に成功。このときの投球は内角へのスライダーだった。

「球種関係なく左バッターのインコースというのは、プロもアマも共通で一番盗塁が成功しやすいんです。キャッチャーは右投げですからバッターが邪魔になって、必要以上に上から投げたり、ステップを入れたりしますから」

見逃せないのが、相馬が打席の捕手寄りに立っていること。この方が捕手は送球しづらい。

「握りでスライダーとわかっている。キャッチャーを見たらインコース。バッターも後ろに立って準備万端。やすやすと盗塁は成功しますよね」

2死二塁となり、相馬は手首の角度でスライダーを狙い打ってセンター前ヒット。9点目が入った。タイムリーになるか微妙な当たりだったが、センターがゴロを弾いて二塁走者が生還。バッテリーが気落ちしたところを見逃さなかった。得点にはつながらなかったが、相馬は直後の初球に二盗も決めている。

「相馬はキャッチャーの構え（右打者への内角）を見て走ってます。左バッターのインコースの次に成功する確率が高いのは、右バッターでもやっぱりインコースに寄ったとき。とにかく、キャッチャーがバッターに寄ったときというのは盗塁を刺しにくいんです」
このときの投球は打者の柴引がのけぞってよけるような球だったが、捕手は必要以上に上体を高くして送球している。捕手が内角に構えるイコール盗塁のチャンスなのだ。

7回表は、1死から四球で出塁した宮本が初球に盗塁成功。バッテリーはピッチドアウトしたが、それでもセーフになった。このとき、捕手の赤穂太亮の二塁送球は1秒94の好タイム。ところが、投手の高田のクイックが1秒44もかかっていた。

「ピッチドアウトするとき、ウチのピッチャーには『キャッチャーにけん制球を投げろ』と言うんです。球威のある球はいらないんですから。けん制球のイメージなら、1秒3はかからず投げられます。1秒44というのは、この選手はおそらくピッチドアウトの練習をしていないでしょう。キャッチャーはめちゃくちゃいいタイムですから、盗塁を許したのはピッチャーのせいですね」

高田のクイックが遅かったとはいえ、バッテリーの合計タイムは3秒38。一般的に俊足の高校生でも二盗タイムは3秒4はかかるため、このときもタイミングはアウトだった。では、なぜセーフになったのか。要因はふたつある。ひとつは、ショートがベースカバーに入る際、ベースの前に出るクセがあったこと。これだと捕球してから追いタッチになってしまう。もうひとつは、宮本のスライディングした位置がよかったことだ。

「常々言って徹底しているのは、二塁ベースのセカンド側（二塁手側）の角に向かって滑れということ。ここが一番タッチから遠くなります。タイムにすれば0・1秒以下でしょうけど、タッチが遅れる。いつも言っていることを忠実にやってくれましたね」

得点には至らなかったものの、日頃から教えていることを実行してくれるのは指導者としてうれしいもの。目立たないが、こういう一つひとつの細かい部分にアナリストとしての喜びがあるものなのだ。

試合は10対4の快勝。葛原SVにとって、笑いが止まらないほど分析が当たった会心の試合内容だった。

◉会心の試合――その2

「2011年10月29日　秋の関東大会1回戦　健大高崎対文星芸大付戦」

健大高崎にとって、初のセンバツ出場を狙う大事な秋の関東大会の初戦。葛原SVが採ったのは、打者によって「殺す打者」と「狙う打者」に分ける戦い方だった。文星芸大付のエースは右腕の佐藤真也。県大会のビデオを見ると、左打者には内角をどんどん攻めてきていた。しかも、制球もいい。そこで、葛原SVはこんな指示をした。葛原SVが試合前夜のミ

公	練	第64回秋季関東	大会	2011年10月29日土曜	山梨県小瀬	球場	左翼 92	右翼 92	中堅 120
球審		傾向					天候	晴	風向 ◆
メモ	1回戦 竹内プレイボール後の初球をホームラン							Y.kuzuhara Original	

位置	背番	健大	1打席	2打席	3打席	4打席	5打席	構え方	ボックス	グリップ	スタンス	ステップ	スイング	1塁タイム	コース	特筆・選手交代等
9	⑨	1 竹内	9	8	3	K	9	立 寝 / 伸 曲	前 後 / 寄 離	高 低 / 上 下	開 閉 / 狭 広	開 閉 / 大 小	上 下 / 外 内			
4	4	2 中山	1	9	9	8	HP	立 寝 / 伸 曲	前 後 / 寄 離	高 低 / 上 下	開 閉 / 狭 広	開 閉 / 大 小	上 下 / 外 内			
2	2	3 長坂	◇1	8	4	4	K	立 寝 / 伸 曲	前 後 / 寄 離	高 低 / 上 下	開 閉 / 狭 広	開 閉 / 大 小	上 下 / 外 内			
5	5	4 内田	9	◇1	B	K		立 寝 / 伸 曲	前 後 / 寄 離	高 低 / 上 下	開 閉 / 狭 広	開 閉 / 大 小	上 下 / 外 内			
3	③	5 大沢	HP	HP	9	4		立 寝 / 伸 曲	前 後 / 寄 離	高 低 / 上 下	開 閉 / 狭 広	開 閉 / 大 小	上 下 / 外 内			
7	⑦	6 小林	B	8	8	89		立 寝 / 伸 曲	前 後 / 寄 離	高 低 / 上 下	開 閉 / 狭 広	開 閉 / 大 小	上 下 / 外 内			
1	①	7 三木	6	8	3	2F		立 寝 / 伸 曲	前 後 / 寄 離	高 低 / 上 下	開 閉 / 狭 広	開 閉 / 大 小	上 下 / 外 内			
6	⑥	8 秋山	4	6	B	K		立 寝 / 伸 曲	前 後 / 寄 離	高 低 / 上 下	開 閉 / 狭 広	開 閉 / 大 小	上 下 / 外 内			
8	8	9 斎藤	5	K	4	4		立 寝 / 伸 曲	前 後 / 寄 離	高 低 / 上 下	開 閉 / 狭 広	開 閉 / 大 小	上 下 / 外 内			
先発		三木	右 O S / 左 3/4 U	9回／	球速	球種		特記								
救援①			右 O S / 左 3/4 U	回／	球速	球種		救②	右 O S / 左 3/4 U	回／	球速	救③	右 O S / 左 3/4 U	回／	球速	

チーム名	1	2	3	4	5	6	7	8	9	10	11	12	計	監督名
健大高崎	1	0	0	0	0	0	0	1	0				2	青柳
文星芸大	0	0	0	0	0	0	0	0	0				0	星野

位置	背番	文星	1打席	2打席	3打席	4打席	5打席	構え方	ボックス	グリップ	スタンス	ステップ	スイング	1塁タイム	コース	特筆・選手交代等
8	⑧	1 石戸	7	K	7	9		立 寝 / 伸 曲	前 後 / 寄 離	高 低 / 上 下	開 閉 / 狭 広	開 閉 / 大 小	上 下 / 外 内			
6	6	2 斎藤	◇1	6	8	9		立 寝 / 伸 曲	前 後 / 寄 離	高 低 / 上 下	開 閉 / 狭 広	開 閉 / 大 小	上 下 / 外 内			
2	②	3 君島	5F	B	4	8		立 寝 / 伸 曲	前 後 / 寄 離	高 低 / 上 下	開 閉 / 狭 広	開 閉 / 大 小	上 下 / 外 内			
1	①	4 佐藤	B	K	6	5F		立 寝 / 伸 曲	前 後 / 寄 離	高 低 / 上 下	開 閉 / 狭 広	開 閉 / 大 小	上 下 / 外 内			
9	9	5 藤本	6	K	5	4		立 寝 / 伸 曲	前 後 / 寄 離	高 低 / 上 下	開 閉 / 狭 広	開 閉 / 大 小	上 下 / 外 内			
3	3	6 神永	7	8	K	8		立 寝 / 伸 曲	前 後 / 寄 離	高 低 / 上 下	開 閉 / 狭 広	開 閉 / 大 小	上 下 / 外 内			
5	12	7 山崎	8	HP	6	5		立 寝 / 伸 曲	前 後 / 寄 離	高 低 / 上 下	開 閉 / 狭 広	開 閉 / 大 小	上 下 / 外 内			
4 5	5	8 村上	6	3	7			立 寝 / 伸 曲	前 後 / 寄 離	高 低 / 上 下	開 閉 / 狭 広	開 閉 / 大 小	上 下 / 外 内			
7	7	9 佐藤	8	6	5			立 寝 / 伸 曲	前 後 / 寄 離	高 低 / 上 下	開 閉 / 狭 広	開 閉 / 大 小	上 下 / 外 内		H	
先発		佐藤	右 O S / 左 3/4 U	9回／	球速	球種		特記								
救援①			右 O S / 左 3/4 U	回／	球速	球種		救②	右 O S / 左 3/4 U	回／	球速	救③	右 O S / 左 3/4 U	回／	球速	

ーティングで選手たちに配った分析資料〝葛原メモ〟からの抜粋を紹介しよう。

『インコースをスパイク一足か半足ホームプレートから離れて、ボックスの投手寄りまたは中間に立ち、振り抜いていくのは竹内・小林・三木。

他の左打者は、プレート一杯にラインをつま先で踏んで立ち、捕手寄りで嫌がらせをしてアウトコースを狙っていき、どんな形であろうと出塁すれば「儲けもの」の感覚でよい』

葛原SVが打てると判断した左打者は、ホームベースから離れて立って内角球を狙う。それ以外の左打者は、ホームベースぎりぎりに立って内角球を殺す。あわよくば死球をもらう。そんな戦略だった。

そして、試合開始1球目。一番の竹内司が内角球を捉えた。打球はライトポールを直撃する先頭打者本塁打。まさに、葛原SVの狙い通りだった。

「スパイク半足離れてライトポール直撃ですから、普通にやってたらファウル。前夜に話をしておいて初球をポール直撃ですから、ちょっと自分でも感激しました」

1対0のまま試合は進み、8回表。今度は六番の小林良太郎だった。内角直球を捉えて右中間へ貴重な追加点となるソロ本塁打。結果的に、この2点を守って2対0で勝利した。

「小林の前の大澤（攻行）が、この試合ふたつデッドボールをもらってるんです。それが小林のホームランの呼び水になってるのは間違いないですね。小林は身体がデカいから、一足分下がった。その分、右中間だったと思います」

2本とも、ホームベースから離れて立ち、思い切って狙ったからこその一発。だが、いつも選手が指示通り動いてくれるとは限らない。実は、関東大会前の群馬県大会の桐生市商戦でこんなことがあった。最速140キロ台後半を投げるエース・柿田兼章に対し、葛原SVは内角球を殺すため、左打者にホームベースぎりぎりの捕手寄りに立つよう指示した。ところが、試合が始まり、葛原SVは目を疑う。一番打者の秋山浩佑がベースから離れて立っていたのだ。これについて、葛原SVは文星芸大付戦前の〝葛原メモ〟にこう書いている。

『「プレイボール」健大の初回の攻撃で、一番の秋山が左打席に立った。「えっ」……私はその打席の秋山の立ち位置を見て愕然となった。それは捕手寄りではなく中間に位置し、ホームプレート一杯どころか、むしろ離れて立ち、しかも大きくオープンスタンスで内角を開け放していたからだった』

秋山は三振、二塁ゴロ、投手ゴロ、三振。5打席目にようやくベース寄りに立って死球を得たが、それまでは指示されたことではなく、自分のやりたい打撃に終始していた。このことがあったからこそ、選手たちも葛原SVを信じて、指示通り動いたといってもいい。この頃は、葛原SVも健大高崎に関わって日が浅い時期。他のスタッフはもちろん、選手たちの信頼を完全に得るまでには時間が足りなかった。

この試合の〝葛原メモ〟の最後には、こう書かれている。

『私は、ボックスでの立ち位置とか、投手のプレートの踏む位置などを基にして戦略を立てることが多い。

たかがスパイク半足、投手板の両端の踏み替えくらいのことで……そんな風に思っている選手は案外多いのではないだろうか？

安打となるか凡打となるかは、ボールの上下数ミリの捉え具合であるし、バットの芯は10センチ足らずでしかなく、スパイクの半足分はバットの芯の部分よりも広いものである。

その凡打は、バッターボックスの立ち位置次第では、スタンドに飛び込んでいたかもしれない』

まるで、直後の試合を予言していたかのような記述。この試合を機に、健大高崎のスタッフも選手も葛原ＳＶへの見方が変わった。

「ミーティングで勝った試合だ、と自画自賛できる会心の試合。これが終わったあと、三木（敬太、エース）から『次の試合はどうしたらいいですか』と電話がかかってきた。生徒からかかってきたのは初めてでしたから、これでチームから受け入れられたなという気がしましたね」

◉会心の試合――その3

[2015年8月16日　夏の甲子園3回戦　健大高崎対秋田商戦]

秋田商のエースはサウスポー・成田翔（現ロッテ。ドラフト3位）。最速144キロの速球に加え、スライダーのキレ味が抜群で、初戦だった2回戦の龍谷戦では先発全員から16三振を奪っている。容易には得点できない好投手だ。一方で秋田商の打線は、決してレベルが高くはない秋田県でチーム打率・329、本塁打0と怖くはない。優勝を狙って乗り込んだ健大高崎は、大会終盤の投手起用も考えて、この試合の先発には二番手のサイドスロー・橋詰直弥を立てた。

「先発が橋詰なので苦しくなるのは想定済みです。次を見たらダメだといいますけど、優勝を狙うためには次を見ないと絶対にできない。だから、このあたり（3回戦）で橋詰に絶対に行ってもらわなきゃいけなかったんです。成田を考えると『3点はきついな』と思いながら、『2、3点はお前にやるから』と言って送り出しました」

では、成田からいかに3点を取るか。葛原SVが考えたのは、球数を放らせての後半勝負だった。

「とんでもないスライダーでした。これはもう触れない（バットに当たらない）など。この

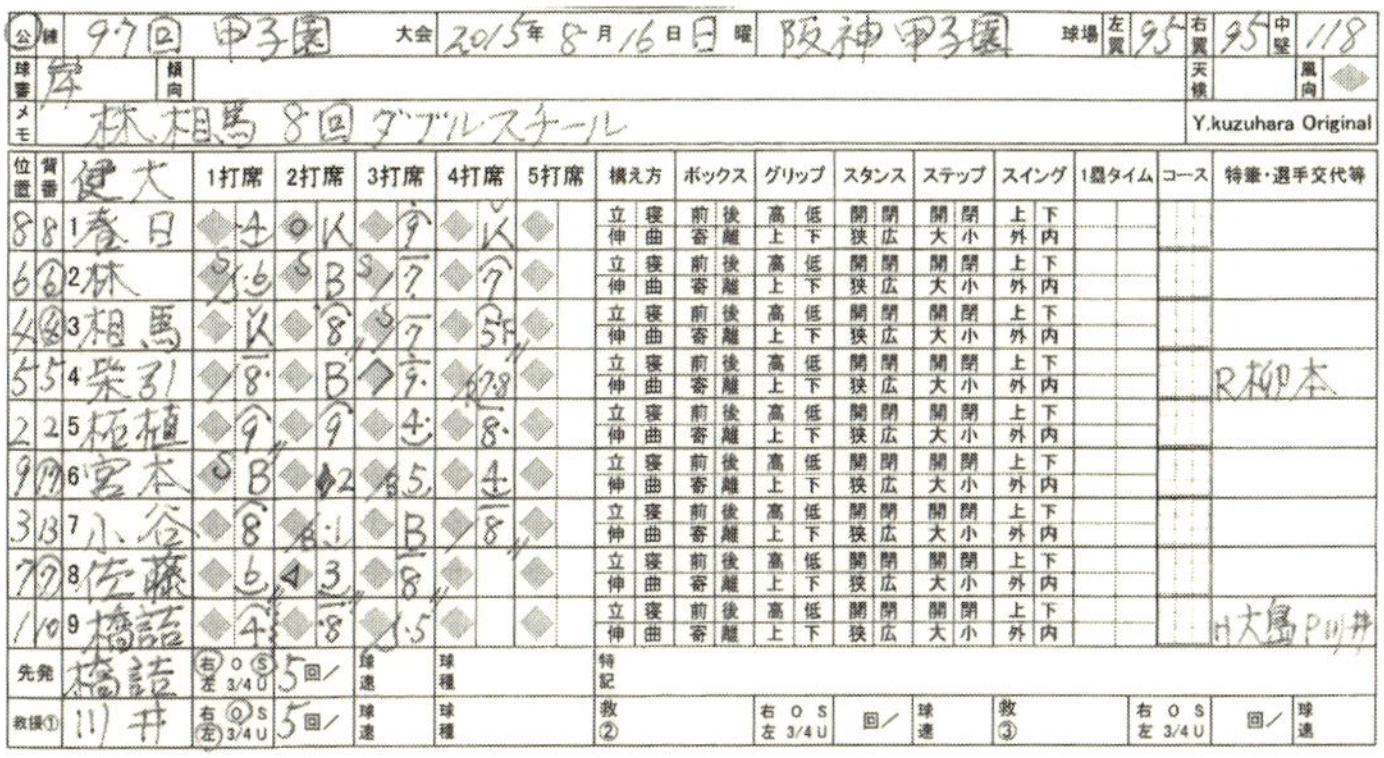

97回 甲子園 大会 2015年 8月 16日 日 曜 阪神甲子園 球場 左翼 95 右翼 95 中堅 118
球審 岸
メモ 林、相馬 8回 ダブルスチール
Y.kuzuhara Original
位置 背番 健大 1打席 2打席 3打席 4打席 5打席 構え方 ボックス グリップ スタンス ステップ スイング 1塁タイム コース 特筆・選手交代等
8 8 1 春日
6 6 2 林
4 4 3 相馬
5 5 4 柴引 R柳本
2 2 5 柘植
9 9 6 宮本
3 13 7 小谷
7 7 8 佐藤
1 10 9 橋詰 H大島 P川井
先発 橋詰 5回
救援① 川井 5回

チーム名	1	2	3	4	5	6	7	8	9	10	11	12	計	監督名
秋田商業	0	2	0	1	0	0	0	0	0	1			4	太田
健大高崎	1	0	0	0	0	0	0	2	0	0			3	青柳

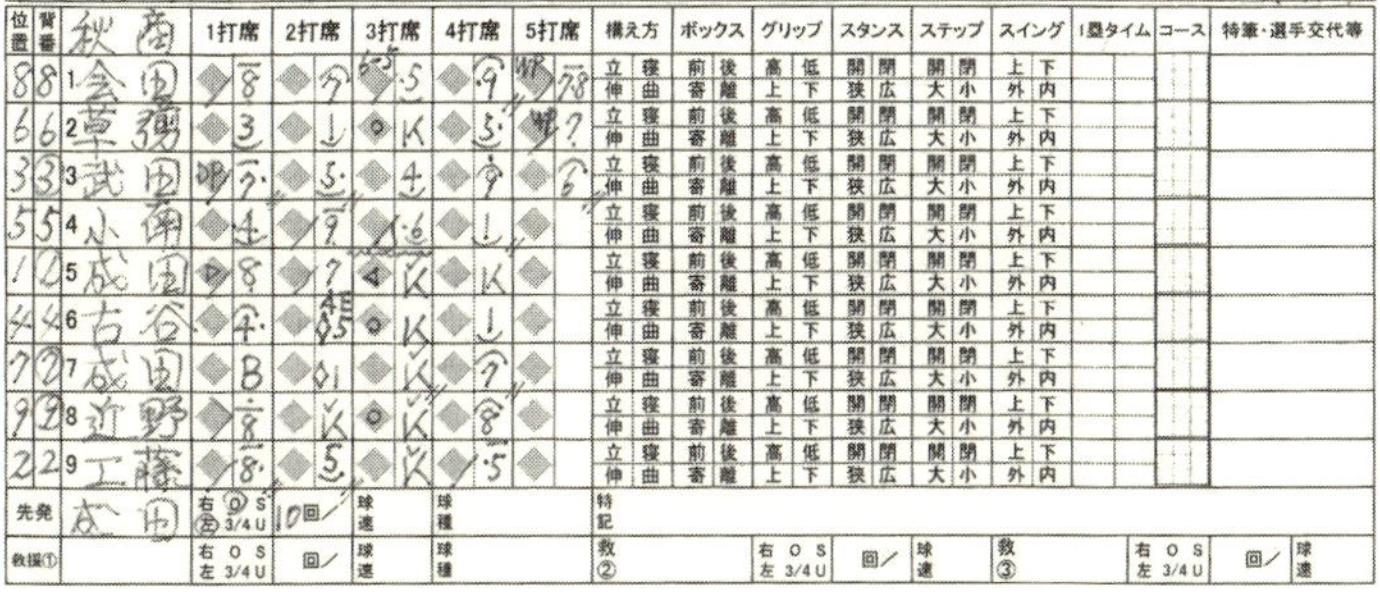

位置 背番 秋商 1打席 2打席 3打席 4打席 5打席 構え方 ボックス グリップ スタンス ステップ スイング 1塁タイム コース 特筆・選手交代等
8 8 1 会田
6 6 2 草薙
3 3 3 武田
5 5 4 小南
1 1 5 成田
4 4 6 古谷
7 7 7 成田
9 9 8 近野
2 2 9 工藤
先発 成田 10回

ピッチャーなら、東海大相模の小笠原（慎之介、現中日。ドラフト1位）や県岐阜商の高橋（純平、現ソフトバンク。ドラフト1位）を攻略する方がまだましだと感じたほどです。勝つためには、成田をくたばらせるしかない。1球でも多く投げさせせようということですね。散兵戦術、フェイクバントで動かす……。追い込まれたら1本でもいいからファウルを打て。けん制球も球数だぞと」

〝葛原メモ〟にはこうある。

『奪三振の大半はボールになるスライダーを振らせたもの。いざとなればスライダーがあるという展開にすると、2回戦同様に快刀乱麻のピッチングをされてしまう。

前半にいかに多くのジャブを打てるか、そしてどれだけファウルを打てるか、いかに三振をしないかに勝負の行方がかかってくる。狙うならば、たとえヒットにならなくても前半はスライダーに絞って触っていき、本来のピッチングのリズムを崩すことが大切。

低めには一切手を出さずに、高めから入るスライダーを振り幅小さく振っていく。そのためにもバスターヒッティングでバッテリーを揺さぶっていく。

初球を打ち上げるぐらいなら、5球投げさせて三振した方がはるかに後半の展開が有利になる。球数を投げさせ、そしてけん制球も多くもらい、フェイクを含めたセーフティーバントで揺さぶり、後半戦に勝負を持ち込め』

投手というのは、「これさえ投げておけば大丈夫」という球があると安心して投げられるもの。成田の場合、絶対的な自信を持っているのがスライダー。いつもなら空振りが取れるスライダーを見送ったり、ファウルにしたりすることで、「今日はいつもとは違うぞ」と思わせることが狙いだ。そうやって球数を投げさせたうえで、どうやって攻めるのか。

『とにかくピッチャーを揺さぶれ。かなり気の強い投手と聞いているので、カッカさせることを念頭に置く。こういう性格の奪三振王投手を波状攻撃で崩していくのは面白い。左投手は背中から攻めろ。三塁線へのバントや二塁からの盗塁が効力を発揮する。とにかく前半は簡単にアウトになるな。サードとショートの守備力はたいしたことはなく必ずエラーをする。全力疾走を怠らずにピッチャーをヒヤヒヤさせろ』

「左投手は背中から攻めろ」というのは、葛原SVがよく使う格言。三塁側のバントや三盗、本盗で崩すという意味だ。

1回裏、健大高崎は幸先よく1点を先制する。1死から左打者の林賢弥がショートへのゴロ。これをショートが弾いて出塁した（記録は内野安打）。盗塁して二塁に進んだあと、四番の柴引良介がセンター前に適時打を放つ。

「ポイントを遅らせてファウルを打つ、逆へ打つというイメージで林は三遊間、柴引も右中間寄りに打ちました。ただ、これは自分としては転がり込んだ1点としか思っていません。こんなに簡単にいくもんじゃないと」

案の定、健大高崎は2回からの6イニングをゼロ行進。ただ、先発の橋詰が何とか5回3

失点でエースの川井智也につなぎ、8回表を終わって1対3と後半勝負に持ち込むことに成功した。そして、8回裏。健大はようやく反撃に出る。1死から林、相馬優人がいずれも逆方向へのレフト前ヒットで出塁すると、柴引の初球にダブルスチール。これが捕手の三塁悪送球を誘って1点を返した。さらに、柴引がこれも逆方向のライト線へ三塁打を放って試合を振り出しに戻した。

このあとの1死三塁のチャンスでは、柘植世那のショートゴロで柴引が本塁タッチアウト。三塁走者が174センチ、85キロでチーム一の鈍足・柴引だったのが不運だった。結局、ここで逆転できなかったのが響いて延長10回、3対4で敗れたのだが、葛原SVが「アナリストとして会心の試合」に選んだ。それには理由がある。

健大高崎の各打者の姿勢だ。成田に投げさせた球数は初回から順に22、16、15、19、8、17、18、17、17、12のトータル161球。10球に届かなかったのは5回裏だけで、10イニング中8イニングは15球以上投げさせている。三振は7つ喫したが、四球も5つ。柴引は第3打席で、カウント0－2と追い込まれてから4球ファウルを打つ粘りを見せた。けん制球も合計12球投げさせている。

「敗戦ではあったんですけど、アナリストの立場からすると戦略的には会心に近いぐらいうまくいきました。高校生ってやっぱり目立ちたい、打ちたい、勝ちたいという気持ちがある中で、こっちが言ったことをやってくれたというのは本当にうれしい。私を信じてくれて、

『後半勝負だ』と戦ってくれたという意味で、非常に感激したゲームですね」

◉会心の試合――その❹

[2016年10月24日　秋の関東大会準々決勝　健大高崎対横浜戦]

センバツ出場をかけた大一番。横浜は増田珠（現ソフトバンク。ドラフト3位）をはじめ、万波中正らホームランバッターが並ぶ強力打線。翌夏の神奈川大会では大会タイとなる7試合14本塁打を記録している。この打線を分析して、葛原SVは〝葛原メモ〟にこう記した。『横浜打線には最低で見積もっても4失点はするだろう。いかに効率的に4失点するかを考え、走者をためてビッグイニングを作るぐらいなら、ソロ本塁打OKと割り切り、攻めるべきところは攻めろ。逆に言えば、5点目を必死で食い止めることができれば勝算はある』

結果的に、横浜打線に2本塁打を含む8安打を許したものの、失点は2点だけ。選手たちは、葛原SVの予測した4失点を下回ってみせた。その要因はいくつかある。

ひとつめは、本塁打がソロ2本だったこと。走者がいる場面では慎重に、走者がいない場面では思い切って攻めた結果だ。

ふたつめは、バント処理でふたつ刺したこと。初回は先頭の斉藤大輝に安打を打たれたが、

公・練	69回 秋季関東	大会	2016年10月24日 月曜	清原	球場	左翼	右翼	中堅
球審	阿久津	傾向	アウトコース、しっかりとる		天候		風向	
メモ							Y.kuzuhara Original	

位置	背番	横浜	1打席	2打席	3打席	4打席	5打席	構え方	ボックス	グリップ	スタンス	ステップ	スイング	1塁タイム	コース	特筆・選手交代等
4	4	1 斎藤	7	7	K	4	DP 5	立 寝 / 伸 曲	前 後 / 寄 離	高 低 / 上 下	開 閉 / 狭 広	開 閉 / 大 小	上 下 / 外 内			
6	6	2 渡辺	5	8	K	4		立 寝 / 伸 曲	前 後 / 寄 離	高 低 / 上 下	開 閉 / 狭 広	開 閉 / 大 小	上 下 / 外 内			
8	8	3 増田	7	8	4	B		立 寝 / 伸 曲	前 後 / 寄 離	高 低 / 上 下	開 閉 / 狭 広	開 閉 / 大 小	上 下 / 外 内			1
9	9	4 万波	K	3	7	B		立 寝 / 伸 曲	前 後 / 寄 離	高 低 / 上 下	開 閉 / 狭 広	開 閉 / 大 小	上 下 / 外 内			
2	2	5 福永	1F	5	5E	K		立 寝 / 伸 曲	前 後 / 寄 離	高 低 / 上 下	開 閉 / 狭 広	開 閉 / 大 小	上 下 / 外 内			
3	3	6 市村	8	7	B	8		立 寝 / 伸 曲	前 後 / 寄 離	高 低 / 上 下	開 閉 / 狭 広	開 閉 / 大 小	上 下 / 外 内			
5	5	7 山崎	1	9	1	K		立 寝 / 伸 曲	前 後 / 寄 離	高 低 / 上 下	開 閉 / 狭 広	開 閉 / 大 小	上 下 / 外 内			
1	0	8 板川	2	4	7	B		立 寝 / 伸 曲	前 後 / 寄 離	高 低 / 上 下	開 閉 / 狭 広	開 閉 / 大 小	上 下 / 外 内			7 H 角田
7	7	9 長南	K	4	K	7		立 寝 / 伸 曲	前 後 / 寄 離	高 低 / 上 下	開 閉 / 狭 広	開 閉 / 大 小	上 下 / 外 内			8

先発	板川	右 O S 左 3/4 U	8回2/3	球速	球種	特記						
救援①	増田	右 O S 左 3/4 U	回1/3	球速	球種	救②	右 O S 左 3/4 U	回／	球速	救③	右 O S 左 3/4 U	回／ 球速

チーム名	1	2	3	4	5	6	7	8	9	10	11	12	計	監督名
健大高崎	1	0	0	1	3	0	0	0	0				5	青柳
横浜	0	0	1	1	0	0	0	0	0				2	平田

位置	背番	健大	1打席	2打席	3打席	4打席	5打席	構え方	ボックス	グリップ	スタンス	ステップ	スイング	1塁タイム	コース	特筆・選手交代等
6		1 湯浅	7	DP 4	BK 7	7	B	立 寝 / 伸 曲	前 後 / 寄 離	高 低 / 上 下	開 閉 / 狭 広	開 閉 / 大 小	上 下 / 外 内			
7	0	2 小野寺	8	9	HP	8	9	立 寝 / 伸 曲	前 後 / 寄 離	高 低 / 上 下	開 閉 / 狭 広	開 閉 / 大 小	上 下 / 外 内			
4	0	3 安里	4	7	9	5	9	立 寝 / 伸 曲	前 後 / 寄 離	高 低 / 上 下	開 閉 / 狭 広	開 閉 / 大 小	上 下 / 外 内			
3	0	4 山下	6	6W	9	3		立 寝 / 伸 曲	前 後 / 寄 離	高 低 / 上 下	開 閉 / 狭 広	開 閉 / 大 小	上 下 / 外 内			
9	0	5 高山	4	4E	1	5		立 寝 / 伸 曲	前 後 / 寄 離	高 低 / 上 下	開 閉 / 狭 広	開 閉 / 大 小	上 下 / 外 内			1 向井
8		6 今井	9	7	K	6		立 寝 / 伸 曲	前 後 / 寄 離	高 低 / 上 下	開 閉 / 狭 広	開 閉 / 大 小	上 下 / 外 内			
5		7 渡口	8	DP 1	9	4		立 寝 / 伸 曲	前 後 / 寄 離	高 低 / 上 下	開 閉 / 狭 広	開 閉 / 大 小	上 下 / 外 内			
1	0	8 伊藤	K	7	6	9		立 寝 / 伸 曲	前 後 / 寄 離	高 低 / 上 下	開 閉 / 狭 広	開 閉 / 大 小	上 下 / 外 内			9
2		9 大柿	6W	4	K	5		立 寝 / 伸 曲	前 後 / 寄 離	高 低 / 上 下	開 閉 / 狭 広	開 閉 / 大 小	上 下 / 外 内			

先発	伊藤	右 O S 左 3/4 U	8回1/3	球速	球種	特記						
救援①	向井	右 O S 左 3/4 U	1回2/3	球速 138	球種	救②	右 O S 左 3/4 U	回／	球速	救③	右 O S 左 3/4 U	回／ 球速

二番・渡辺翔の送りバントをサード・渡口大成が二塁封殺。三番・増田に二塁打を打たれたが後続を断ち、失点を免れた。２回にも無死一塁からのバントを、投手の伊藤敦紀が二塁でアウトにした。

みっつめは、けん制でアウトを取ったこと。６回は２死無走者から五番・福永奨のサードゴロを渡口がエラー。さらに前の打席で本塁打を打っている市村拓巳に四球を与えて一、二塁と嫌な流れだったが、二塁走者の福永を伊藤がけん制で刺してピンチを脱出した。ヒットを打たれても進ませない。ミスで出してしまった走者はけん制で仕留める。これが無駄な失点をしないことにつながった。

「４、５点取られても不思議じゃなかったですけどね。ソロ２発の２点で抑えられたのはうれしい誤算でした。４点は取られると言ってましたから、２発目のソロを打たれても選手たちは『まだ２点ある』という感じであわてなかった。それが非常によかったですね」

もうひとつの〝大ヒット〟が伊藤から向井義紀への継投。５対２で迎えた８回裏、１死から伊藤が増田、万波に連続四球を与えたところで、青柳博文監督は向井をマウンドに送った。向井は福永を三振、市村をセンターフライに仕留めてピンチを脱出。９回裏は１死から四球、安打で一、二塁のピンチを迎えたものの、最後は２打席目に本塁打を放っている一番・斎藤にサードゴロ併殺打を打たせて試合を締めた。控え投手には向井以外にも左腕の竹村甲輝、速球派の小野大夏がいたが、なぜ向井だったのか。〝葛原メモ〟にはこうある。

『横浜打線に通用するのは向井が一番だろう。勝負所での準備を怠るな』

「監督に伝えたのは、『困ったときには向井です』と。高速スライダーを投げるピッチャーなんですが、最後のゲッツーもスライダーでした。伝えておいてよかったなと」

この試合、打線は狙い通り5点を取ることができたが、これにはラッキーな面もあった。3点を取った5回表の攻撃。2死から安打、ボーク、死球で一、二塁の好機を作り、打席には三番の安里樹羅。173センチ、70キロと小柄ながらリストが強く長打力のある打者だ。1回戦の明秀日立戦では本塁打も放っている。ところが、横浜のライト・万波の守備位置は浅めだった。安里が捉えた打球はライナーでライトの頭上へ。深めに守っていればライトライナーの打球が、ライトオーバーの三塁打になった。

「めちゃくちゃ前に守ってましたね。あれがアウトなら負けてたでしょう」

まさに、分析力が勝敗を分けた試合だった。

◉会心の試合――その5

[2017年10月24日　秋の関東大会1回戦　健大高崎対桐光学園戦]

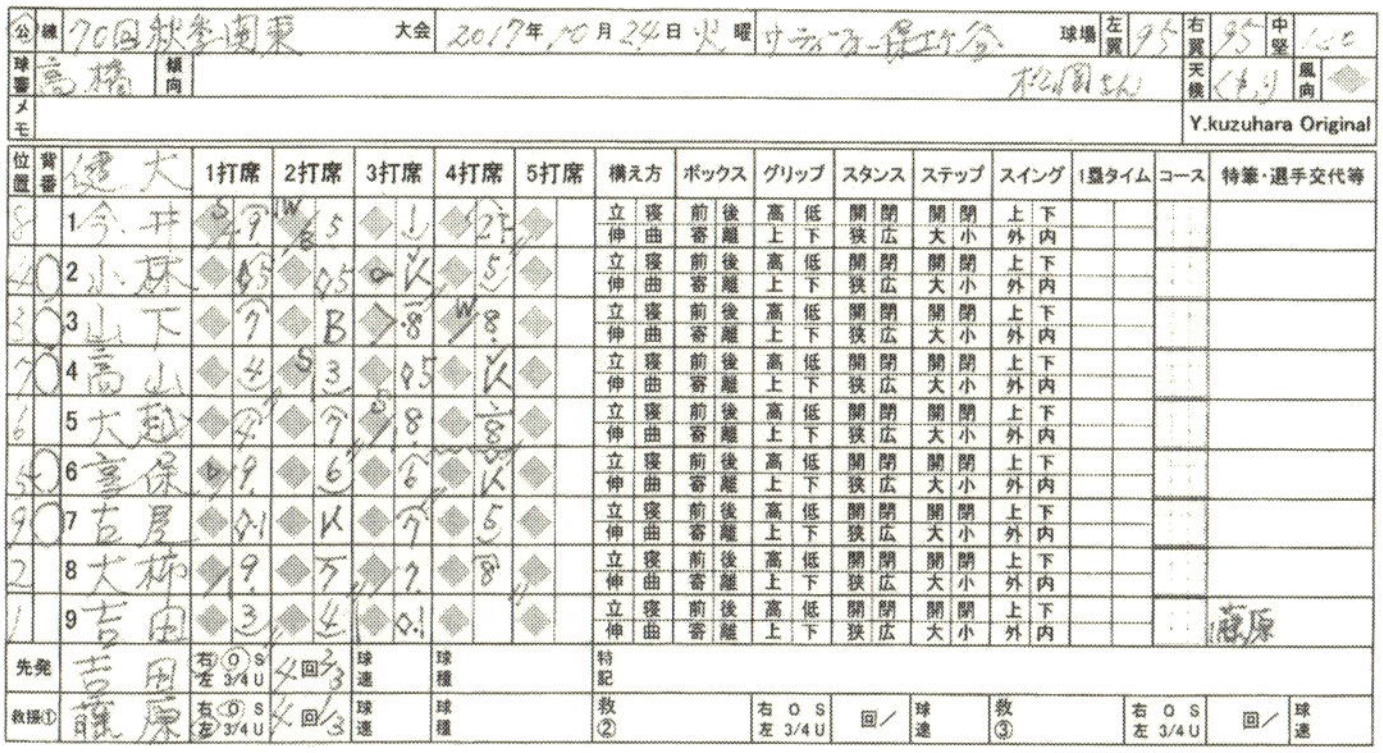

公	練	70回秋季関東 大会	2017年10月24日 火曜	サーティーフォー保土ケ谷 球場	左翼 95	右翼 95	中堅 120
球審	高橋	線向	松岡さん	天候	くもり	風向	
メモ						Y.kuzuhara Original	

位置	背番	健大	1打席	2打席	3打席	4打席	5打席	構え方	ボックス	グリップ	スタンス	ステップ	スイング	1塁タイム	コース	特筆・選手交代等
8		1 今井	9	5	1	2H		立 寝 / 伸 曲	前 後 / 寄 離	高 低 / 上 下	開 閉 / 狭 広	開 閉 / 大 小	上 下 / 外 内			
4	0	2 小林	5	5	K	5		立 寝 / 伸 曲	前 後 / 寄 離	高 低 / 上 下	開 閉 / 狭 広	開 閉 / 大 小	上 下 / 外 内			
3	0	3 山下	7	B	8	8		立 寝 / 伸 曲	前 後 / 寄 離	高 低 / 上 下	開 閉 / 狭 広	開 閉 / 大 小	上 下 / 外 内			
7	0	4 高山	4	3	5	K		立 寝 / 伸 曲	前 後 / 寄 離	高 低 / 上 下	開 閉 / 狭 広	開 閉 / 大 小	上 下 / 外 内			
6		5 大越	7	7	8	8		立 寝 / 伸 曲	前 後 / 寄 離	高 低 / 上 下	開 閉 / 狭 広	開 閉 / 大 小	上 下 / 外 内			
5	0	6 宮保	9	6	6	K		立 寝 / 伸 曲	前 後 / 寄 離	高 低 / 上 下	開 閉 / 狭 広	開 閉 / 大 小	上 下 / 外 内			
9	0	7 吉里	1	K	7	5		立 寝 / 伸 曲	前 後 / 寄 離	高 低 / 上 下	開 閉 / 狭 広	開 閉 / 大 小	上 下 / 外 内			
2		8 大柿	9	7	7	8		立 寝 / 伸 曲	前 後 / 寄 離	高 低 / 上 下	開 閉 / 狭 広	開 閉 / 大 小	上 下 / 外 内			
1		9 吉田	3	4	1			立 寝 / 伸 曲	前 後 / 寄 離	高 低 / 上 下	開 閉 / 狭 広	開 閉 / 大 小	上 下 / 外 内			藤原

先発	吉田	右 O S 左 3/4 U	8回2/3	球速	球種	特記
救援①	藤原	右 O S 左 3/4 U	0回1/3	球速	球種	救② 右 O S 左 3/4 U 回／ 球速 救③ 右 O S 左 3/4 U 回／ 球速

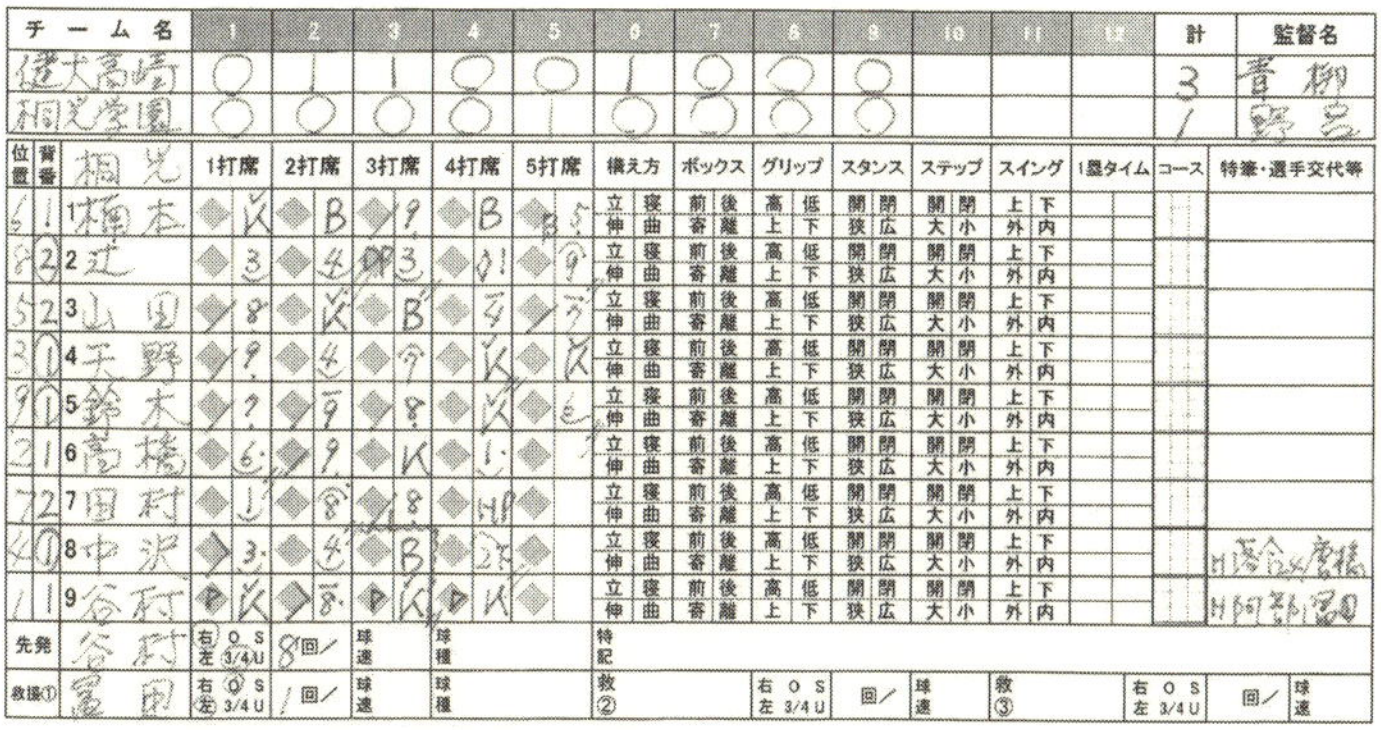

チーム名	1	2	3	4	5	6	7	8	9	10	11	12	計	監督名
健大高崎	0	1	1	0	0	1	0	0	0				3	青柳
桐光学園	0	0	0	0	1	0	0	0	0				1	野呂

位置	背番	桐光	1打席	2打席	3打席	4打席	5打席	構え方	ボックス	グリップ	スタンス	ステップ	スイング	1塁タイム	コース	特筆・選手交代等
6	1	1 桶本	K	B	9	B	5	立 寝 / 伸 曲	前 後 / 寄 離	高 低 / 上 下	開 閉 / 狭 広	開 閉 / 大 小	上 下 / 外 内			
8	2	2 辻	3	4	DP 3	1	9	立 寝 / 伸 曲	前 後 / 寄 離	高 低 / 上 下	開 閉 / 狭 広	開 閉 / 大 小	上 下 / 外 内			
5	2	3 山田	8	K	B	7	7	立 寝 / 伸 曲	前 後 / 寄 離	高 低 / 上 下	開 閉 / 狭 広	開 閉 / 大 小	上 下 / 外 内			
3	0	4 天野	9	4	7	K	K	立 寝 / 伸 曲	前 後 / 寄 離	高 低 / 上 下	開 閉 / 狭 広	開 閉 / 大 小	上 下 / 外 内			
9	0	5 鈴木	7	9	8	K	6	立 寝 / 伸 曲	前 後 / 寄 離	高 低 / 上 下	開 閉 / 狭 広	開 閉 / 大 小	上 下 / 外 内			
2	1	6 高橋	6	9	K	1		立 寝 / 伸 曲	前 後 / 寄 離	高 低 / 上 下	開 閉 / 狭 広	開 閉 / 大 小	上 下 / 外 内			
7	2	7 田村	1	8	8	HR		立 寝 / 伸 曲	前 後 / 寄 離	高 低 / 上 下	開 閉 / 狭 広	開 閉 / 大 小	上 下 / 外 内			
4	0	8 中沢	3	4	B	2H		立 寝 / 伸 曲	前 後 / 寄 離	高 低 / 上 下	開 閉 / 狭 広	開 閉 / 大 小	上 下 / 外 内			H落合→高橋
1	1	9 谷村	K	8	K	K		立 寝 / 伸 曲	前 後 / 寄 離	高 低 / 上 下	開 閉 / 狭 広	開 閉 / 大 小	上 下 / 外 内			H阿部→富田

先発	谷村	右 O S 左 3/4 U	8回／	球速	球種	特記
救援①	富田	右 O S 左 3/4 U	1回／	球速	球種	救② 右 O S 左 3/4 U 回／ 球速 救③ 右 O S 左 3/4 U 回／ 球速

桐光学園は神奈川大会9試合でチーム打率・372。本塁打も6本を記録している。秋の段階でこれはかなりの強力打線だ。

「バッターの能力は高い。スイングがすごく強かった。振りの速さだけだったら（関東大会準優勝で強打といわれていた）明秀日立より上。すさまじい破壊力を持ってました」

だが、この打線を抑えなければ勝利はない。葛原SVが活路を見出したのは、相手選手たちの学年だった。桐光のラインナップには1年生が6人並んでいた。

「1年生だから工夫したバッティングとか、うまいバッティングはできないだろうと。投げたコースに対して逆に打つテクニックはない。だから、空振りをさせるとか抑えるとかではなく、痛烈に打たせて、必ずそこに飛ぶというところに網をかける戦略でいきました」

徹底的に打者を分析。打球方向を予測した。選手に渡される〝葛原メモ〟には、一人ひとりの打者について打球が飛ぶ方向や守るべき位置が書かれていた。

『三塁線にはまず飛ばずライト方向のテキサスあり』

『両方のライン側には飛ばない』

『インコースには詰まり右方向』

『プルヒッターで一、二塁方向しか飛ばない』

『非力で引っ張りきれず三塁線には飛ばない』

『セーフティーが必ず来る』

『一塁線には飛ばない』

『一発を浴びないように深いポジショニング　左翼➡深く　中堅➡左中間　右翼➡右中間』

驚かされるのが、すべてが〝言い切り型〟になっていること。「〜だろう」や「〜の可能性が高い」ではなく、「飛ばない」「必ず来る」と断定しているのだ。

「ポジショニングは言い切りをしないと迷っちゃいますからね。勇気いるんですよ。『絶対飛ばない』なんて、何の保証もないわけですから。でも、それぐらい誇張して言わないとポジショニングはできません」

葛原SVの見立て通り、桐光打線は力があった。健大投手陣が許したのは二塁打2本を含む10安打。だが、失点は最少の1点。3対1で勝利した。

「3本ぐらいは『絶対ヒットだったな』という当たりがありました。セカンドベースの真上でショートが捕ったりとか。とにかく一、二塁間をことごとく捕った。この試合を見ていた神奈川の高校の監督が『完璧なポジショニングでしたね。ヒット5本は防ぎましたね』と言ってくれました。普通にやっていたら間違いなく5点は取られていたでしょう」

まさに網をかけたのが功を奏したわけだが、ここで重要なのが、事前にしっかりとポジショニングを確認すること。〝葛原メモ〟には図まで書いていないからだ。たとえメモに図が書いてあったとしても、どちらに何メートル寄ればいいのかというのは実際にグラウンドでやってみないとわかりにくい。このときの健大高崎は大会前の練習試合で試したのに加え、宿舎に入ったあとも社会人チームのグラウンドを借りて確認した。

グラウンドでポジショニングの確認を行うのは、葛原SVの息子である葛原毅コーチ。どのような方法で練習するのか。

「吉田（翔、健大高崎の先発）は動くボールが武器なんです。その球に対し、初見でどうなるのか。私が打ち方をマネしながらやります。『こうやって体勢が崩れたら打球はどこに行くの？』と聞きながら。そこをわかってないとポジショニングを取る意味がないかなと思うんです。ここまでやっておかないと、相手が逆方向に狙いを変えてきたときでも同じところに守っちゃうじゃないですか。内野手はそこも見てねということなんです」（毅コーチ）

全国広しといえども、ここまでやるチームはなかなかない。ただメモを渡して終わりではない。実際にグラウンドに立ってみて、なぜそこに守るのかを理解して、初めてJK（準備・確認）が完了したことになる。「そこに守れと言われたから」という理由だけで守っているようでは、相手の狙いの変化に気づくこともできないし、対処もできない。ただのロボットになってしまう。

試合が始まったあとは事前に確認した守備位置をもとに、ファウルの飛んだ方向なども見ながら、ベンチにいる生方啓介コーチが調整をする。試合中も逐一ベンチで確認しているからこそ、大胆なポジショニングができるのだ。

「グラウンドに入ったら、ベンチの指示を優先するように言っています」

打たせないようにするのではなく、打ってもらう。ヒット性の打球がアウトになることほど、相手が嫌がることはない。「今日はツイてない」。そう思わせた時点で、間違いなく流れはこちら側に来る。スコアブックには表れない分析力。ポジショニングの勝利だった。

◉会心の試合——番外編

［2012年4月2日　春の甲子園準決勝　健大高崎対大阪桐蔭］

この年、春夏連覇を果たす大阪桐蔭。マウンドで立ちはだかったのは、身長197センチの150キロ右腕・藤浪晋太郎（現阪神）だった。

「190センチあって低めに投げられる。フォークがあってスライダーがあって角度があって、とてもじゃないが変化球には触れない」

常識的な考え方では、まず打つのは不可能。そこで葛原SVは〝非常識〟な考え方を採用した。

「角度のつかない高めだけを狙う戦法を採りました。それこそ頭の上でもいいから高めだけ。高めというのは伸びがありますから、速球投手に対して普通は打っちゃダメなんですけどね。

公・練	第84回 センバツ	大会	2012年 4月 2日 月 曜	阪神甲子園	球場	左翼 95	右翼 95	中堅 120
球審	古川	傾向				天候		風向
メモ	準決勝							Y.kuzuhara Original

位置	背番	健大	1打席	2打席	3打席	4打席	5打席	構え方	ボックス	グリップ	スタンス	ステップ	スイング	1塁タイム	コース	特筆・選手交代等
8	8	1 竹内	4	7	K	7		立 寝 伸 曲	前 後 寄 離	高 低 上 下	開 閉 狭 広	開 閉 大 小	上 下 外 内			
4	4	2 中山	K	9	K	K		立 寝 伸 曲	前 後 寄 離	高 低 上 下	開 閉 狭 広	開 閉 大 小	上 下 外 内			
2	2	3 長坂	5-6	5	4	6		立 寝 伸 曲	前 後 寄 離	高 低 上 下	開 閉 狭 広	開 閉 大 小	上 下 外 内			
5	5	4 内田	4	K	B	8		立 寝 伸 曲	前 後 寄 離	高 低 上 下	開 閉 狭 広	開 閉 大 小	上 下 外 内			
3	3	5 大沢	K	7	4	6		立 寝 伸 曲	前 後 寄 離	高 低 上 下	開 閉 狭 広	開 閉 大 小	上 下 外 内			
9	9	6 神戸	8	9	B	K		立 寝 伸 曲	前 後 寄 離	高 低 上 下	開 閉 狭 広	開 閉 大 小	上 下 外 内			
7	7	7 小林	B	3-4	7	B		立 寝 伸 曲	前 後 寄 離	高 低 上 下	開 閉 狭 広	開 閉 大 小	上 下 外 内			
6	6	8 秋山	5	8	◇2	4		立 寝 伸 曲	前 後 寄 離	高 低 上 下	開 閉 狭 広	開 閉 大 小	上 下 外 内			
1	1	9 三木	3	K	K	6		立 寝 伸 曲	前 後 寄 離	高 低 上 下	開 閉 狭 広	開 閉 大 小	上 下 外 内			H 高杉

先発	三木	右 O S 左 3/4 U	8 回／	球速	球種	特記
救援①		右 O S 左 3/4 U	回／	球速	球種	救② 右 O S 左 3/4 U 回／ 球速 救③ 右 O S 左 3/4 U 回／ 球速

チーム名	1	2	3	4	5	6	7	8	9	10	11	12	計	監督名
健大高崎	0	0	0	0	0	0	0	1	0				1	青柳
大阪桐蔭	0	1	0	0	0	0	0	2	X				3	西谷

位置	背番	桐蔭	1打席	2打席	3打席	4打席	5打席	構え方	ボックス	グリップ	スタンス	ステップ	スイング	1塁タイム	コース	特筆・選手交代等
4	4	1 大西	B	9	89	6		立 寝 伸 曲	前 後 寄 離	高 低 上 下	開 閉 狭 広	開 閉 大 小	上 下 外 内			
9	9	2 水本	4	◇1	9	9		立 寝 伸 曲	前 後 寄 離	高 低 上 下	開 閉 狭 広	開 閉 大 小	上 下 外 内			
2	2	3 森	5	7	6	78		立 寝 伸 曲	前 後 寄 離	高 低 上 下	開 閉 狭 広	開 閉 大 小	上 下 外 内			
3	3	4 小池	5-6	7	3	5		立 寝 伸 曲	前 後 寄 離	高 低 上 下	開 閉 狭 広	開 閉 大 小	上 下 外 内			
5	5	5 笠松	◇5	K	1	7		立 寝 伸 曲	前 後 寄 離	高 低 上 下	開 閉 狭 広	開 閉 大 小	上 下 外 内			
7	7	6 安井	6	K	9	HP		立 寝 伸 曲	前 後 寄 離	高 低 上 下	開 閉 狭 広	開 閉 大 小	上 下 外 内			
8	8	7 白水	3-4	7	K	9F		立 寝 伸 曲	前 後 寄 離	高 低 上 下	開 閉 狭 広	開 閉 大 小	上 下 外 内			
1	1	8 藤浪	K	K	K	5		立 寝 伸 曲	前 後 寄 離	高 低 上 下	開 閉 狭 広	開 閉 大 小	上 下 外 内			
6	14	9 水谷	9	5-6	4	5		立 寝 伸 曲	前 後 寄 離	高 低 上 下	開 閉 狭 広	開 閉 大 小	上 下 外 内			

先発	藤浪	右 O S 左 3/4 U	9 回／	球速	球種	特記
救援①		右 O S 左 3/4 U	回／	球速	球種	救② 右 O S 左 3/4 U 回／ 球速 救③ 右 O S 左 3/4 U 回／ 球速

高めを打つというのはひとつだけ利点があって、（ボールの軌道が地面と平行な）線になるんです。上にいくほど角度が浅くなる」

低めの球は角度がつくため、狙っても打てない。それなら、真逆をやってやろうという狙いだった。だが、藤浪は葛原SVの想定を超えており、7回まで5安打無得点。それでも、0対1で迎えた8回表に一番の竹内司が意地を見せた。外角高めのボール球をレフトポール際に同点本塁打。その裏に2失点して敗れたものの、藤浪相手に爪痕は残した。

「ボール気味のアウトハイの球を上から叩きつけて逆方向に打った。たかがひと振りですけど、一矢は報いましたね」

第7章

痛恨の試合と対応力

アナリストとして痛恨の試合

◉痛恨の試合――その❶

［2014年7月27日　夏の群馬県大会決勝　健大高崎対伊勢崎清明戦］

3投手の継投によるノーヒットノーランで勝って甲子園出場を決めたものの、葛原SVは素直には喜べなかった。打線が1点しか取れなかったからだ。実は、前日までに伊勢崎清明のエース左腕・青柳正輝のクセはわかっていた。ところが、1回表。2死から安打で出塁した脇本直人（元ロッテ）が、いきなりけん制でアウトになってしまう。

「一夜にして一塁けん制のクセを矯正されたんです。あとから本で読んだんですが、伊勢崎清明は健大のことを研究したと書いてあったんですよね」

詳細は拙著『奇跡の決勝』に譲るが、青柳のクセについて、清明の齊藤宏之監督はこう言っていた。

「健大はピッチャーが足を上げた瞬間に走るんですよね。何かクセを見て走るんだろうなと。

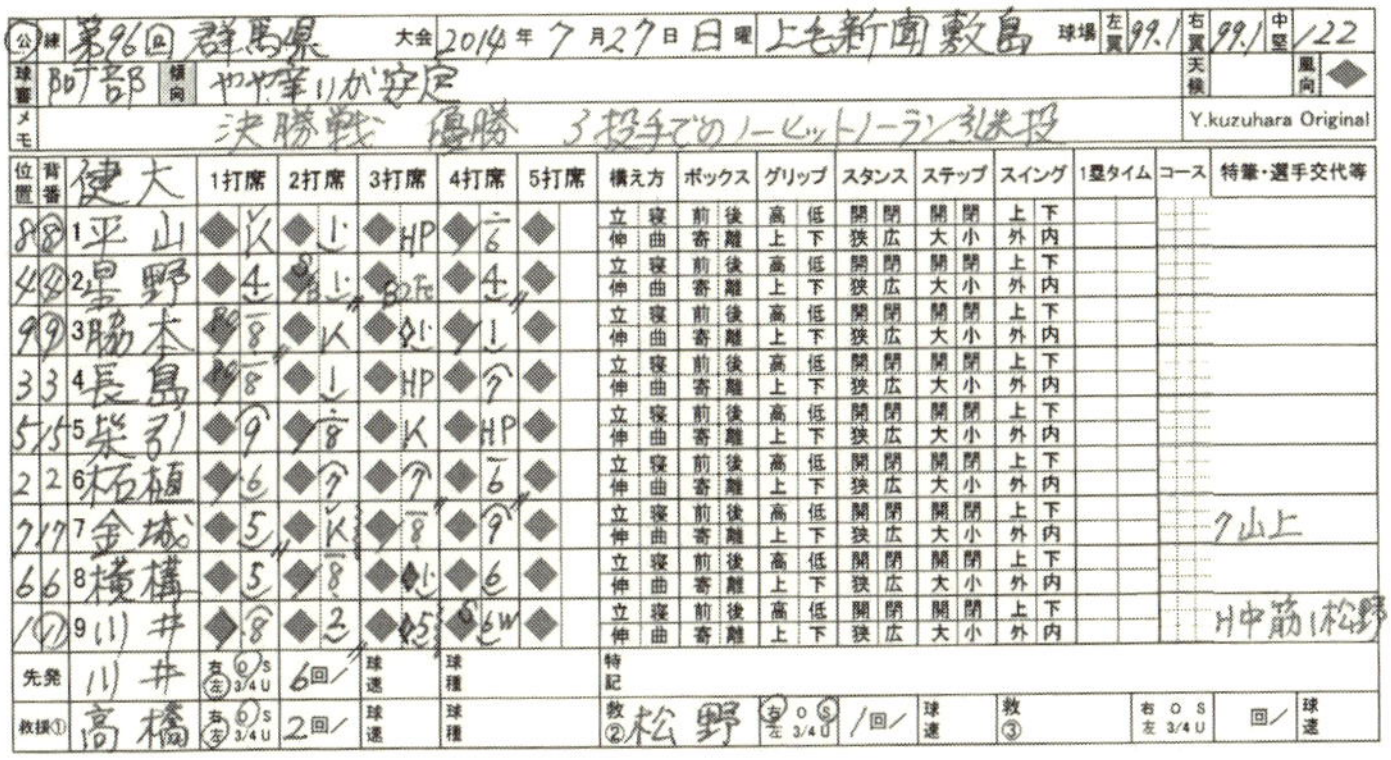
公式 第96回 群馬県 大会 2014年 7月27日 日曜 上毛新聞敷島 球場 左翼 99.1 右翼 99.1 中堅 122
球審 服部 傾向 やや辛いが安定
天候 風向
メモ 決勝戦 優勝 3投手でのノーヒットノーラン継投
Y.kuzuhara Original
位置 背番 健大 1打席 2打席 3打席 4打席 5打席 構え方 ボックス グリップ スタンス ステップ スイング 1塁タイム コース 特筆・選手交代等
1 平山
2 星野
3 脇本
4 長島
5 柴引
6 柘植
7 金城
8 横構
9 川井
7 山上
H 中筋 1 松野
先発 川井 6回
救援① 高橋 2回
救② 松野 1回
立 寝 前 後 高 低 開 閉 開 閉 上 下
伸 曲 寄 離 上 下 狭 広 大 小 外 内
球速 球種 特記 救③

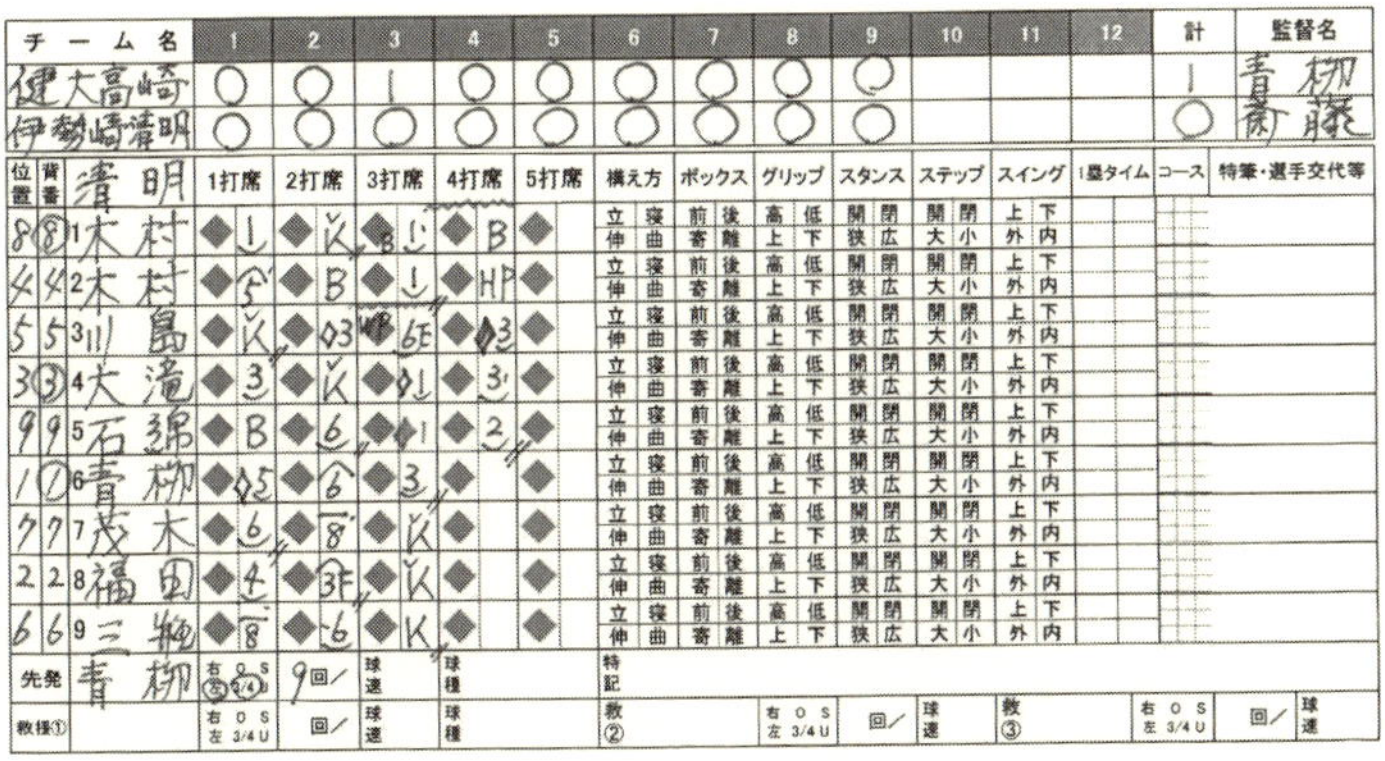
チーム名 1 2 3 4 5 6 7 8 9 10 11 12 計 監督名
健大高崎 0 0 1 0 0 0 0 0 0 1 青柳
伊勢崎清明 0 0 0 0 0 0 0 0 0 0 斎藤
位置 背番 清明 1打席 2打席 3打席 4打席 5打席 構え方 ボックス グリップ スタンス ステップ スイング 1塁タイム コース 特筆・選手交代等
1 木村
2 木村
3 川島
4 大滝
5 石綿
6 青柳
7 茂木
8 福田
9 三枝
先発 青柳 9回
救援①
立 寝 前 後 高 低 開 閉 開 閉 上 下
伸 曲 寄 離 上 下 狭 広 大 小 外 内
球速 球種 特記 救② 救③

決勝の前日に青柳のＶＴＲをずっと見ていたら、セットするグローブを下げたらホームというクセがあった。じゃあ、グローブを下げてけん制してみようと」

決勝前ともなれば、相手チームの研究ばかりに時間を割くものだが、齊藤監督はしっかりと自チームを見直していた。クセを矯正しただけではなく、けん制の種類が増えていいのだ。

齊藤監督がよく健大を分析した成果は他にも出ていた。２回表、安打で出塁した長島僚平に青柳がけん制球を投げたあと、一塁手が投手に投げるマネをすると長島が離塁。その瞬間に一塁手はタッチした。

「健大は出るのが早いんですよね。ファーストがボールを持っているのに出るクセがあったので、そこを突いたというイメージだったんですけど」

完全にアウトだったが、なぜか一塁塁審の井汲はセーフの判定。それどころか、一塁手に早く投手にボールを返すように促した。「隠し球にあたる」という判断だったようだが、これは走者の不注意を助けただけ。健大高崎にとってはラッキーだった。ところが、長島は１死後、青柳の執拗なけん制で刺されてしまう。健大にとっては、２イニング連続のけん制死となった。

相手の変化への対応――。

これが難しいところだ。葛原ＳＶは試合中ベンチにいないため、相手がクセを矯正してきたことに気づいても伝えることができない。一方で、葛原ＳＶへの信頼が厚い分、ベンチは葛原SVの分析を信じきってしまう。その結果、目の前のことに盲目になり、相手の変化に気づかないのだ。

同じようなことは17年夏の群馬大会決勝・前橋育英戦でもあった。初回に出塁した小野寺大輝が、相手がセットポジションに入っている間に飛び出してタッチアウトになった走塁だ。「皆川（喬涼、前橋育英の先発）は長く持っているけど、4秒はあっても5秒はないと言っていた。小野寺は5秒のところで飛び出したんです。その試合に関しては、セットで7～8秒も持ってる。ウチ用に変えてきたんですね。それを想定しないといけない」

初回に小野寺がアウトになったにもかかわらず、このあとにも同じくセット中に飛び出してアウトになった走者がいた。相手の変化に気づいていないのだ。傍から見ていると「わからないものなの？」と思うかもしれないが、実際、高校生にはそこまで余裕がない。健大高崎以外にも甲子園で同じような光景を見たことがある。

14年夏の甲子園・聖光学院対佐久長聖の試合。6回表、佐久長聖のエース・両角優がマウンドに上がると、聖光の走者が動いた。1死から四球で出塁した伊三木駿が、セットポジションに入っている間に飛び出してアウト。7回表には二塁走者の石垣光浩が、8回表には一塁走者の藤原一生が、同じくセット中にスタートしてアウトになった。聖光の斎藤智也監督に確認すると、セットポジションに入っている秒数で走ったとのこと。事前の研究で、セットで持つのは最長4秒とわかっていたが、それよりも長く持たれたためにフライングしてしまったのだ。ただ、斎藤監督の見解はやや異なる。

「緊張があったんだろうね。向こうは同じタイミングで投げてた。宿舎で分析してるときは『1、2、3、4、ゴー』のタイミングだったのが『1234ゴー』と早くなっちゃったとしか考えられない。映像を見てるときは『全部同じ。行けるだろ』と言えるんだけど、実際にやらせて『このタイミングね』と叩き込むまでやってなかったんだよね」

健大高崎、聖光学院の両校に共通するのが、様子見をしなかったこと。そして、一度目の失敗を活かせなかったこと。試合が始まり、まずは分析通りかどうか確認する。相手がやり方を変えてきたら、データは捨てる。このふたつができなかった。足を使うチームであればあるほど、相手も対策を考えてくる。それを忘れてはいけない。

「ウチ用の対策があるよということ。それは気づくしかない。気づいたらそこはデータではなく、ベンチの判断を最優先にして、戦術を変えるようにと。最近は健大用の対策、矯正があるというのを頭に入れるようになりました」

どれだけすぐれた分析をしても、相手が変わってきたらそのデータは捨てなければいけない。頼りすぎは禁物。そして、「自分で気づく」「自分で考える」「自分で工夫する」のＪＫが必要だということ。選手自身にも観察力、対応力がなければ勝ち抜くことは困難。アナリストに頼りっぱなしで、何も考えない集団では限界があることも事実なのだ。

◉痛恨の試合――その❷

「2016年10月29日　秋の関東大会準決勝　健大高崎対作新学院戦」

前の試合で横浜を破り、関東大会4強に進出。センバツを当確にしてぶつかったのが、その年の夏の甲子園を制した作新学院だった。戦力的には大差ないと思われたが、結果は1対5。敗因は、打線が作新学院のエース左腕・大関秀太郎に、内野安打のみのわずか2安打に封じられたことだった。

準々決勝と準決勝の間は中4日。大関対策には十分な時間があった。では、なぜ打てなかったのか。

「準々決勝の作新学院と中央学院の試合では、自分の目で見ていた限りでは、大関はチェンジアップが3球ぐらいしかなかったんです。だから、過剰にチェンジアップを意識しないように狙い球を立てました。もうひとつは、次の試合会場が人工芝の宇都宮清原球場だったこと。ここは古い人工芝で球足が速かった。よそのチームの試合を見ていると、〝人工芝ならでは〟というヒットが異常に多かった。スケートリンクでノックをするような転がり方だったので、叩きつける練習をさせたんです。作新は地元の球場で慣れているから、当然そういうバッティングをしてくるはず。それで、次の試合は『叩きつけ合戦だ』と言ってやったん

公	練	第69回秋季関東	大会	2016年10月29日 土 曜	栃木県 清原	球場	左翼 97.6	右翼 97.6	中堅
球審	高橋	線向					天候		風向
メモ		準決勝					Y.kuzuhara Original		

位置	背番	作新	1打席	2打席	3打席	4打席	5打席	構え方	ボックス	グリップ	スタンス	ステップ	スイング	1塁タイム	コース	特筆・選手交代等
8	⑧	1 鈴木	7	HP 7	B	6	7	立 寝 / 伸 曲	前 後 / 寄 離	高 低 / 上 下	開 閉 / 狭 広	開 閉 / 大 小	上 下 / 外 内			
4	④	2 添田	3	3	8	HP 7	K	立 寝 / 伸 曲	前 後 / 寄 離	高 低 / 上 下	開 閉 / 狭 広	開 閉 / 大 小	上 下 / 外 内			
5	5	3 中島	HP	9	9	9		立 寝 / 伸 曲	前 後 / 寄 離	高 低 / 上 下	開 閉 / 狭 広	開 閉 / 大 小	上 下 / 外 内			
1	①	4 大関	K	B	9	K		立 寝 / 伸 曲	前 後 / 寄 離	高 低 / 上 下	開 閉 / 狭 広	開 閉 / 大 小	上 下 / 外 内			
9	⑨	5 相原	4	4	5F	4		立 寝 / 伸 曲	前 後 / 寄 離	高 低 / 上 下	開 閉 / 狭 広	開 閉 / 大 小	上 下 / 外 内			
6	6	6 池沢	8	7	3	B		立 寝 / 伸 曲	前 後 / 寄 離	高 低 / 上 下	開 閉 / 狭 広	開 閉 / 大 小	上 下 / 外 内			
3	③	7 七井	6	3	4	7		立 寝 / 伸 曲	前 後 / 寄 離	高 低 / 上 下	開 閉 / 狭 広	開 閉 / 大 小	上 下 / 外 内			
7	7	8 大久保	7	8	K	3F		立 寝 / 伸 曲	前 後 / 寄 離	高 低 / 上 下	開 閉 / 狭 広	開 閉 / 大 小	上 下 / 外 内			
2	2	9 加藤	9	8	5	B		立 寝 / 伸 曲	前 後 / 寄 離	高 低 / 上 下	開 閉 / 狭 広	開 閉 / 大 小	上 下 / 外 内			
先発		大関	右 O S 左 3/4 U	回/	球速	球種		特記								
救援①			右 O S 左 3/4 U	回/	球速	球種		救②		右 O S 左 3/4 U	回/	球速	救③	右 O S 左 3/4 U	回/	球速

チーム名	1	2	3	4	5	6	7	8	9	10	11	12	計	監督名
作新学院	0	1	0	0	1	0	0	1	2				5	小針
健大高崎	0	0	0	0	0	0	0	1	0				1	青柳

位置	背番	健大	1打席	2打席	3打席	4打席	5打席	構え方	ボックス	グリップ	スタンス	ステップ	スイング	1塁タイム	コース	特筆・選手交代等
6	6	1 湯浅	6	6	6	5W		立 寝 / 伸 曲	前 後 / 寄 離	高 低 / 上 下	開 閉 / 狭 広	開 閉 / 大 小	上 下 / 外 内			
7	⑦	2 小野寺	4	K	4	SS 5		立 寝 / 伸 曲	前 後 / 寄 離	高 低 / 上 下	開 閉 / 狭 広	開 閉 / 大 小	上 下 / 外 内			
4	④	3 安里	6E	3	7	8		立 寝 / 伸 曲	前 後 / 寄 離	高 低 / 上 下	開 閉 / 狭 広	開 閉 / 大 小	上 下 / 外 内			
3	③	4 山下	6	7	4	8		立 寝 / 伸 曲	前 後 / 寄 離	高 低 / 上 下	開 閉 / 狭 広	開 閉 / 大 小	上 下 / 外 内			
9	⑤	5 高山	B	6	6	B		立 寝 / 伸 曲	前 後 / 寄 離	高 低 / 上 下	開 閉 / 狭 広	開 閉 / 大 小	上 下 / 外 内			1向井, 1竹本
8	8	6 今井	5	K	K	9		立 寝 / 伸 曲	前 後 / 寄 離	高 低 / 上 下	開 閉 / 狭 広	開 閉 / 大 小	上 下 / 外 内			H片倉・H安藤
5	5	7 渡口	K	K	6	5		立 寝 / 伸 曲	前 後 / 寄 離	高 低 / 上 下	開 閉 / 狭 広	開 閉 / 大 小	上 下 / 外 内			
1	①	8 伊藤	HP	3	8	K		立 寝 / 伸 曲	前 後 / 寄 離	高 低 / 上 下	開 閉 / 狭 広	開 閉 / 大 小	上 下 / 外 内			9
2	2	9 大柿	7	B	5			立 寝 / 伸 曲	前 後 / 寄 離	高 低 / 上 下	開 閉 / 狭 広	開 閉 / 大 小	上 下 / 外 内			
先発		伊藤	右 O S 左 3/4 U	6回/	球速	球種		特記								
救援①		向井	右 O S 左 3/4 U	2回/	球速	球種		救② 小野		右 O S 左 3/4 U	回/3	球速	救③ 竹本	右 O S 左 3/4 U	回/3	球速

です」

ところが、試合が始まると葛原ＳＶは呆然となった。大関の配球がまったく前の試合と異なっていたからだ。

「想像を絶するほどチェンジアップを多投されたんです。叩きつけるバッティングを練習していたから、落とす球を投げられたらかすらないですよね。前の試合ではウチを意識して意図的にチェンジアップを減らしていたのかはわからないですけど……。本当にこれは、痛恨の極みという試合でした」

前の試合は、センバツ当確ランプとなる関東４強入りがかかった試合だったため、次の試合に備えて球種を隠したとは考えにくい。たまたま、中央学院の打線相手にはチェンジアップを投げる必要がなかっただけだろう。だが、トーナメントを勝ち上がっていく過程では、次の対戦校が偵察に来ていることを見越して、あえて投げる球種やコースを限定することもある。アナリストはそこまで考えて分析しなければいけない。

「いま考えれば、二本立てにしなかったのがダメでしたね。ないものはわからないけど、たとえ3球であっても自分の目で見た。チェンジアップがあるのはわかっていたんですから。それを、このときは『チェンジアップはないものとしてかかれ。来るか来ないかわからないものを意識するな』と言いましたので」

可能性の低いことにとらわれずやることも大切。だが、たとえ数パーセントでも可能性があるものに関しては、そのときのための備えもしておかなくてはいけない場合がある。参考までに甲子園でも同じようなことがあったので紹介する。

［実例 11 ］新潟明訓対花巻東戦

２００７年夏の甲子園１回戦・新潟明訓対花巻東戦。明訓のエースは永井剛。最速１４５キロを誇る右腕に対し、花巻東・佐々木洋監督は新潟大会決勝の日本文理戦のビデオを見て配球を研究した。

「決勝では１４５キロのまっすぐをびゅんびゅん放っていました。配球を見ると、右打者には外のスライダー。左打者には外のまっすぐで、最後に内角ひざ元にスライダーを投げて空振りを取りにくるパターン。その試合はまっすぐ中心でした。特にカウントを取るのは７～８割がまっすぐ。左打者に対しても外でカウントを取っていました。決勝ではシンカーは前半に１球投げたかな、というぐらい。スライダーがいいので右打者にはスイスイ投げていて、左打者には投げづらそうな印象だったんです。ウチはスタメンに左打者が８人。左打線でよかったなと思いました」

そのうえで、選手たちにはこんな指示をした。

「カウントを取りにくるまっすぐを狙っていこうと。口酸っぱく言ったのが、『見逃し三振でいいから、低めの変化球が来たら振るな』ということ。『高めのまっすぐを打て』と言っていました」

新潟の決勝で永井は8四死球。ストライクゾーンが狭い印象はあったものの、それでも四死球はいくつかもらえるだろうという予測を立てた。

「打線の強くないウチのチームでも、四死球が絡んで何とか点数をもらえるかなという印象でしたね」

ところが、初回の攻撃で佐々木監督の印象はいきなり覆される。先頭の左打者・埜崎隆浩がカウント2－2から見たこともないような空振りをしたのだ。内角に144キロのストレートを見せられたあと、決め球は外角への134キロシンカーだった。さらに、四番の関口翔もシンカーで空振り三振。永井は、新潟の決勝ではほとんど見せなかった球を決め球に使ってきた。新潟明訓の佐藤和也監督（当時）はその理由をこう説明する。

「シンカーは、もともと日本文理の左の好打者対策のために用意していたんです。ところが、決勝では2回に6点も取ったから使う必要がなかった。県大会決勝のビデオはお互いに持つというのがわかっていますから、あえて使わずに、ビデオを見てもシンカーがあるぞという状況を作らないようにしました」

花巻東打線は2回裏、3回裏にもシンカーで空振り三振。ここで佐々木監督は選手たちに再度指示を出した。

「ウチの打線は逆方向に打つ選手たち。何であんな空振りをしているのか疑問でした。シンカーが頭になかったので、選手に聞くと『球が落ちています』と。横（ベンチ）から見ているので、シンカーなのかフォークなのか確認できませんでしたが、3回ぐらいに再度、『見逃し三振はOK。低めの球はいいから、高い球を打ちなさい』と話をしました」

それでも、花巻東打線は永井に対応できない。5回裏には三者三振を喫するなど、同じような凡退を繰り返した。

「シンカーが130キロ台で来てるんですよ。もう少し遅く120キロぐらいであれば、見極めたり、対応できたりしたかもしれませんが……。それに、145キロのまっすぐがあるのに、ほとんどまっすぐを投げない。どうしても145キロのまっすぐのイメージで打席に立っていますからね……」

結局、花巻東打線は5安打のみ。岩手県大会6試合で13三振しかしていなかった打線が、1試合で14三振を奪われて完封負けを喫した。この試合の永井は、110球のうち変化球が79球。花巻東は待てども待てども、狙っていたストレートが来なかった。

「第一に、シンカーがあるのがわからなかったこと。これが大きかったですよね。さらにカウントを取ってくる球、まっすぐの割合など、すべてにズレがありました」

新潟明訓は、県大会決勝でも手の内を隠して戦えるチーム力があった。余力を残して戦うことができれば、偵察に来る次の対戦相手を欺くことができる。選手層の厚いチームなら、主力投手を見せずに戦うこともできる。ここが難しいところだ。

アナリストは、その試合だけを分析すればいいわけではない。バッテリーの頭脳レベルや相手の対戦校とのレベルの差、試合展開、さらには相手監督のレベルなども考慮して対策を立てる必要がある。絶対はないのがデータというもの。データはあくまでお守り。100パーセント鵜呑みにしてはいけないということも頭に入れておかなくてはいけない。

見破られないサイン

やったもん勝ち――。

高校野球におけるサイン伝達については、こういっても過言ではない。高野連はマナー違反を理由に禁止を打ち出し、甲子園でも時おり審判が二塁走者や監督に注意するシーンを見かけるが、到底、取り締まれているとはいえない。スタンドで見ていてもわかるほど、甲子園常連の強豪校の多くはサインの伝達行為を行っている。捕手のサインが見える二塁走者はもちろん、一塁、三塁のコーチャー、ときにはその他からもシグナルが送られている。相手のサインを見破るのは野球の醍醐味だが、サインを盗むのはそうとはいえない。

だからといって、「あいつらは汚い」と言っているだけでは、試合に勝つことはできない。

サイン盗みをしてくるとわかっているのであれば、盗まれないように対策をする。これが試合に勝つためのJKだ。「そんなのやってますよ」という声が聞こえてきそうだが、もう一度、自分たちがやっていることを見直してほしい。「やっているつもり」になっているだけで、実際は「バレバレ」ということも少なくないからだ。

例えば、走者を二塁に置いて捕手が複数のサインを出す場合。捕手は指の形を変えながら、一生懸命5つも6つもサインを出しているのに、その途中で投手がモーションに入ってしまうことがある。このような場合、いくら捕手がサインを出す動作をしていたとしても、すでにサイン交換は終わっていることは明らか。たいていは最初に出したものがサインだ。捕手が高速でサインを出せば出すほど、最初であることが多い。最初でなければ、最後。あまりに素早く出していれば、投手もわかりづらいからだ。

このような〝やっているつもり病〟にかからないために、葛原SVが勧めるのは次のような方法だ。

「あまり複雑化しすぎてサイン交換が長くなりすぎると、今のスピーディーな野球に反することになります。長すぎるとバッテリー間の呼吸が悪くなって、エラーが出ることにもつながるので、シンプルかつわかりにくいものがいいと思います。具体的には、イニングとアウトカウントを組み合わせるものですね。例えば、1回から4回まではアウトカウントとイニングを足したもの。5回から9回はイニングからアウトカウントを引いたもの。3回1アウトなら4番目、5回2アウトなら3番目ということですね。このやり方は、かつてPL学園も使っていました」

二塁走者がいない場合でも、強豪校の中にはコーチャーが捕手の構えを見てコースを伝達するチームがあるので、捕手が早くコースに寄りすぎないように注意したい。ときには、初めは内角に構えておいて、投球するときに外角に寄るなどの工夫も必要だ。ただ、投手によっては投げにくくて逆効果になる場合もあるので、普段のブルペンからJKをしておく必要がある。

もちろん、盗まれるのは捕手のサインばかりではない。ベンチの監督のサインも同様だ。ひと昔前は、高校野球でもベンチの監督をビデオに撮り、サインを解読するのは珍しくなかった。

「帽子のツバを1、肩を2、胸を3……というように場所に全部番号をつけて、数字を記録していく。盗塁なら盗塁で、あとから数字を解読すれば、必ず一致するところが見えてきます。そうやって分析されたら、キーは必ず見つけられてしまいます」

そこで、葛原SVが採用していたのが〝消去法〟だった。

「触っていくところがどんどん消えていくというサインです。例えば、肩がバント、ひじが盗塁、手首がエンドランとします。いろいろ触るなかで、ひじを触ったら盗塁が消える。バントとエンドランが残るのでバントエンドランになります。全部消えたらなしです。多いのは帽子、ツバ、肩、ひじ、手首、ベルトなどの場所ですが、ユニフォームがカラフルなら色であってもいい。サインを出すときは、できれば一ヵ所ずつ触るのではなく、なでるというか、なぞるように触っていくのがおすすめです。

このやり方は杜若で監督をしていた時代に使っていましたが、14年やってもばれませんでした。おそらくこういう発想はないと思うので、今やってもばれないと思います。なぜ、なでるように触っていくのがいいかというと、このサインの出し方は消去法なので、ホワイトボードの文字をイレーザーで消していく感じが出て、消去されるイメージがつきやすいんですよ。それと、消去法は特殊なので、選手に考える時間を与えてやりやすいという利点もあります」

ばれないようにしようと思うと、つい複雑になってしまうのがサイン。消去法という逆転の発想を使えば、シンプルかつばれにくいものになる。サインがあまり長いと、2時間で終わる甲子園の試合には対応しにくくなる。甲子園特有の試合の早さに合わせるという意味でもおすすめだ。

「よそのチームや大学なんかではその場サインとか、その日サインというのもありますけど、絶対やめた方がいい。混乱します。それと、多いのは1回から3回、4回から6回、7回から9回と3イニングごとにキーが変わっていくもの。ただ、やっぱり錯覚というのはありますから、いろいろ考えると消去法はいいと思います」

ベストはノーサイン野球

経験上、消去法はほぼばれることはない。だが、葛原SVが理想とするのは、絶対に相手に読まれない野球だ。

「ベストはノーサイン野球です。私は『オートマティック野球』と言ってます。ノーアウト一塁では常にグリーンライト。バッターは送りバントの構えをしていて、盗塁がなくてストライクが来たらバントをする。盗塁したらバットを引く。そのときにファーストとサードが出てきたら、バスターに変えて自動的にエンドランに切り替える。こういうときって、まずバントの構えをして引いてみて、相手の出方を見ますよね。バントシフトをしてきたら、次はエンドランに変えるとか。守備側も守備側で、こっちがバットを引いたら次は出てこないとか、いろいろやるじゃないですか。その1球がもったいないんですよね。その1球目だったら、盗塁でもバスターでもできたかもしれない。相手が何もしなかったら、送りバントができたかもわからないですから。状況によって、各自でその場でやることを変えていくのは一番理想ですね」

詳細は『機動破壊の秘策』のP88に譲るが、「一番おいしい1球」をいかにものにするか。

成功すれば、相手ベンチやスタンドの偵察隊は何のサインが出ていたのかはわからない。オートマティック野球には多くの利点がある。

相手に読まれないという意味では、選手からサインを出させることも有効だ。健大高崎では、実際に取り入れている。

「『走れます』というのもそうですが、一番多いのは1アウト三塁のときに『どうやって三塁ランナーを還すか』。例えば、バッターが『叩きつけるから、三塁ランナーは来てくれ』というアイコンタクトをやります。やっぱり、そのときのバッターが感じることが一番だと思うんですよ。『この球なら叩けます』とか『これぐらいの球なら外野フライは打てます』とか。今のオレなら絶対できるという判断がいいと思います。これなら防ぎようもないですしね」

監督からの指示ではなく、自分の判断で動く〝リクエスト野球〟。

「こういうことをしないと、今の高校生はダメなんじゃないかと思います。指示待ち体質は直っていかないんじゃないかなと。『この部分はお前らに任せた』というのがないと、やる方もつまらないじゃないですか」

第8章

セイバーメトリクスの活用

主観に頼らないのがセイバーメトリクス

間違いなく、第一人者。日本中を探しても、高校野球の指導やチーム作りに、セイバーメトリクスをこれだけ有効活用している人はいないだろう。セイバーメトリクスとは、野球ライターで野球統計学の専門家であるビル・ジェームズによって提唱された、野球についての客観的、統計学的な研究のことを指す。

葛原ＳＶがセイバーメトリクスに興味を持ったのは２００８年。岡島秀樹がレッドソックスに入団する経緯を特集したテレビ番組を見たときだった。岡島は日本ハムに移籍した06年こそ55試合で防御率２・１４と好投していたが、巨人にいた03年は41試合で防御率４・８９、05年は42試合で防御率４・７５と不振だった。巨人が放出した投手をなぜレッドソックスが獲得したのか。その理由には、セイバーメトリクスによる数値があった。

「岡島はフォアボールが少なくて三振が多いことを表すＫ／ＢＢという数値がすぐれていたんです。レッドソックスは岡島が投げているところすら見たことがなかったけど、この数字を見て使えるんじゃないかとオファーが来たと」

三振を奪う能力と四球を出さない能力は投手本来の技術と関係が深い。そのため、Ｋ／Ｂ

Bが高い投手は完成度の高い投手ということができる。岡島のK／BBを見ると、06年は4・50。防御率の悪かった05年でも2・95をマークしている。メジャーリーグの平均は2・70前後のため、十分に評価に値する数値だ。岡島といえば捕手を見ないで投げる独特のフォーム〝あっち向いてホイ〟投法で有名。そのため、コントロールが悪いというイメージがあったが、実際はそうではないといえる。

「選手を評価する際、主観に頼らないというのが一番心に響きました。野球なんて、主観だらけじゃないですか。バッティングフォームが美しいから、最もすぐれた打者に違いないと確信したとしても、実際にその打者がよく打っているかどうかはわからない。逆に、最初に見たときの印象が悪ければ、そのあとはいくら活躍しても悪いように見がちです。主観がすべてを牛耳っているといってもいいですよね。実際に指揮官がレギュラーを決めるのも、主観以外の何物でもない。数字で評価するにしても、打点とかホームラン数とか昔からある数字ですよね」

野球界で使われている数字について、葛原SVがあらためて調べてみたところ、いくつもの発見があった。例えば、打率。プロ野球では打率1位を首位打者として表彰するが、セイバーメトリクスでは、打率よりも出塁率の方が選手を評価するうえで重要な指標であると考えられている。ただ、出塁率だけでは単打と本塁打の価値が同等となってしまうため、長打率を加算して出塁率と長打率を足したOPSという指標が用いられる。アウトを3つ取られない限り、永遠に攻撃できるのが野球というスポーツ。つまり、得点を多くあげるうえでは、1打席あたりの出塁（出塁率）と1打数あたりの塁打数（長打率）が非常に重要なのだ。

長打率の盲点

現在でも打率は重要視される項目だが、選手を評価するという意味では欠点がある。例えば、次のケースを考えてみる。10打数3安打で打率・300の打者がいるとして、それぞれの選手の内容はこうだとする。

①単打・単打・単打
②二塁打・本塁打・単打
③単打・四球・二塁打・四球・単打

3人とも数字上では同じ3割だが、評価も同じになってしまうのはおかしいだろう。同じ打率なら、長打が打てた方がいい選手だし、四球を選べた方がいい選手だといえる。では、長打率とは何なのか。実は、この数字が意外と盲点になっている。

「これは、かなり野球をやってきた人間でも勘違いしています。指導者でも、多くの人が二塁打以上を打てる選手のことを長打率が高いと思っているんですけど、実は、全部単打であっても長打率というのはゼロじゃないんです」

長打率は塁打数÷打数で計算される。単打でも塁打数は1あるため、ゼロにはならない。それどころか、打率が高ければ長打が少なくても数字が上がってしまうのだ。純粋に長打が打てる確率を表しているものではないといえる。そこで有効になってくるのが、長打率－打率で計算されるＩｓｏＰという数字だ。わかりやすく理解してもらうため、次の例を見てもらいたい。

１００打数40単打　打率・４００　長打率・４００　ＩｓｏＰ・０００
１００打数20二塁打　打率・２００　長打率・４００　ＩｓｏＰ・２００
１００打数10本塁打　打率・１００　長打率・４００　ＩｓｏＰ・３００

長打率４割というと、10回のうち４回長打を打つと考えるミスをしやすいが、真の長打率がわかるのはＩｓｏＰ。この数字を見ることで、長打の打てるバッターかどうかがわかる。ちなみに、メジャーではＩｓｏＰ・１４０が平均。・２００で優秀、・２５０で非常に優秀。・１００で問題あり、・０７０でかなり問題ありと言われている。

こういうことを知らなければ、数字にだまされることにつながりかねない。逆に言えば、数字の意味を知り、使い方を間違えなければ、選手に対して正しい評価ができるということだ。

「思い込みや主観ではなくて、真実はデータの中だけにあるということ。何の血も通っていない部分にあるということですね。見た目が地味なために、主観的判断で評価されにくい選手も公平に評価されるようになります。埋もれた選手を発掘することにもつながるんです。B戦でも、この目に見えない部分を拾ってやることによって、埋もれた選手を探し出せるし光を当てられる。それに、思い込みを覆して、新しい戦略や戦術を生み出す契機にもなるんじゃないかと思います」

セイバーメトリクスの活用法

では、実際にセイバーメトリクスをどのようにチーム作りに活かしているのだろうか。攻撃面でいうと、やはり重視するのがＯＰＳだ。

「10打数３安打の例で出した①〜③の例（Ｐ２２２参照）でいうと、最も注目すべきは③ですよね。フォアボールが入っている。フォアボールでも、ひとつの塁を取ったということでいえば単打と一緒ですよね。打率３割というとすごく評価されますけど、フォアボールが一切評価されないのはおかしい。①と③ではどっちがチームにとって欲しい選手かといえば、

③の選手の方がうんと値打ちがありますよね。だから、ＯＰＳは打率以上に信頼のおける指標として、評価する際に積極的に取り入れています」

ちなみに一般的にＯＰＳが・８００を超えれば一流、・９００を超えればオールスター級。・６５０未満はレギュラーとして厳しいと評価される。

ＯＰＳは入門編のレベル。健大高崎で最も重視されているのが、安打以外の出塁能力を表すＩｓｏＤという数値だ。出塁率－打率の計算式によって算出される。簡単にいえば、四死球によってどれだけ出塁したかがわかる。０・０７〜０・０８あれば合格点。０・１を超えると一流といわれている。

「健大高崎らしい数値で、これはかなり利用しています」

もうひとつ重視するのは打者側から見たＢＢ／Ｋ。これは三振1個に対していくつ四球を取れるかを表した数値だ。打者の選球眼を判断する指標として使われる。数値が高いほど選球眼のよい選手。一般的には1・００を超えると優秀、1・２０以上は秀逸、それ以上は球界トップクラスとされている。

「ウチは三振をしない、四死球を取れる選手を必ず作ります。この数値が高い選手はだいたい二番バッターに多いんですが、一番欲しい選手ですね。三振しない選手は重宝します。ノーアウト三塁で三振する選手はいらない。（得点できる）可能性がないですからね。データを取っていると、三振しないというのが大きな武器なんです。弱者ほどここを重視するといいと思います。ホームランを夢見ているブンブン丸よりも、三振しない選手です」

四球を選べず三振が多い選手は、高いレベルの投手相手には通用しない。全国で勝ち上がる投手は球速145キロが当たり前で、なおかつストライクからボールになる変化球をウイニングショットとして持っているからだ。

「実際、そういう選手が三番とか四番に座っていることは結構あるんですよ。それこそ主観ですよね。BB/Kは非常にいい指数だと思います。例えば、山下（航汰、17年センバツで2年生ながら大会タイ記録の満塁本塁打2本を記録。夏の群馬県大会では大会新の5試合連続本塁打）は、2年秋に80試合やって三振9です。だから、この数値はめちゃくちゃいい。ホームランバッターですけど、彼がいかに素晴らしいかといったらこちらの部分です。それに比べれば、脇本（直人。高校通算57本塁打）は三振が多かった。明らかに違う種類の四番です」

セイバーメトリクスでドラ1投手を攻略

セイバーメトリクスを参考にしてオーダーを組むことも珍しくない。それが如実に表れたのが、2014年夏の群馬県大会3回戦の前橋育英戦だった。健大高崎打線は、前年夏の甲子園優勝投手・高橋光成（現西武。ドラフト1位）の前に6回まで無得点。0対2とリードされる。だが、7回裏に2死走者なしから、打者9人で一挙6点の猛攻で逆転。このイニングの攻撃が、まさにデータ通りだったのだ。

2死から八番打者の中筋天馬が四球で出塁すると、九番の投手・高橋和輝がライト前ヒットでつないで一、二塁。一番の長島僚平も四球を選んで満塁とすると、二番・星野雄亮が押し出し死球でまず1点。脇本直人のライト前2点タイムリーで逆転すると、さらに柴引良介がセンターオーバーの2点三塁打、柘植世那のショートゴロエラーと続き、このイニング合計6点が入った。

「まず、中筋は打率が2割台（練習試合などの通算。夏の群馬大会は8打数0安打の・000）。すべての面においてレギュラーで最低なんですよ。ただ三振をしないでフォアボールを取るBB/Kだけはチーム2位だった。打てない、打率が低いとダメだと思われるんですけど、フォアボールで出てるということは、単打を打ってるのと一緒の評価ですからね。実際この打席では、普通のバッターだったら手を出しただろうというくさい球をふたつぐらい見逃した。追い込まれてからフォアボールを取ってるんです。そこから逆転が始まった」

そのあとにフォアボールで出た長島は、安打以外の出塁能力を表すIsoDがチーム1位。デッドボールをもらった星野はBB/Kがチーム1位で、死球の数も2位より3倍ぐらい多いダントツの1位だった。

「セイバーメトリクスの数値によって出てきた選手たちですから、これで自分もセイバーメトリクスに対して確信が生まれました。あとから入ってきた選手たちに対しては、この試合を例に出しながら『この数字でレギュラーになった選手がいる。打てなくても貢献した先輩がいるんだぞ』と話しますね。特に中筋に関しては」

たかがデータという人もいるかもしれない。だが、されどデータなのだ。

チーム力も評価できるセイバーメトリクス

この他に、葛原SVが攻撃面で使えると考えている数値を紹介する。まずは、RC。得点貢献度を表す数値で、｛（A＋2・4×C）｝×｛（B＋3×C）｝÷（9×C）－0・9×Cという計算式で求められる（A＝安打数＋四死球数－盗塁死－併殺打、B＝塁打数＋｛0・24×（四球－故意四球＋死球）｝＋0・62×盗塁数＋｛0・5×（犠打数＋犠飛数）｝－0・03×三振、C＝打数＋四死球数＋犠打数＋犠飛数）。

1シーズンあたり、その選手が何点生み出すことができたのかを測る指標で、セ・リーグ平均は13・25、パ・リーグ平均は19・69だ。RC27は1試合での得点能力を表す数値で（RC×27）÷（打数－安打数＋犠打数＋犠飛数＋盗塁死＋併殺打）の計算式で求められる。

「RC27というのは、その選手で一番から九番までの打順を組んだら、1試合で何点を生み出すのかという非常に面白い数字です。例えば、大谷翔平（現エンゼルス）が一番から九番まで並んでいたら何点入るか、というイメージが沸きやすい数字です。要はチャンスメイク力と、ランナーをホームに還す力があるということ。高い数値の選手は中心に配置しますよね」

ＡＢ／ＨＲ（アベレージホームラン）は打数÷本塁打で求められる数値で、本塁打を1本打つまでにかかる打数を示す。

「脇本なんて、通算57本塁打とあれほど騒がれても、この数値を見ると6試合で1本の確率なんですよ。ということは、夏なら1大会に1本打つだけなんです。だから、そこに期待しても何の意味もないということがわかる。実際、3年夏の群馬県大会は桐生第一戦で打った一発だけでした。最近は、ホームランが出すぎというぐらい出るから一概には言えませんけど、いい打者でも6試合に1本しかないホームランを期待して打線を組んだり、プランを立てたりするのがいかに愚かなことかを知るべきだと思いますね」

セイバーメトリクスが使えるのは、選手個人に対してだけではない。チーム力を評価する基準としても効果を発揮する。その際に用いる指標のひとつめはＯＰＳだ。健大高崎が初出場した12年のセンバツのデータを見てみよう（次ページ参照）。

OPS (On-base Plus Slugging percentage) ＝出塁率＋長打率

一般に、OPSが0.800を超えれば一流、0.900を超えるとオールスター級の優秀な打者、1.000を超えると球界を代表する強打者とされている。

1	大阪桐蔭	打率.425	出塁率.517	長打率.703	OPS	1.220
2	愛工名電	打率.373	出塁率.446	長打率.587	OPS	1.033
3	聖光学院	打率.379	出塁率.448	長打率.550	OPS	.998
4	浦和学院	打率.365	出塁率.449	長打率.517	OPS	.966
5	光星学院	打率.341	出塁率.430	長打率.525	OPS	.955
6	高知高校	打率.344	出塁率.425	長打率.508	OPS	.933
7	三重高校	打率.365	出塁率.405	長打率.510	OPS	.915
8	石巻工業	打率.307	出塁率.400	長打率.415	OPS	.815
9	履正社高	打率.331	出塁率.431	長打率.472	OPS	.903
10	倉敷商業	打率.342	出塁率.414	長打率.482	OPS	.896
11	九州学院	打率.345	出塁率.401	長打率.494	OPS	.895
12	智弁学園	打率.317	出塁率.402	長打率.486	OPS	.888
13	神村学園	打率.324	出塁率.395	長打率.487	OPS	.882
14	鳥取城北	打率.326	出塁率.417	長打率.459	OPS	.876
15	健大高崎	打率.321	出塁率.405	長打率.458	OPS	.863
16	女満別高	打率.324	出塁率.373	長打率.479	OPS	.852
17	鳴門高校	打率.322	出塁率.403	長打率.442	OPS	.845
18	花巻東高	打率.316	出塁率.411	長打率.432	OPS	.843
19	天理高校	打率.307	出塁率.384	長打率.458	OPS	.842
20	作新学院	打率.316	出塁率.386	長打率.455	OPS	.841
21	関東一高	打率.298	出塁率.382	長打率.457	OPS	.839
22	敦賀気比	打率.316	出塁率.399	長打率.440	OPS	.839
23	横浜高校	打率.322	出塁率.392	長打率.445	OPS	.837
24	地球環境	打率.292	出塁率.395	長打率.417	OPS	.812
25	近江高校	打率.301	出塁率.402	長打率.401	OPS	.803
26	鳥羽高校	打率.314	出塁率.386	長打率.416	OPS	.802
27	高崎高校	打率.314	出塁率.368	長打率.416	OPS	.784
28	北照高校	打率.311	出塁率.372	長打率.410	OPS	.782
29	洲本高校	打率.294	出塁率.378	長打率.399	OPS	.777
30	早鞆高校	打率.268	出塁率.351	長打率.391	OPS	.742
31	別府青山	打率.274	出塁率.361	長打率.369	OPS	.730
32	宮崎西高	打率.282	出塁率.368	長打率.334	OPS	.702

この数字からは、出塁率と長打率の高い攻撃力のあるチームであるかどうかがわかるが、上位5チームのうち、1位の大阪桐蔭が優勝、5位の光星学院（現八戸学院光星）が準優勝、2位の愛工大名電と4位の浦和学院がベスト8入りしている。ちなみに、愛工大名電は光星学院、浦和学院は大阪桐蔭に接戦で敗れている。

もうひとつ使える指標はBB／Kだ。三振が少なく、四球の数が多いということは、すなわちボール球を振らないということ。全国で勝つためには、ボールになる変化球をいかに見極められるかがポイントになるため、この数値は非常に重要になる。

OPSと違って注意しなければいけないのは、この数値は秋の新チーム結成後、練習試合も含むすべての試合の成績から計算しているということだ。より正確なデータにするためには、主力選手同士が対戦する公式戦の数字のみで評価することが必要となる。また、練習試合では高校生が球審を務めることもあるため、ストライク・ボールの判定を下す技量には疑問符がつく。そこで、控え投手、控え打者、練習試合の成績を除いた数字を算出した（次ページ参照）。

大阪桐蔭が優勝、浦和学院が8強、健大高崎が4強と上位3校すべてがベスト8に進出している。また、OPS部門では15位だった健大高崎が3位、21位だった関東一（ベスト4）が13位、23位だった横浜（ベスト8）が14位と上位16校圏内に浮上。選球眼の高さが上位進出に結びつくことを表している。

BB／K (Base on Balls per Strikeout) ＝ 四球 ÷ 三振

- 選球眼のひとつの指標
- 三振1個に対して、いくつの四球が取れるのかを表した数値。
- 数値が高ければ高いほど選球眼のよい選手ということになる。1.00を超えていれば優良、1.20以上は秀逸で、それ以上は球界トップクラス。

四球数が多く、三振数が少ない打者（ここではチーム）ほどこの数値が高くなる。

この指標こそ主力同士対戦の公式戦のみで評価しなければならない

控え投手、控え打者の成績を加えても信憑性がなく、練習試合でのストライク・ボール判定の球審の技量を考えても妥当。

以下の通り大阪桐蔭、浦和学院、健大高崎、履正社が評価に値する。
実力校はそれなりの数値を記録している。

優勝候補
［上位進出予想16校］

	チーム	BB／K
1	大阪桐蔭	1.688
2	浦和学院	1.513
3	健大高崎	1.480
4	履正社高	1.371
5	智弁学園	1.279
6	神村学園	1.224
7	九州学院	1.214
8	花巻東高	1.196
9	作新学院	1.171
10	愛工名電	1.140
11	光星学院	1.080
12	聖光学院	1.033
13	関東一高	1.030
14	横浜高校	1.000
15	天理高校	0.936
16	三重高校	0.439

「ＯＰＳでいうとウチは何の変哲もない順位にいた。ところが、ＢＢ／Ｋを見るとポーンと3位に上がってきた。実際、ベスト4になりましたから、この数値は極めて信頼性の高いものだと思いました。セイバーメトリクスをより学ぼうと思うきっかけになりましたね」

攻撃力というと、ついチーム打率や本塁打数に注目しがちだが、セイバーメトリクスを使えば、従来から使われている数字だけでは見落としてしまう部分に気づくことができる。これまでの評価基準を変えるヒントになるはずだ。

セイバーメトリクスを駆使した継投策

どの投手がどの役割に適しているかを見極めるのに、大いに役立つのもセイバーメトリクスだ。葛原ＳＶは公式戦だけではなく、練習試合を含めた全データを集計している。

「クローザー向きかを知るにはＩＲ率（Inherited runners）が有効です。ＩＲ率とは、前の投手が塁上に残した走者を、ホームに生還させてしまった割合です。防御率が低いのに、なぜか出てくると得点されている気がする投手がいる。これは自責点という落とし穴ですよね。前の投手が残した走者に生還されても自責点はつかない。だから『あれ、こいつ、こんなに防御率よかったか？』と、実際の印象と違う投手がいるわけです。ベンチが求めているのは、残っている走者にホームを踏ませないこと。抑えの投手を作るには、その数値を認識させて、それを競わせないといけない。残塁の山を築いてくれる投手こそが、信頼されるクローザーでしょう」

この他に重要視するのは、WHIP（Walks plus Hits per Inning Pitched）。これは、1イニングあたり何人の走者を出したかという投手の安定度を示す指標で、プロ野球なら1・20未満ならエース級といわれている。1・00未満なら球界を代表するエース級。

「WHIPがいい投手は、試合を作るのにもってこいという理由で先発がいいですね」

BB／9（Base on Balls allowed per 9 innings pitched）は、9イニング投げたときの平均四死球を示す数字で制球力を表す。この数値が低く、無駄な四死球を出さない投手はセットアップ向きだ。

「同点とか1点差で勝っているときの7回や8回に、フォアボールを出されるのが一番痛い。だから、フォアボールを出さないピッチャーを見つけ出すのに活用します」

K／BB（Strikeout to walk ratio）は奪三振と与四球の比。プロ野球平均が2・39でメジャー平均が2・50前後だ。三振が取れて四球の少ない投手を示すため、この数値がいい投手はクローザー向きといえる。

この数値を念頭に置いたうえで、夏の甲子園でベスト8に進出した14年のチームの投手陣を見てみたい。群馬県大会から主要な試合の継投パターンはスターター・川井智也➡セッ

2014年 健大高崎投手陣の
セイバーメトリクス数値

WHIP		
△▼	川井　智也	0.86
△	高橋 和輝	1.00
	松野 光次郎	1.18

「Walks plus Hits per Inning Pitched」（1イニングあたり何人の走者を出したか、という投手の安定度を示す指標）

K/BB		
△	高橋　和輝	2.80
△▼	川井　智也	2.70
	松野　光次郎	1.97

「Strikeout to walk ratio」（三振が取れて四球が少ない投手を表す）

BB/9		
△	高橋　和輝	2.10
△▼	川井　智也	2.60
	松野　光次郎	3.80
△▼	石毛　力斗	0.72

「Base on balls allowed per 9innings pitched」（9イニング投げると、いくつの四球を出すのか）

奪三振率		
	松野　光次郎	7.53
△▼	川井　智也	7.12
△	高橋　和輝	5.70

奪三振 × 9 ÷ 投球回数

※△は左腕
※▼は健大高崎の規定投球回数未満
※データは8月の新チーム結成から、12月のアウトオブシーズンまでの記録
※石毛は1年生のため4月から7月までの数字

トアップ・高橋和輝➡クローザー・松野光次郎だった。葛原SVの集計した14年のデータは前ページの表のようになっている。

WHIPが0・86と、走者を出さない川井がスターターで試合を作り、BB／9が2・10とチーム一の制球力がある高橋がセットアップでつなぎ、奪三振率7・53とチームで最も三振が取れる松野がクローザーで締める。まさにデータに基づいた継投だといえる。松野は制球力こそ抑えには物足りないが、サイドハンドからの140キロの速球と大きく曲がるスライダーを武器にしていた。

「スターターの川井はIR率が悪い。残った走者をきれいに還してしまうんです。ところが、まっさらになったあとはピシッと抑える。クローザーの松野は制球がアバウトだけど、ボール球を振らせられる。横（サイド）で球が速いぞと思わせてスライダー、スライダーで行く。横で球威があり、スライダーがいいというのは、一番攻撃側からしたら嫌なんじゃないですか。ウチでは一番最後を任せられる選手でしたね。群馬県大会決勝の伊勢崎清明戦では3人の継投でノーヒットノーラン。監督も数値を信じて使ってくれた。数値による継投がうまくいった代表例のようなゲームでした」

ちなみに甲子園の3回戦・山形中央戦では、1年生左腕の石毛力斗を先発に抜擢したが、これはBB／9が0・72という数字を買ってのもの。石毛は4安打を許したものの、期待通り3回を無四死球と無駄な走者を許さず、ソロ本塁打による1失点のみに抑えた。

「石毛先発というのは、フォアボールを出さないというダントツのデータを持っていたから。甲子園で1年生が投げるときに一番怖いのは、頭が真っ白になって、四死球を連発することでしょう。それが一番少ない投手だったわけです。ホームランを打たれたけど、1年生が打たれたとしても、それほどチームとしてはショックじゃないですから」

この年、基本的には川井が先発したが、山形中央戦以外では群馬大会初戦の渋川工戦で高橋、4回戦の桐生工戦で石毛が先発している。先発した3人はすべて左腕だったが、ここに右腕が入ればなお有効だ。

「先発が読めるというのは、相手からすると楽なんですよね。打順の組み替えもできますし。だから、誰が来るかわからないというのは継投の布石としては効果大だと思います」

では、次の章では、健大高崎が得意とする継投策について詳しく触れていく。

第9章

継投策と各投手陣の役割

継投策を採用する理由

攻撃面以上に、葛原ＳＶがセイバーメトリクスを有効活用しているのが投手に関する数値だ。その裏には、健大高崎が継投策による戦い方をしていることが挙げられる。

「私は、たとえドラフト候補が２人いたとしても、継投を勧めます。選手を壊さないという意味もありますし、近い将来は絶対に投球制限などのルールができるに決まっていますから」

かつてはエースが先発完投するのが当たり前だったが、近年は夏の猛暑や高野連の複数投手制の奨励、野球界全体に「投手の肩ひじを守る」という意識が出てきたために、１大会を一人で投げ抜くことは少なくなっている。18年からは甲子園でもタイブレーク制度が採用されることとなった。

参考までに、夏の地方大会におけるエースの投球割合を調べてみた（表参照）。

１９９７年、２００７年、２０１７年と10年ごとにチームの全イニングに対する主戦投手（チームで一番投球回数の多い投手）の投球イニングの割合を見てみると、17年は80パーセント以上投げていた投手は8人しかいないが、07年は12人、97年は19人もいる。70パーセント以上に広げてみると、17年は13人、07年は20人、97年は26人。20年間で半分に減っている

1997 夏地方大会主戦投手投球割合

主戦 もっとも多いイニングを投げた投手	学校名	全試合数	登板試合数	全イニング数	登板イニング数	投げた割合
山　本	旭川大	7	6	66	49	0.742
神　田	函館大有斗	7	6	59	43	0.729
児　玉	光星学院	6	5	47	35⅓	0.752
畠　山	専大北上	6	5	50	34	0.680
石　川	秋田商	5	5	34	29⅓	0.863
佐藤亘	酒田南	6	5	54	34⅓	0.636
生　出	仙台育英	6	5	45	23⅔	0.526
阿　部	日大東北	6	5	50	22⅓	0.447
坂　場	茨城東	6	6	56	45⅓	0.810
亘	佐野日大	6	5	50	40⅓	0.807
佐藤崇	前橋工	6	5	45	36	0.800
長　峯	春日部共栄	7	4	57	32	0.561
長　尾	市船橋	7	5	61	31⅔	0.519
舟　山	岩倉	7	5	57	38	0.667
堀　内	堀越	8	6	70	40⅓	0.576
川　岸	桐蔭学園	7	5	51	25	0.490
小　澤	甲府工	5	5	34	25⅓	0.745
伊　藤	浜松工	6	6	53	49	0.925
村　松	豊田大谷	6	5	54	40	0.741
水　谷	県岐阜商	6	6	42	23	0.548
江　藤	桑名西	6	5	50	44	0.880
田　中	松商学園	6	4	48	32	0.667
渡　辺	日本文理	6	4	53	32⅓	0.610
境	新湊	5	5	40	36	0.900
堂	金沢	5	4	41	34	0.829
三　上	敦賀気比	4	4	32	17	0.531
山　元	比叡山	6	6	47	44	0.936
川　口	平安	6	3	44	27	0.614
小　川	履正社	7	7	60	60	1.000
前　田	報徳学園	7	5	56	30⅔	0.548
山本訓	智弁学園	5	5	46	32	0.696
藤　谷	智弁和歌山	5	2	40	14⅔	0.367
吉　田	倉敷商	5	5	43	42	0.977
洲　上	如水館	6	5	51	43	0.843
兵　頭	八頭	5	5	40	38	0.950
和　田	浜田	5	5	43	35⅔	0.829
岡	西京	5	3	41	25	0.610
三　宅	丸亀城西	5	5	42	34⅓	0.817
中　山	徳島商	5	4	40	27⅓	0.683
中　村	宇和島東	5	5	42	38	0.905
籠　尾	高知商	5	5	41	23	0.561
小　椋	福岡工大付	7	7	56	49⅔	0.887
相　浦	佐賀商	5	5	44	43	0.977
門　脇	長崎南山	5	5	39	27⅓	0.701
守　田	文徳	6	5	50	25⅔	0.513
安　達	大分商	6	5	61	45	0.738
堤　内	宮崎日大	5	4	42	20	0.476
杉　内	鹿児島実	6	6	51	46⅓	0.908
上　間	浦添商	5	4	41	27	0.659

全試合20人　◉1997　半分未満4／8割以上19／7割以上26

2007 夏地方大会主戦投手投球割合

主戦 もっとも多いイニングを投げた投手	学校名	全試合数	登板試合数	全イニング数	登板イニング数	投げた割合
白　崎	駒大岩見沢	6	6	48	37	0.771
片　山	駒大苫小牧	7	6	59	32	0.542
石　井	青森山田	6	4	36	23	0.639
菊　池	花巻東	6	3	46	15	0.326
高　橋	金足農	6	4	48	20	0.417
阿　部	日大山形	5	5	45	39	0.867
佐藤由	仙台育英	7	6	59	50	0.847
鈴木健	聖光学院	6	2	52	16	0.308
清　原	常総学院	6	5	49	35	0.714
佐　藤	文星芸大付	6	5	52	43	0.827
佐々木	前橋商	6	6	51	49⅔	0.974
鎌　田	浦和学院	7	5	56	33	0.589
山　崎	市船橋	7	4	59	26⅔	0.452
高　島	帝京	6	4	51	19⅔	0.386
勘米良	創価	6	5	48	27	0.563
丸　山	桐光学園	7	6	57	28	0.491
米　田	甲府商	5	4	40	26⅓	0.658
田　中	常葉菊川	7	5	67	43	0.642
細　江	愛工大名電	6	5	48	27⅔	0.576
森　田	大垣日大	6	5	50	42	0.840
平　生	宇治山田商	6	4	53	32	0.604
田　中	松商学園	6	5	52	39⅓	0.756
永　井	新潟明訓	6	4	47	19⅔	0.418
上　島	桜井	5	5	37	35	0.946
高　木	星稜	6	5	47	31⅓	0.667
山　田	福井商	4	4	34	24⅓	0.716
小　熊	近江	5	4	41	16	0.390
辻	京都外大西	6	5	52	21	0.404
植　松	金光大阪	8	7	70	35	0.500
近　田	報徳学園	7	5	51	33⅓	0.654
内之倉	智弁学園	5	4	46	21	0.457
芝　田	智弁和歌山	5	4	40	16⅔	0.417
中　嶋	岡山理大付	5	5	44	32⅓	0.735
野　村	広陵	6	5	51	31⅔	0.621
山　本	境	4	4	36	36	1.000
吉　田	開星	5	5	45	35	0.778
高　木	岩国	6	6	52	52	1.000
藤　井	尽誠学園	5	5	49	37	0.755
稲　岡	徳島商	5	5	45	28	0.622
熊　代	今治西	5	5	45	43	0.956
国　尾	高知	5	5	37	35	0.946
小　原	東福岡	6	6	53	33⅓	0.629
久　保	佐賀北	5	5	43	21⅔	0.504
浦　口	長崎日大	6	6	48	41	0.854
野　田	八代東	6	6	59	29	0.492
甲　斐	楊志館	6	6	49	44⅓	0.905
有　馬	日南学園	5	3	43	22	0.512
盛	神村学園	6	4	50	36	0.720
当　山	興南	7	4	64	24	0.375

全試合18人　　◉2007　半分未満13 ／ 8割以上12 ／ 7割以上20

2017 夏地方大会主戦投手投球割合

主戦　もっとも多いイニングを投げた投手	学校名	全試合数	登板試合数	全イニング数	登板イニング数	投げた割合
鈴　木	滝川西	6	6	57	53⅓	0.936
阪　口	北海	7	7	54	27	0.500
三　上	青森山田	5	5	41	22	0.537
平　松	盛岡大附	6	3	46	21	0.457
山　口	明桜	5	4	43	25⅔	0.597
森　田	日大山形	5	3	44	19⅓	0.439
長谷川	仙台育英	7	7	63	44⅔	0.709
前　田	聖光学院	6	5	46	20⅔	0.449
富　田	土浦日大	7	6	64	47⅓	0.740
篠　原	作新学院	6	5	49	23⅓	0.476
皆　川	前橋育英	6	5	49	26⅓	0.537
綱　脇	花咲徳栄	7	5	51	25	0.490
山　下	木更津総合	7	6	54	42	0.778
市　川	二松学舎大付	6	5	46	35	0.761
松　本	東海大菅生	6	4	49	26⅓	0.537
板　川	横浜	7	6	59	27⅓	0.463
石　井	山梨学院	5	4	43	21⅓	0.496
久保田	藤枝明誠	6	6	52	45	0.865
磯　村	中京大中京	6	3	45	14⅓	0.319
修　行	大垣日大	6	5	50	24⅓	0.487
水　谷	津田学園	6	4	44	27	0.614
青柳真	松商学園	7	5	58	31⅔	0.546
稲　垣	日本文理	6	4	46	18⅔	0.406
土　合	高岡商	5	4	43	25	0.581
佐　渡	日本航空石川	5	4	47	37⅓	0.794
吉　川	坂井	5	5	43	42	0.977
増　居	彦根東	5	2	41	18	0.439
北　山	京都成章	6	6	51	49	0.961
徳　山	大阪桐蔭	8	5	64	39	0.609
岡　野	神戸国際大付	7	5	53	37	0.698
碓井涼	天理	5	5	41	26	0.634
平　田	智弁和歌山	5	2	37	14⅓	0.387
小　松	おかやま山陽	7	4	56⅓	25⅓	0.450
平　元	広陵	6	5	43	29	0.674
辰　己	米子松蔭	5	5	41	36	0.878
中　村	開星	6	6	51	35⅔	0.699
植　野	下関国際	5	4	45	30	0.667
佐　藤	三本松	5	5	41	37	0.902
河　野	鳴門渦潮	4	4	32	28⅔	0.896
八　塚	済美	5	4	43	26⅔	0.620
北　本	明徳義塾	4	3	34	22⅓	0.657
石　田	東筑	7	7	61	61	1.000
安　在	早稲田佐賀	5	4	45	23	0.511
隅　田	波佐見	5	3	40	27	0.675
川　端	秀岳館	5	5	43	28⅔	0.667
佐藤楓	明豊	5	3	34	13⅓	0.392
戸　郷	聖心ウルスラ	6	5	53	37	0.698
青　柳	神村学園	6	4	53	28⅔	0.541
宮　城	興南	6	6	52	22⅓	0.429

全試合15人　　◉2017　半分未満14 ／ 8割以上8 ／ 7割以上13

ことがわかる。

97年には、投球回数が全イニングの半分にも満たない主戦投手はたったの4人しかいなかったが、07年は13人、17年は14人と3倍以上に増加。どのチームも継投策をするのが当たり前になり、およそ4チームに1チームが絶対的エース不在で甲子園に勝ち進んできている。言葉を換えれば、エースへの依存度が高いチームでは、もはや甲子園に出場することは不可能な時代なのだ。

一人の突出した存在がなくても、複数の投手が束となった投手陣で勝負する。エースに頼れば、大会終盤は疲労で本来の投球を望むのは難しくなる。一人で投げていれば、データ分析も一人に絞ることができるため対策を立てられやすい。絶対的エースはチームに安心感を与えることができるが、リスクも大きいといえる。複数投手制ならば一人ひとりの疲労も軽減できるうえ、一人に絞って対策を立てられる心配はない。「エース不在」というのはまわりが勝手に言っているだけ。実は、メリットが多々あるのだ。

「なぜ、継投策が有効なのか。攻略する側に立って考えると、相手投手に慣れてきた、円陣を組んで、狙い球を絞って『さぁ、行こう』というときに違うタイプの投手に代えられるのが一番嫌なんですよね。相手が嫌だと思うことを考えるのは大事なこと。それがまず最初ですね。それに、一人のエースを丸裸にするのは可能なんです。対戦までの間、朝から晩までその投手のことばかり考えていれば、いいアイデアがひらめくこともありますから」

どのチームも、相手を研究する際に徹底分析するのは投手。一人の投手の分析だけで最低5時間は要するという葛原SVだけに、相手に使える投手が複数いると、その数だけ苦労が増すのは身に染みている。左投げか右投げかはもちろん、投げ方や球種、特徴など、違えば違うほど、対策を考えるのは難しい。

だから自らのチームでは、各投手の特徴が活かせる役割で、可能な範囲のイニングを任せる。これが継投策を成功させるため、相手打線に対応されないための基本的な考え方だ。

「いわゆる高校野球でみんながやってる継投、行けるところまで行って代えるというのは、本当の継投じゃないと思います」

継投策を採用するのには、こんな理由もある。練習や練習試合ではブルペンを担当することが多い葛原SV。多くの投手を指導する立場ゆえに、一人でも多くの投手に登板のチャンスを与えたいという思いがある。

「ブルペンで準備する投手も大変なんですよね。いつマウンドに行くかわからない。先発がスイスイと行ってしまえば結局、出番なし。でも、いつでも行けるように肩を作っておかなきゃならない。8割方の学校がそうだと思いますけど、ひどい場合は、次に誰が行くかも決めてない。『次は誰ですか?』と監督に聞こうものなら、『そんなことはオレが決める』と言われるんです。だから、ウチの監督に頼んだのは、行く、行かないは別にして、最低限、行く順番だけは決めてくださいと。そうすれば、少なくとも3番目に投げる投手は投球練習をやる必要はないですから。今はオープン戦でも順番を必ず聞きに来ます。10人のピッチャーを教えていたら、やっぱりそれぞれ絶対にいいものはある。そこの部分は出してやりたい。使ってやりたい。それが一番ですよ」

各投手陣の役割と適正、絶対条件

葛原SVは、それぞれの役割ごとに適性や求めるものを明確にしている。わかりやすい基準や目標があれば、選手は練習のときからそれを目指して取り組めばいいからだ。葛原SVの描く理想はスターター、ミドル、セットアップ、クローザーが揃う投手陣。それぞれの具体的な役割はこうだ。

〈スターター（先発）〉

「スターターというのは、試合を占う一番打者のようなもの。立ち上がりの1回が安定していることが絶対条件です。極端にいえば、1回をゼロでスタートしてくれれば、役割の半分は果たしたようなもの。試合で一番点数が動くのが初回だから、初回を0点で行けば組み立てができる。3回1失点なら合格、無失点なら言うことなし。5回まで投げたとしたら、2

失点だったら十分。3失点なら失格ですね。先発が絶対的エースだと『お前と心中だ』となるでしょう。そうすると、初回に5点取られても代えないわけじゃないですか。監督はエースと心中でいいかもしれないけど、他の選手、他の投手からしたら、たまったもんじゃない。監督は『こいつで打たれたらしょうがない』と言えば格好もつくし、それでいいんだろうけど、他の全員を犠牲にする必要はない。変な話、打者一人であっても投げてみておかしいと思ったら、代えることがあってもいいと思います」

〈ミドル（中継ぎ）〉

ミドルとは、簡単にいえば中継ぎのこと。その中で、葛原コーチはミドルを2種類に分けている。先発が崩れたり、アクシデントで降板したりしたときに備えるミドルと、先発が役割を果たしたあとに登板するミドルだ。

「先発が1回もたずという場合など、『これは大変だ』というときには、先発の代わりに試合を立て直すロングリリーフのミドルが行く。これは先発の可能性もあるピッチャーがいいですね。先発が最低3回まで行ってくれれば、あらかじめ二番手と決めている、先発とはタイプの違うミドルがいい」

スターターが初回で降板することもあれば、5、6回まで好投することもある。先発の出来いかんによって緊急登板もあれば、登板しないこともあるのがミドル。それだけに起用法は難しい。

「使い方が一番難しい。監督の力の見せどころでもあるのがミドルなんですよね。セットアップやクローザーはある程度起用法が決まってきますけど、ミドルだけは千差万別です。使う際は、見切りをつけることが大事。ミドルというのは最後まで投げることはなく、いずれ代える投手ですから、イニング数を決めちゃダメ。ダメなら打者一人ですぐにでも代えるし、複数イニングにまたがることもある。どこで代えようかと思いながら見るのがミドルだと思います」

〈セットアップ〉

7回、または7、8回を投げてクローザーにつなぐ。

「終盤での登板になるので、絶対条件は四死球を出さないことですね。フォアボールを出すピッチャーは使えません。一番嫌なのはそこですから。コントロールがよくて、変化球がいい選手。スピードはなくてもいい」

左の強打者を迎えたときに、ワンポイントとして登板する左腕＝レフティーもここに含まれる。

〈クローザー（抑え）〉

「なるべく打球を前に飛ばさせない選手ですね。三振を取れるのが理想なので、力で押せる威力のあるストレートと、絶対的なウイニングショットが必要。威力のあるストレートというとスピードボールになってくるんですけど、高校野球なら１４０キロですね。なぜクローザーにフォークを持っていたり、三振を取れたりするピッチャーを出すかというと、ポテンヒットも嫌だ、エラーも嫌だというのが９回だから。最少得点差の場合、余分な走者は一人も出したくないですからね」

ただ、強豪校以外には、１４０キロを出す投手はなかなかいない。いたとしても、クローザーとして温存しておく余裕はない。

「アンダースローのクローザーは、一考の価値ありと常々思っています。個人的にアンダースローが好きなのと、唯一こちらで作れるのが、アンダースローだから。プロに行くような投手は作れないけど、アンダースローなら作れる。最近はアンダースローが少ないし、たまに対戦すると打てません。頭でわかっているからといって、簡単に打てるものではない。ふた回り、２打席ぐらいは体験しないと、攻略できないタイプです。それに、浮き上がる球筋のため、マシンでの練習も困難ですからね」

もちろん、これはあくまでも理想。甲子園常連に成長した健大高崎でも、毎年このような投手陣が作れるわけではない。では、素材のいない弱者なら、どうすればいいのだろうか。

「求めたいのは投手らしい右とアンダースロー（サイドスローでもＯＫ）と左。左でも力がなかったらサイドですね。私は、左対左のワンポイントで行くレフティーというのにすごく興味がある。これは弱者でも、外野やファーストを守っている左利きの選手が受け持てる分野だと思います」

ポイントは同じタイプを揃えないこと。１４０キロの右投手のあとに、１３０キロの右投手が出てくれば、誰だって打ちやすいと思うはず。相手に「こっちの投手の方が打ちやすそうだ」と思われるような継投にならないように注意することが大事だ。

継投の適切なタイミング

投手ごとに適切な数字を出すために、注意したいのが起用法。練習試合では、スターター、ミドル、セットアップ、クローザーそれぞれの役割で複数回試す必要がある。「ローテーションで配置換えをします。セイバーメトリクスの数字を出しても、受け持っている役割で数字も変わってくる。だから二、三度は先発やクローザーを経験させます。だいたい３試合ぐらいやると適性が見えてくる。あと、点差が開いたときのクローザーのデータは、役に立たないので注意が必要ですね。

オープン戦で監督にお願いしているのは、走者が出たところでクローザーに代えてくれということ。イニングの頭から行く方が楽なんだけど、クローザーとして育てようと思ったら、あえて難しいところで使うことが大事。はっきり言って、オープン戦は何敗してもいいんですから。ただ監督というのは、どうしても勝ちたい人種。だけど、全部勝ちにいかないでくださいと。『こいつはコントロールがいい』というのなら、あえて満塁で代えてみるとか。ピッチャーにも、『今日はこの球種を使ってほしい』というときには、最初の円陣で『カウント1－1で必ずチェンジアップを使います』と全員に宣言しろ、みんなに見てもらえと。そうやってみんなに納得してもらって、叱咤を受けながら投げる環境を作りますね」

セイバーメトリクスを活用して役割分担が決まったあと、問題は継投のタイミングだ。高校野球の場合、控えを先発させていれば代えやすいが、エースを先発させていると代えにくいということが多々ある。

「継投は難しいというけど、やってないだけ。いつもやっていれば、生徒も当たり前の感覚になってきますよ。エースを代えにくいというけど、私の場合は勝ってるときは代えやすい。勝ってるときの継投は必勝パターンですから」

先発した控え投手が好投しているのに、予定調和でエースに代えて打たれるのもよく目にするシーンだ。

「相手が打っている打球を見ないとダメですよね。打球を見れば、だいたいわかるはずです」

継投策と決めているのなら、打たれてから代えるのでは遅い。打たれる前に代えるのが原則だ。だが、この見極め、代えどきが難しい。

「一生懸命見ていると、火事になる前のボヤはわかる。ボヤとは何かというと、前兆です。ダメになる前兆というのは、その選手、その選手によってある。屈伸したらダメだとか、肩を回しだすとヤバいとか。あるいは、汗のかき方とか、ふき方とか。特にわかりやすいのが、サイドスローとアンダースロー。インハイに投げた球が内野フライにならないで、ゴロやライナーになったらダメなときです。

カットボール主体の投手なら、右バッターが空振りしているうちはいいけど、右方向にファウルを打ちはじめたら身体がついていってる証拠。代えどきです。その投手を普段どれだけ真剣に見ているかで、前兆を見極めることができる。火事になってからでは、どんな投手が行ってもダメ。火事になったら終わりです。いかに早くボヤに気づくか」

無視できない延長戦要員

この他によく見られるのが、初めから何イニングと決めていて、ピッチング内容にかかわらず代えてしまうこと。「まだ投げられるのに……」というのは味方ももったいなく感じるし、抑えられている相手からすれば「ラッキー」と思って、流れを変えるきっかけにもなる。「継投しなければいけない」「完投はさせない」という決めつけは危険だ。

「それは本末転倒。うれしい誤算というのは、当然あっていいですよ」

ただ、あえて継投しなければいけないケースもある。それは、夏の大会で優勝を狙っているとき。例えば、準々決勝で無理をさせて勝っても、あと2試合勝たなければ甲子園には行けない。ベスト8、ベスト4まで行っても、ヘロヘロになった状態で強豪との対戦を迎えるようでは、大敗は目に見えている。頂点を目指すためには、エースの投球イニングを制限することも必要になってくる。

「継投も春と夏は違います。夏はいかに疲労を少なく行くかというのも勝負ですから。仮に決勝まで進んだとしても、そこで負けたら一回戦で負けたのと一緒なんだから、夏に関しては後ろに控えている投手も使って、無理矢理の継投もときにはやらないといけない」

目標をどこに置くかで継投策も変わってくる。

これ以外によくあるのが、次の攻撃で投手に打順が回るときに継投をためらうこと。代打を送りたいがために、ピンチでも代えずに引っ張ってしまう。

「これが一番多いですね。交代を我慢して打たれるのをさんざん見てきました。『次、ピッチャーに回るから』というのは絶対に考えちゃダメ。それを考えたら負けると思っています。ダメだと思えば、すぐに交代させることを念頭に置いておかないといけない。こういうときは、右でも左でもワンポイントみたいな選手が行く。奥の手としては、二枚替え（ダブルスイッチ）がある。その練習もしとくべきですよね」

二枚替えとは、投手と一緒に野手も代えること。次に打順が回りそうな投手のところに野手を入れ、打順の遠い野手のところに投手を入れる代え方だ。もちろん、野手の中にワンポイントで登板できる選手がいれば、それに越したことはない。

「これは備えですよね。7球で肩を作る訓練をします。7球投げて、実際にピッチングをさせる。野手で投げるピッチャーは、捕手が座ってピッチングするまで7球なんですからね」

また、意外と見落としがちなのが、延長戦になったときの準備。タイブレーク制が導入されたとはいえ、延長15回までもつれ込んだ場合の投手起用も考えておかなければいけない。

「高校野球で決して無視できないのは延長戦要員。ここは野手です」

葛原SVにとって苦い経験がある。初出場した11年夏の甲子園2回戦・横浜戦。試合前に選手たちに配布する〝葛原メモ〟にはこう書かれてある。

『おそらく5点は取られるであろう。そして、振れている健大打線なら5点は奪えるのではないかと考えている。延長戦を含めた総力戦の死闘に突入した場合には、総力戦要員の肥留川や、場合によっては投手経験のある門村の投入まで片隅に置いておかなければならない』

試合は葛原SVの予想通り、5対5で延長戦に突入した。

「エースの片貝（亜斗夢）は最長4回だから、肥留川（拓斗）と門村（鴻輝）まで投手をやると頭の隅に置いとけよと言ったときに、ミーティング中、結構みんな笑ったんですよね。そこですごく嫌な予感がしました。横浜に延長なら満足なのかなと。案の定、延長10回に突入して、5イニングめに入った片貝が打たれて負けました。たとえパフォーマンスでも、門村に20球でも放らしておけば、『延長を戦うんだ』という気持ちが芽生えたと思うんだけど、後の祭りですよね」

延長に入った場合は、最後に投げる投手（基本的にはクローザー）がいつもの投球イニングより長くなる。その投手と心中し、スタミナの限界まで託すのか。次の投手を準備しておくのか。普段からの備えを忘れてはいけない。

固定観念に縛られない独創的な継投

葛原SVからは、一般人には考えつかないようなアイデアが次々に出てくる。そのひとつが、バント処理用のワンポイント継投だ。

「弱者は野手も投手をやらなきゃダメなんですから、バント処理のみに長けた野手型投手がいてもいい。一番わかりやすいのは、1点を争う終盤のノーアウト一、二塁。100パーセント送りバントというときです。打ってきたとしても一、二塁なので（併殺になりにくくするために）『右に打て』と言うんだから、ショートがマウンドに上がるのが一番いいですね。守備が一番うまいショートが投手をする。打ってこない、打ち取る必要がないんですから、バントをやらせて殺すことに長けた選手を使えばいい。投手は一時的に他のポジションに入れておいて、またマウンドに戻せばいいんですから」

この考え方から派生したのが無死一、二塁のときの一塁手だ。守備固めで守備のよい一塁手を起用することは珍しくないが、葛原コーチの考えは違う。

「この場合にはポジションにこだわらなくていいと思います。一般的に守備のうまい選手はショートやセカンドで使われる。ファーストは打力優先で守備力は度外視して使われることが多いですから、ショートやセカンドをファーストで使えばいい」

固定観念に縛られず、さまざまな角度から考えることで、独創的なアイデアが生まれる。投手起用に関しては、こんな考え方も持っている。

「データで見ると、得点が最も動くのが初回。先発完投型の投手が最も苦手とするのが立ち上がり。となれば、初回の1イニングだけを受け持つ先発投手がいてもいい。クローザーが前に来たと考えればそれほど不思議なことでもないでしょう。

あとは、どこのチームにも、まず投げることはないけどベンチに入っているという投手がいる。これではベンチ入りの枠がもったいない。そういう選手は、うんと変な投手にしておいて、先発で使う。たとえ一人で交代でもいいし、1イニングでももってくれればいい。うまくいけば3回。ベンチに入れたからには使わないともったいない。1回がゼロなら成功なんですから。このタイプは、走者を出したら交代というセットポジション不要の変則モーション投手とか、超遅球の軟投派投手とかがいい。左のアンダースローなんて、もってこいでしょう」

好投手がいないのを嘆いても仕方がない。いなければ、いる選手をどう使えるようにするか考える。それが指導者というものだ。好投手がいないからこそ、さまざまなアイデアを試す機会も生まれてくるのだ。

セイバーメトリクスを用いた課題提示

勝ち上がるためには、継投策は欠かせない。そして、継投策を考えるためには、セイバーメトリクスは欠かせない。チームとしての〝必勝リレー〟を作れるかどうかは、セイバーメトリクスの数値を有効活用できるかにかかっている。

自チームを分析し、チーム作りに利用するだけではない。葛原SVは選手たちに対しても、セイバーメトリクスを用いてアプローチしている。

「今の高校生に一番効くのは数字ですよ。漠然と『お前は気迫がないんだ』と言うより、

『あいつの数字に対し、お前の数字はこうだぞ』と言う方が効果があります」

健大高崎で恒例行事となっているのが、毎年、年末の沖縄キャンプ初日に2時間かけて行われる葛原SVの辛口ミーティングだ。夏の大会が終わり、新チームが結成されたあとに行われたB戦を含むすべての練習試合、公式戦のデータをまとめた冊子を配布。それをもとに、チームや個人の特徴や長所、短所について言及しながら、オフ期間の練習の課題ややるべきことを明確にする。

「配って『読んどけよ』というのはまったく意味がない。打率とか見て終わりですから。一つひとつ説明してやらないといけない。そうすれば、その数字を掘り下げようとする生徒も出てきますから」

『健大高崎データ・ファクトリー』と題された冊子には、セイバーメトリクスの数字がチーム内での個人順位とともにずらりと並んでいる。最近3年間の健大高崎のランキングと1999年秋に明治神宮大会を制した四日市工（葛原SVがコーチ、葛原毅コーチが主将・一塁手兼投手）の数字が載っているため、甲子園で結果を残した先輩たちや秋に日本一に輝いたチームと比較することもできる。各選手のデータは一人ひとりグラフ化されて全選手分掲載されており、自らの足りない部分はどこかがひと目でわかるようにもなっている。

項目別の数字とランキングの下には葛原SVの一言コメントが掲載されているが、なかなか手厳しい。例えば、16年の総集編にはこう書かれている。

●併殺打

『低出塁率、低打率の大柿は併殺打がチームワースト。併殺打のチーム総数55は多すぎ。2015チームの48を異常な多さと記したが、それに匹敵する。ちなみに2014チームはわずかに28併殺』

●失策

『湯浅の成長は著しいが、2014の林は失策4で相馬が6である。「うまい」と「堅実」は別次元。規定打席に達していないのに大越の12は怖くて使えない』

●与四死球率

『チームの信用を受けようと思えば、2ポイント台は絶対条件。小野の3・58はまだまだ。山口4・47、長島の5・98はリリーフで試合を壊しかねない数字。アウトオブシーズンは想像を絶するような努力が必要』

AB／HRには『四番打者の山下が本塁打1本打つまでに30打数もかかるのは情けない。試合数にすれば7~8試合に1本である。夏の予選は6試合。2014柴引は19・2』と書かれていたが、奮起した山下は翌年、ホームラン打者に成長。葛原SVの厳しいゲキに応えた。

「選手たちはみんな『頑張ります』としか言わないんです。だから、数字を示すことで『オレはこの部分が課題だ。このオフにやらなきゃ』と思ってほしい。そのための指標ですね」

ランキング以外に個人別の五角形グラフを載せているのには、こんな意味もある。

「足りない部分を補って小さなマルを中ぐらいのマルにするのか、どれか一部分に特化して尖っちゃうのか。3年生になる選手は時間がないですから、尖る方に考え方を持っていくことも言います。そこは自分で決めることですけどね。ひとつのことに尖っちゃうのも生きる道ですから。もちろん、新2年生には『マルになるように足りない部分を補え』と言います」

どれもが低いレベルでまとまっていても、試合には出られない。それならば長所を磨いて、ある一部分だけでも突出した方が戦力になる。自分の個性を知るという意味でも、この五角形グラフは使える。

この冊子は一人1冊配られるが、最終ページには切り取って親の感想を書く欄が設けられている。この感想文は提出することになっているため、〝通知表〟のような役割も果たしている。それこそ、たまたま自分が見ている前でレギュラーはノーヒットで息子が打った場合、そのときの印象から「ウチの子は打ったのになぜ使われないんだ」とクレームをつける親がいるが、この数値を見せられたらぐうの音も出ない。主観ではなく、数字で評価することで〝モンスターペアレント対策〟としての効果もある。あらゆる面で、セイバーメトリクスの威力は偉大なのだ。

投手成績個票 サンプル4例

投手

登板	完投	完封	無四球	勝数	敗数
30	1	1	0	21	3
勝率	打者	投球回	被安打	被本塁打	奪三振
0.875	498	127⅔	97	5	90
四球(投手)	死球(投手)	故意四球	牽制刺殺	犠打封殺·刺殺	暴投
32	9	0	9	4	4
ボーク	自責点	IR生還数	IR	リリーフ登板数	防御率
1	18	2	5	5	1.27
被安打率	奪三振率	与四死球率	WHIP	DIPS	K/BB
6.84	6.35	2.89	1.01	0.06	2.81
BB/9	BABIP	ERC	IR%		
2.3	0.256	0.033	8.00		

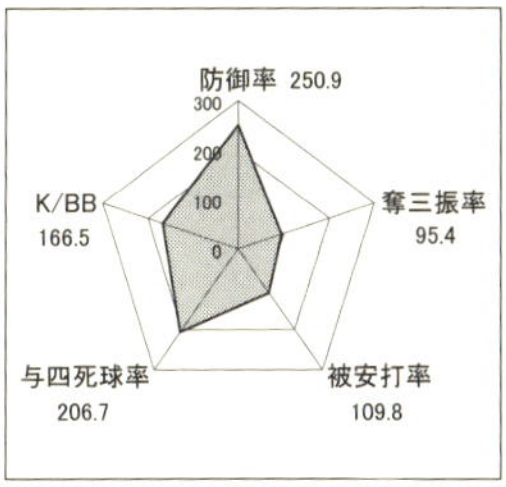

投手

登板	完投	完封	無四球	勝数	敗数
34	0	0	0	2	0
勝率	打者	投球回	被安打	被本塁打	奪三振
1.000	242	60⅓	33	0	90
四球(投手)	死球(投手)	故意四球	牽制刺殺	犠打封殺·刺殺	暴投
18	6	0	0	3	1
ボーク	自責点	IR生還数	IR	リリーフ登板数	防御率
0	4	4	9	33	0.60
被安打率	奪三振率	与四死球率	WHIP	DIPS	K/BB
4.92	13.43	3.58	0.85	-1.70	5.00
BB/9	BABIP	ERC	IR%		
2.7	0.295	0.021	1.35		

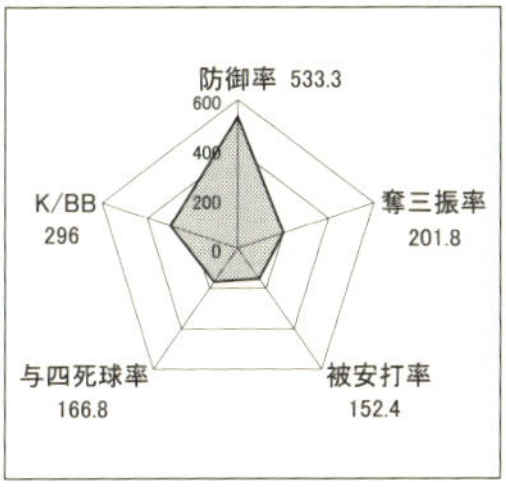

投手

登板	完投	完封	無四球	勝数	敗数
40	0	0	0	11	0
勝率	打者	投球回	被安打	被本塁打	奪三振
1.000	415	114	79	3	89
四球(投手)	死球(投手)	故意四球	牽制刺殺	犠打封殺·刺殺	暴投
15	10	0	16	5	3
ボーク	自責点	IR生還数	IR	リリーフ登板数	防御率
0	14	3	5	26	1.11
被安打率	奪三振率	与四死球率	WHIP	DIPS	K/BB
6.24	7.03	1.97	0.83	-0.55	5.93
BB/9	BABIP	ERC	IR%		
1.2	0.248	0.028	2.31		

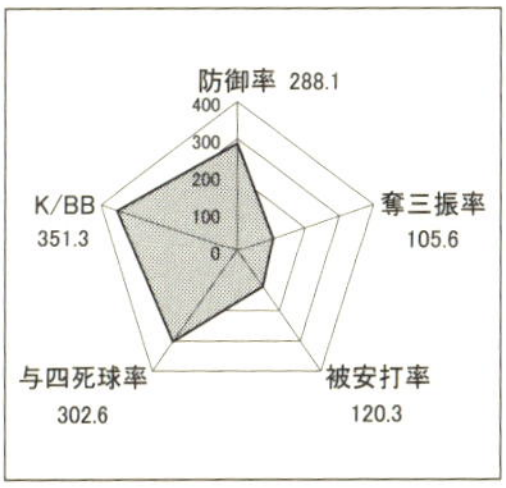

投手

登板	完投	完封	無四球	勝数	敗数
36	0	0	0	6	0
勝率	打者	投球回	被安打	被本塁打	奪三振
1.000	346	91	74	2	77
四球(投手)	死球(投手)	故意四球	牽制刺殺	犠打封殺·刺殺	暴投
17	4	0	8	10	6
ボーク	自責点	IR生還数	IR	リリーフ登板数	防御率
0	12	3	6	23	1.19
被安打率	奪三振率	与四死球率	WHIP	DIPS	K/BB
7.32	7.62	2.08	1.00	-0.69	4.53
BB/9	BABIP	ERC	IR%		
1.7	0.288	0.036	2.17		

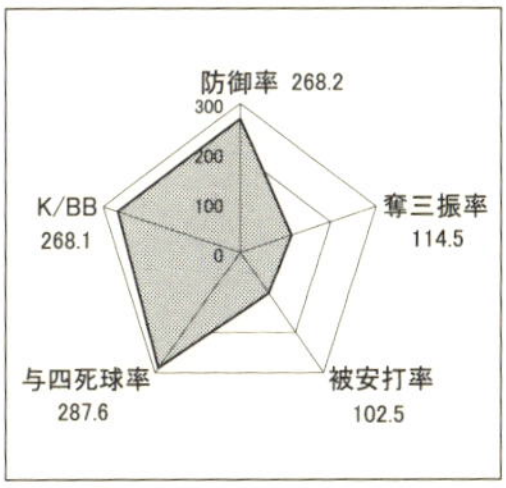

打者成績個票 サンプル４例

野手

打席	打数	安打	得点	二塁打	三塁打
319	297	109	62	26	12
本塁打	塁打	打点	三振	四球	死球
9	185	94	14	13	3
犠打	犠打失敗	犠飛	盗塁	盗塁失敗	牽制死
14	1	5	22	6	2
併殺打	失策	打率	長打率	出塁率	盗塁成功率
4	10	0.367	0.623	0.399	0.733
犠打成功率	OPS	IsoD	IsoP	SecA	TA
0.933	1022	0.032	0.256	0.623	1.096
RC27	PS	BB/K	PA/K	AB/HR	DER
8.0	12.8	0.93	22.8	33.0	58.343

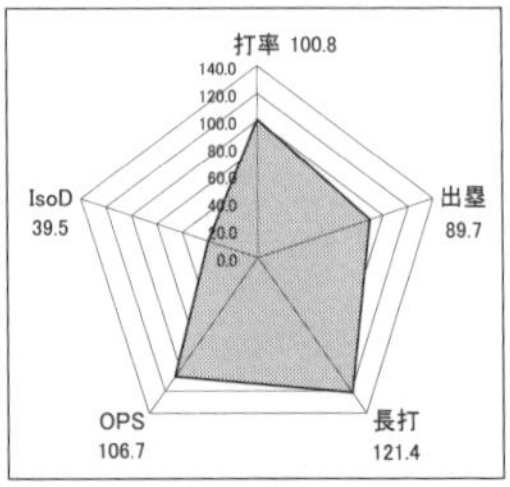

野手

打席	打数	安打	得点	二塁打	三塁打
246	210	90	54	27	5
本塁打	塁打	打点	三振	四球	死球
7	143	60	8	23	7
犠打	犠打失敗	犠飛	盗塁	盗塁失敗	牽制死
1	1	6	14	3	0
併殺打	失策	打率	長打率	出塁率	盗塁成功率
5	10	0.429	0.681	0.500	0.824
犠打成功率	OPS	IsoD	IsoP	SecA	TA
0.500	1181	0.071	0.252	0.590	1.438
RC27	PS	BB/K	PA/K	AB/HR	DER
9.9	9.3	2.88	30.8	30.0	121.359

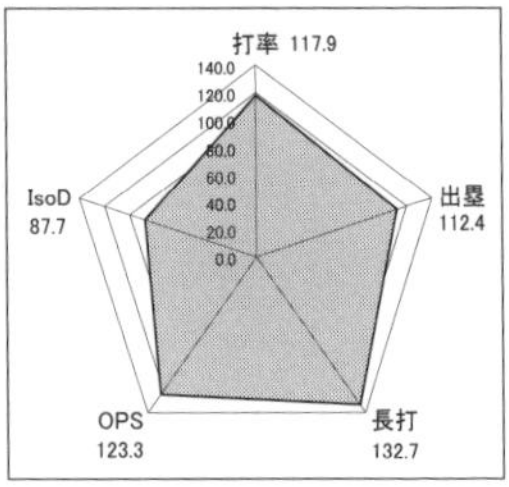

野手

打席	打数	安打	得点	二塁打	三塁打
289	230	103	82	18	11
本塁打	塁打	打点	三振	四球	死球
3	152	34	15	23	33
犠打	犠打失敗	犠飛	盗塁	盗塁失敗	牽制死
4	0	2	56	5	9
併殺打	失策	打率	長打率	出塁率	盗塁成功率
2	3	0.448	0.661	0.556	0.800
犠打成功率	OPS	IsoD	IsoP	SecA	TA
1.000	1217	0.108	0.213	0.639	1.933
RC27	PS	BB/K	PA/K	AB/HR	DER
11.3	5.7	1.53	19.3	76.7	69.500

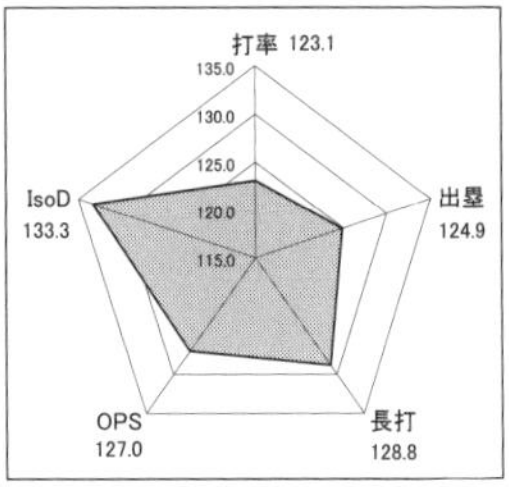

野手

打席	打数	安打	得点	二塁打	三塁打
299	238	85	92	19	5
本塁打	塁打	打点	三振	四球	死球
3	125	29	16	42	10
犠打	犠打失敗	犠飛	盗塁	盗塁失敗	牽制死
20	7	4	60	9	2
併殺打	失策	打率	長打率	出塁率	盗塁成功率
3	13	0.357	0.525	0.472	0.845
犠打成功率	OPS	IsoD	IsoP	SecA	TA
0.741	997	0.115	0.168	0.521	1.382
RC27	PS	BB/K	PA/K	AB/HR	DER
8.2	5.7	2.63	18.7	79.3	75.382

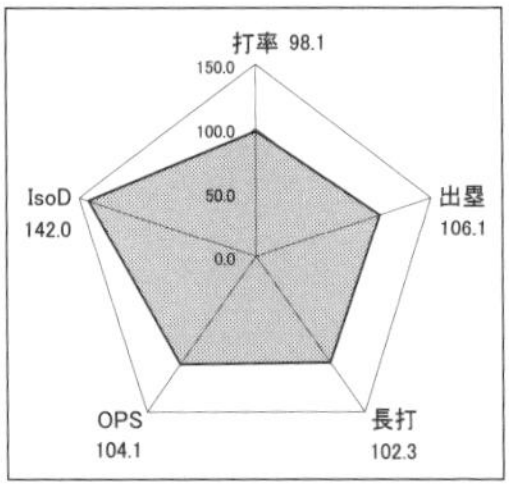

終章

投手の育成法

投手の欠点を矯正せず活かす

強豪校でなければ、惚れ惚れするような球を投げる投手はなかなかいない。それどころか、一言いいたくなるような独特のフォームの投手が多い。だが、それをすべて「×」と決めてしまうのは早計だ。

「特に弱者に強調したいのは、投手をやっていた指導者は必ず投球フォームを直すということ。でも、普通の投げ方にして、一体何が得られるのかということですよ。悪いフォームが、逆にすごくいい場合もある」

センバツ4強に進出した12年のチームには、生井晨太郎という右投げの投手がいた。センバツ準々決勝の鳴門戦で先発し、6回6奪三振1失点の好投を見せた生井の武器はパームボール。誰もが投げられる球種ではないが、これこそ生井のフォームを活かした結果だった。

「生井というのはアーム投げなんですよね。アームのピッチャーは、パームがすごく落ちる。生井を見て、この選手はひじを使うとかができるピッチャーじゃないので、この球が合うなと。その欠点に一番合う変化球というのがあるんです。その他でいえば、ネコパンチみたいにしてひじを抜く選手はチェンジアップがすごく落ちる」

〝招き猫投法〟といわれる成瀬善久（現ヤクルト）が、チェンジアップを武器にしているのがいい例だ。

14年のクローザー・松野光次郎は、上から投げれば最速142キロをマークする速球派だが、スピードを落としてあえてサイドスローに転向させた。

「松野はひじの位置が低いから、142キロ出ていてもちょうど打者の（振るバットの）線にしかボールが来ない。それで上からはダメだと横にした。決め球がスライダーだったので、さらに有効にしようというのもありました」

腕を下げたことで、スライダーのキレが増し、強固な武器となった。指導者はどうしても正しいフォーム、きれいなフォームに矯正しようとするもの。だが、それは打者を抑えるのが目的ではなく、第三者から「あんなフォームで投げさせて、あなた教えられないの？」と言われるのが嫌なだけなのかもしれない。

「言葉は悪いけど、へっぽこ投手にはその欠点のフォームに合うすごくいい変化球がある。へっぽこ投手を普通の投手にしてどうするの、と。140キロ出たら打たれないかといったらそうでもない。ピッチャーとは何かという原点に帰るべきですね。打ちにくいのがいい投手。打ちにくい投手は捕りにくいはずだから、ブルペンで捕手が気持ちよく捕ってると心配なんですよね。『ボールが垂れてる』と捕手が怒ったり、手を痛がったりすると面白い。

どうしても監督や解説者は理想の回転の球がいいと言うし、ホップする、伸びるというのが好きですけど、そう矯正しようとするとどんどんダメになっていきます。ホップさせるのは、ある意味簡単なんですよ。重心を低くしておいて、ひじをうんと下げて、下から上に向かって投げればいいんですから。でも、打者からすると、全然角度がないから速くても打ちやすい。反対に、角度がつけば緩くても難しいんです」

理想のフォームで、きれいな回転の球を投げるのが投手の役目ではない。投手の目的は、あくまでも打者を打ち取ること。いかにして打者に自分のスイングをさせないかなのだ。

「投手に言うのが〝ずらし〟。足を上げてから着地するまでの時間が長ければ長いほど、使える投手だと言っています。足を下ろすときに、打者とタイミングがバチンと合うことがある。そのときに気持ち早めに下ろしたり、もうひとつ我慢したりと微妙に変えさせるんです。これをやることによって、球が速くなくても抑えられる。結局、投手と打者との駆け引きは、一言でいうとタイミングをずらすということ。球が曲がるから打てないんじゃない。ウチの投手は超高校級がいないけど打たれない、というのはずらしなんですよ。投手はそこに尽きますね」

フォームの特性を活かした変化球をマスターし、ずらしを覚える。これが試合で使える投手になるための条件なのだ。

力がないピッチャーの投球術

毎年好投手が入学してくる強豪校ではない限り、力のある投手がいないのは当たり前。では、力のない球でどう抑えればよいのか。葛原SVは有効なのは変化球だという。

「みんな判で押したように言うのは、まずアウトコースにまっすぐを投げて、次に同じ球道から変化させるということ。でも、これは球の速い、いい投手ができることなんです。球が遅いと〝まずアウトコース〟の〝まず〟を打たれちゃう。力のない投手が、まっすぐでストライクを取るなんて、これほど怖いことはない。力のない投手は逆です。外のスライダーとか落ちる球を投げておいて、同じ球道でまっすぐを投げると125キロでも詰まるし、差し込まれる。遅い球の球道からまっすぐを投げると、5キロ違うだけでも差し込まれたりするんです。打者は速い球、速い球のあとに遅い球で、ためて待たなければいけないときよりも、遅い球、遅い球のあとにポンと速い球が来ると『えっ⁉』となる。考え方を逆にして、遅い球でも詰まらせることを真剣に考えた方がいいですね」

バッターに遅い球を意識させておけば、125キロでも速く感じさせることができる。遅い球では詰まらせられないという先入観を捨てることが必要だ。その上で、相手の意表を突く配球ができればなおいい。

「2ストライクを取って、カウント1-2から高めに釣り球を見せる。次はもう判で押したように変化球を投げるけど、ここであえてインコースにストレートを投げる。そうすると詰まってくれます」

これだけではない。決してすごくはない変化球でも有効に使える配球がある。

「ヘボな投手が投げるフォークって、空振りが取れないんですよ。そういうときは、フォークの前にカーブを投げる。カーブを投げておいてフォークを投げると、まっすぐが来たように見えるんですよね。空振りはしないけれども、ひっかけてくれたりする。腐ったフォークの前はカーブ。こういう考え方でないと、悪い投手で勝つということはできない。解説者が言うことや本に書いてあることは、みんないい投手を基準にした考え方なんです」

明らかにいい投手ではないのに、いい投手と同じ考え方では勝てるわけがない。普通に考える配球から、いかにずらしていくか。これもまた欠かせないものなのだ。

投手が走者となったあとの準備と訓練

〝野球必敗法〟のひとつに『投手が走者として走ったあとや、出塁して塁上で残塁に終わったあとの投球で著しく変化する』というのがある（詳しくは『高校野球　敗者の教え』第2章を参照）。だが、弱者には投手だからといって投げることだけに専念させる余裕はない。打って、走って、攻撃にも積極的に参加してもらわなければ得点ができないからだ。そうなると、必然的に走者に出て残塁というケースも出てくる。〝必敗法〟とわかっている以上、対策を講じないわけにはいかない。

「投手は打撃がいい選手が意外と多いから、ツーベースを打って（残塁のまま）マウンドに行くこともある。そういうときのために、ブルペンで投球練習をしている際に、突然ポールまで走らせるということをします。それによって、脈拍数を140〜150にして投げさせる。普段は120。冷静なら60〜80です。スポーツ医学研究所で半年間研修をしていたことがあって、あるチームをサンプルにして心拍数を研究した結果です。

走ったあとは瞬間的に200ぐらいまで上がる。そのあと下がるけど、常に140〜150でドキドキして放ることになるんです。投手は走ったら疲れるとか、そういうのではない。一定のリズムで投げて、ベンチに戻ってきて、2アウトでキャッチボールをしてマウンドに行くというリズムが崩れるのが問題なんです。ランナーになると、マウンドと違う世界に行く。これが一番やりにくいんですね」

投手の打席で送りバントの場面ばかり回ってくればいいが、そういうわけにはいかない。走者に出てリズムが崩れても、投球に影響しないように、普段からのJKを忘れてはいけない。

ニューボールの対処法

投手にとって厄介なのがニューボールだ。滑りやすく抜けやすいため、〝ここ一番〟でニューボールを渡されるのを嫌う投手は多い。試合で困らないためにもJKが必要だ。

「ニューボールの難しさ、抜け方をわからせるためによくやるのは、ブルペンで20～30球投げたあとに、突然ニューボールをポンと渡して『はい、カーブ投げて』と。十中八九どころか、100パーセント抜けますね。

ウチの選手はわかっていると思いますけど、勝負所では簡単にニューボールをもらわない。野手には勝負所でファウルボールが飛んだら、獲物を狙う犬のように食らいつけと言っています（笑）。それぐらいボールを簡単に替えさせるなということ。満塁のカウント3－2でファウル、ファウルとなったとき、ニューボールが来たら勝負が見えちゃいますからね」

ニューボールをうまく扱えるかどうか。これによって役割を決めることもある。

「ニューボールが好きなピッチャーは先発がいい。オープン戦でもボールは3つ、4つ使いますよね。先発投手には、ブルペンで最初に投げる30～40球は試合で使うニューボールを混ぜろと言ってます。試合の途中でニューボールを混ぜても意味がないですから。リリーバーにはブルペンで投げている途中にわざとニューボール、それもロウを落としてないものを渡す。ニューボールに替わって、変化球が右打者の近めに入って打たれたなんていうケースは、ごまんと見たことがありますから」

プロ野球では、審判員がニューボールを砂でこするのが仕事になっている。こうすることによって、ボールの皮を縫い合わせる糸についているロウを落として滑り止めをし、試合に使えるようにするのだ。だが、高校野球ではこれが行き届いていないことがある。投手は、細心の注意と最大の準備をしてマウンドに上がることが必要だ。

先発＝5回までの固定観念を捨てる

「野球の変なセオリーで、『先発は5回』までというのがある。この5回がクセモノ、魔物なんですよね。プロの影響か、勝ち投手の権利がつくからかわからないけど、5回でつかまった投手をどれだけ見たかわからない。先発は4回が一番いい。3回までと考えておいて、行っても4回まで。4回までなら投手も流れで行きやすいですからね。

だから、高校野球で一番言っちゃいけないのは『5回までもってほしい』という一言。これは禁句だと思いますね。3回でいいところを4回までもってくれたと思わなきゃダメ。『5回もたなかった』と言うのが一番ダメです」

あくまでも、ゲームを作るのが先発の役割。それ以上は求めない。5イニング以上投げてほしい投手は、先発をさせずに残しておくぐらいの気持ちが必要だ。そして、この考え方は投手にも理解させておかなければいけない。

「野球というのは、3イニングが3セットでできているスポーツだと理解すること。9イニングというと難しい部分が出てくるし、長いので漠然としちゃうんですけど、3イニングというと輪郭がくっきり出てくる。何とか3イニング抑えたら勝負になるんです」

序盤の3イニングがどれだけ重要な意味を持つのか。これがわかれば、準備の仕方も変わってくる。

「ほとんどの先発にいえることとは、スロースターターだということ。先発ピッチャーは立ち上がりが悪いというけど、悪いんじゃなくて立ち上がりも練習の一部なんですよね。おそらくブルペンで、100パーセント腕を振って投げてる先発はいないと思います。ましてや先発完投型なら、そんなことをやったらアホだと投手が一番わかっているから、1回、2回も投球練習のうちなんです。変化球を使いながら肩ができて、3回ぐらいからピッと行くのが先発。

でも、それでは困るんですよ。そこで『最長でも投げるのは5回だ』と言うと、そのやり方を改めてくれる。一番腕の振れる状態（完全に肩ができた状態）でマウンドに上がってくれる。まして『3回でいいよ』なんて言うと、絶対に肩を作ってから上がる。これって意外と監督がわからないところなんですよね。先発タイプが後ろにくると、ダラッと長く試合を作れるのがいいところかもしれません」

初回の先頭打者から全力投球できる準備をする。打者ひと回り持てばいいと考え、3イニングですべてを出し切る。ひと回りならたとえ球速がなくても、特別すごい球がなくても何とかなる。体力的にもきつくはない。出し惜しみせず、「3回1失点」なら、特別力のない投手でも目指せるはずだ。

効果的な投手の育て方、やる気の出し方

「練習試合はテーマを持ってやること。例えば、3イニングずつ3人の投手で投げるときは、あらかじめ『3点取られた時点で交代』と決める。3点取られたら、どんな状況だろうが代える。そのときにマウンドに行くのは、先発投手が3イニングもたなかった場合に行くと決めてあった投手。二番手で予定している投手は、あくまでも4回から行く。早めることはしません。それは、一番いい状態で出してやりたいから。そうやって投げさせて、データを出

して、3イニングずつで競わせます。

3回もたずにマウンドを降りたというのは、どんな叱責よりもこたえます。自分自身で悔しがることが投手にとって一番大事なこと。『3イニング2点が許容範囲だよ』と言うと、送りバントの状況での四死球が致命的になるというのがわかる。『何であそこでフォアボールを出すんだ?』と言われなくても、自分でわかります。3イニング投げたいというのは、投手が一番思っていることですから。

『投げたい、悔しい』という思いを指導者が奪いすぎなんですよ。変にどやしつけちゃうから、悔しい気持ちが飛んでしまう。これはもったいない。悔しいのが一番伸びるんだから。怒るのではなく『3点取られたから交代』と言って冷たく代える。何も言わない」

指導者に言われないのだから、自分で考えるしかない。3イニングを2失点以内に収めるにはどうしたらよいか。無駄な四死球をなくす、バント処理能力を上げる、配球を考える……。課題が改善されなければ、試合に使わなければいいだけ。自分が抱える問題すら考えられない投手に、大事な試合を任せるわけにはいかない。

「ただ、指導者は投手が3人いたら、3人それぞれ個別に『お前に一番期待している』と言わなきゃダメ。みんなを集めたところで言っても響かない。

投手とは、自惚れを含めて『自分は人とは違う』と、思っているものです。人と一緒では、人と違うところへは行けないことを一番知っているからです。投手とはそういう生き物なんです」

投手を育てるのは容易なことではない。だが、悔しさが投手を成長させるということと、投手は「自分は人とは違う」と思っている人種だということを理解して接すれば、自然とやる気も生まれて伸びていく。

つまり、投手の「プライド」を刺激することこそが重要なのである。

おわりに――――――――――――葛原美峰

私の迷った道

高校野球の監督として13年間「根性論」のみに傾注して、甲子園への道を急いでいた時期、青天の霹靂《へきれき》のようにして、ある研究所への研修を余儀なくされてしまった。

愛知県の知多半島にある、その研究所の名は財団法人スポーツ医・科学研究所という。日本初の総合スポーツ診療・研究機関として、昭和61年（１９８６年）６月、文部省認可により財団が設立された日本初の総合スポーツ診療・研究機関であった。

私のそこでの仕事は、日本を代表する一流アスリートたちの体力測定を含め、動作解析・データ処理・示唆・研究などに携わることだった。研究所を埋め尽くす高性能の測定機器に最新のコンピュータ。難解な文献と専門用語とが飛び交う未知の空間に、私は足をとられて迷い込んでしまった。

二人部屋の研究室にある私のデスクの隣では、フィンランドからやってきた研修生が、トライアスロンに関する研究をしていた。時おり、私に向かって早口の英語で何やら質問が飛んでくるとか、あるいは感想を求めてくるとかして、その日から身振り手振りを交えた現場での格闘が始まった。

野球しかやってこなかった人間が野球から遠ざかり、コロセウムのようなスタジアムの現場しか知らない男が研究室に籠ることになった。まったくの異種競技のトップアスリートたちの体力測定を行い、シークレットデータと向き合って試行錯誤する日々の襲来に、私はすっかり前の見えない泥沼に引きずり込まれてしまった。

しかし現場は甘くはなく、有無を言わせないような雰囲気が漂っていた。迷って、悩んで、もがいた挙げ句、進むべき道を模索するように、研究所の仕事を終えるとスキルアップを目指し、英会話・パソコン教室・ジムに通い詰めた。

雨露霜雪《うろそうせつ》を乗り越え、半年間の研修を終える頃には、自己実現を果たした新しいもう一人の自分の存在があった。

私の好きだったCM（２００８年の焼酎のCM）

近道は、遠回り。
急ぐほどに、足をとられる。
始まりと終わりを直線で結べない道が、この世にはあります。

迷った道が、私の道です。

私のふたつの座右の銘
ひとつめ――人事を尽くして天命を待つ――

私は20年以上も前から、甲子園のバックネット裏で高校野球を眺め続けてきた。最前列から二列目もしくは三列目がお気に入りで、ドリームシートが導入される以前、いわゆる「甲子園8号門クラブ」という人たちが観戦していた場所である。

テレビで観戦していた教え子や知り合いたちから、「先生は絶対に一喜一憂しない」とか、「どんな状況でも顔色ひとつ変えずに睨むように見ている」などと言われることがあった。多分それは、私の座右の銘がそうさせているのだと思う。『人事を尽くして天命を待つ』の意味は、人間の能力でできる限りのことをしたら、あとは焦らずに、その結果は天の意思に任せるということである。

中にはこれを、「天命を信じて人事を尽くす」という捉え方の方が正しいと提唱される人もいるようだが、私の中ではノーである。「天命を信じて」とあるが、天命とは好結果だけを指すものではなく、当然ながら不運も同居する。「幸運を信じて人事を尽くす」であれば、まだしも理解できるが、天命を信じるとはどういった意味なのであろうか？　穿った見方をすれば、後者は見返りを期待した努力と言えないこともない。

私は天命を信じるよりも、人事を尽くしたという自分自身の真実を信じる。

当然のことながら、私の仕事は試合が始まるまでの尽力である。自分自身が英知を結集して努力したら、そのあとは静かに天命に任せるということで、事の成否は人知を超えたところにある。どんな結果になろうとも悔いはないという心境で、勝負の行方を見届けたいのである。

ふたつめ――人間万事塞翁が馬――

どうしても勝てなかった前橋育英。
2016年第69回秋季群馬県大会決勝　3－4●
2017年第69回春季群馬県大会決勝　6－7●
2017年第99回夏季群馬県大会決勝　4－6●
進歩とは反省の厳しさに正比例する。それを信条として、2017年の夏は有らん限りの努力と戦略を駆使して前橋育英に戦いを挑んだ。
しかし……。
我々の反省は厳しくなかったのだろうか？

それとも戦略が間違っていたのであろうか？

自問自答を繰り返した挙げ句、何度思い起こしても、何度考え直しても「あれ以上のことはできなかった」。そのように私の中では結論づけている。

昨夏の大会前は、多くの人に多大な激励と叱咤を頂戴した。

「今度負けたらシャレにならんぞ！」

そんなプレッシャーも幾度となく投げかけられた。だが、手抜きもせず、努力も惜しまず、打倒育英の執念を滾《たぎ》らせて臨んだ群馬夏の陣。結論の出ない「たられば」ならばいくらでも羅列できる。だが、跳ね返されたという事実だけは、何をどう言い回しても「覆水盆に返らず」である。

将棋の世界では、自身の負けを認める「投了」という言葉があり、その意思表示を「参りました」、あるいは「負けました」と素直に相手に伝える。

しかし野球界では、どんな惨敗を喫しても「悔しい」とか「リベンジする」等の言い回しが往々にして用いられている。健大高崎に、打つ手なしのコールドで一蹴されたチームにも、多くの場合に同様の言葉を発するチームが見受けられる。

そんな言葉を聞くにつけ、常々私は残念に感じている。なぜならば、その言葉の裏返しは相手に対する全否定だからである。つまり、負けた相手を評価することなく、敗戦からの貴重な体験による「相手に学ぶ」という機会を、おのずと放棄しているのである。

2015年7月18日の3回戦、利根実業高校に思わぬ苦戦を強いられ、青息吐息の末に何とか1対0で辛勝した。

試合後に泣きじゃくって「悔しい」を連発する選手を前に、利根実業の善戦の立役者でもあったエースが「泣くな、相手は健大高崎だぞ！」。そう言い放ったと記事で読んだ。利根実業野球部のモットーに、【や・か・ぜ・の精神】というのがあるそうで、それは「やればできる・必ずできる・絶対できる」という理念に基づいているらしい。

この記事を目にしたときに、利根実業は、きっとよいチームになっていくだろう。そう感じた記憶がある。

閑話休題

英知を結集しても勝てなかった前橋育英。

サウスポーを含めた4名の140キロ投手で構成された投手陣は、「140キロ・クインテッド」と称された。強肩捕手に鉄壁のディフェンス。強力なクリンナップはもちろん、俊足に加えて長打の打てる下位打線。

前橋育英は、群馬県代表として甲子園の舞台に立つのに最も相応しかったのだと思う。そのように真摯に受け止めなければ、前橋育英はもちろん、人事を尽くした健大高崎の選手たちにも極めて失礼ではないか。健大高崎も、前橋育英に勝るとも劣らない戦力を備え、真っ向から戦いを挑んだのだ。

センバツ初戦、出場校中のチーム最高打率を誇った札幌第一を、ほぼ完璧に抑え込んだ長身サイドハンドのスターター伊藤敦紀（日本体育大学）。キレのあるチェンジアップを駆使するミドルのサウスポー竹本甲輝（青山学院大）。センバツの再試合で、福井工大福井を高速スライダーで手玉に取ったセットアップ向井義紀（龍谷大）。そして147キロ右腕のクローザー小野大夏（ホンダ）。

攻撃陣では、センバツで2本の満塁本塁打を放ち、群馬県予選では5試合連続本塁打と県記録を塗り替えた山下航汰。俊足コンビの湯浅大（読売ジャイアンツ）、小野寺大輝（亜細亜大）。さらには、堅実な守備と勝負強いバッティングが持ち味の安里樹羅（東北福祉大）等の布陣は、地方大会で散るには、甚だ不本意であり心残りの感は否めない。

しかし、我々は為せる技を研ぎ澄まし、用意周到の末に人事を尽くしたのだ。それらを踏まえても、勝利の女神は前橋育英に微笑んだのだ。

このチームにおいては、前橋育英に「投了」の意思表示。「参りました」と、謙虚に頭《こうべ》を垂れるべきであろうと思う。

現実を受け入れなければ、新たな「道」は拓けてこない。

この厳しい結果は「天命」であったのだと思うことにしている。そしてその天命こそが、我々に「まだまだ伸び代がある」と告げてくれ、「近道をせず、もっともっと迷いながら歩け」。そんな道半ばでの指針を示してくれたのだと、心に刻みたい。

始まりと終わりを直線で結べない道が、この世にはある。

天は自ら助くる者を助く

新チーム発足の夏。慣例として健大高崎は、東海地区への遠征を実施することが多い。そして、忙しいスケジュールを縫いながら、必ず伊勢神宮への参拝を挙行することにしている。だが、本当の参拝の仕方を知る人は多くない。伊勢神宮の正宮は神様に感謝し、世界の平和や国の安寧を願う場であり、個人の祈願をする場所ではないのである。

では、伊勢神宮そのもののご利益とは何なのであろうか?

「天は自ら助くる者を助く」という諺がある。私の高校時代、英語の授業で何度も何度も聞いたことがあるし、実際に試験に出されたフレーズでもあった。

Heaven helps those who help themselves.

これは、人に頼らず自分自身で努力する者には、天が助け、幸福をもたらすという意味の諺である。伊勢神宮のご利益も正にそれであり、自らの決意を表明して努力を怠らなければ、神様が助けてくださる。つまり、決意した努力を、神様が後押ししてくれるのである。

私は、神様はいると思っている。しかし「神様助けてください」という神頼みはしない。野球で、勝負の佳境に入った局面においてもそうである。ただし「神様、私の努力を見ていてくださいましたか?」と問うことはある。

『人事を尽くして天命を待つ』のところで触れたように、人事を尽くしたという自分自身の真実を信じたい。

神は、自分の心の真実の中にある。

結び

前作の『機動破壊の秘策』のあとがきでも述べたが、本来は門外不出ともいえるべき内容を出展することの意義は、興味の湧いた若い指導者たちに残して伝えていくというコンセプトにある。

そして、もうひとつは自分自身への挑戦である。何の挑戦かといえば、自分の野球知識の枯渇に対してである。ノウハウを世に出すことで自分の退路を断ち、弥が上にも新たな戦術・戦略を編み出す活力とするためでもある。

もちろんアイデアというものは、泉のように湧いてくるものではない。自分の中では一年にひとつも新しい着想が生まれてこなければ、そのときこそ自ら身を引くべきときだと線引きをしている。

たかがひとつ、されどひとつである。たったひとつの閃きを生み出すためには、四六時中寝ても覚めても野球のことを考えていなければ生まれてはこない。私の睡眠時間は基本的には5時間で推移しており、目の開いている間はすべて野球のことを考えている。いや、正確には、目の前にある現象を常に野球に結びつけるようにしている自分がいる。

この『機動破壊』シリーズを揮毫《きごう》してくれている田尻賢誉氏は、私のことを「野球の変態」と称していたが、私にとってこれ以上の賞賛に値する表現はない。


話は変わるが、今年（2018年）の1月に北海道の白老町コミュニティーセンターにおいて、二日間にわたり第12回北海道中学野球指導者学習会と銘打った講演と、実技セミナーをさせてもらう機会があった。

北海道中から、115名もの中学野球の指導者が白老町に参集してくれた。まるで盗塁を画策する走者のごとく、痛いような真剣な眼差しを前にして、一心不乱に持論を展開させてもらった。

講演後も、何かに飢えたような質疑応答が尽きることはなく、とりとめのない時間は矢継ぎ早に流れていった。その純朴な眼差しを真摯に受け入れることで、「繋がっていく」。そんな気持ちが沸々と湧き上がってきて、まるで子から孫へと魂を受け継いでいくような錯覚に陥ってしまった。

このような機会を企画していただいた、第12回北海道中学野球指導者学習会の実行委員会の役員の先生方に、この場をお借りして心よりの御礼を申し上げたいと思います。

特に、代表の白老町教育委員会指導主幹の井内宏磨氏、事務局の白老町立白老中学校の手代木章宏先生、事務局員の苫小牧市立啓北中学校の太田秀蔵先生、苫小牧市立明倫中学校の児島芳之先生には、心よりのおもてなしに対して感謝申し上げます。

本書はそんな野球の未来を慮る北海道の指導者の方々に、真心を込めて献じたいと思う。

そして前回同様に、私の野球観に共鳴してくれた竹書房の鈴木誠編集長と、独自な視点での角度から執筆いただいた田尻賢誉氏に感謝を申し上げるとともに、私の生き方に徒然なるままに連れ添ってくれている妻に、本書を捧げます。